Fritz Byloff
**Hexenglaube und Hexenverfolgung
in den österreichischen Alpenländern**

Aus Fraktur übertragen

SEVERUS

Byloff, Fritz: Hexenglaube und Hexenverfolgung in den österreichischen Alpenländern
Hamburg, SEVERUS Verlag 2014.

ISBN: 978-3-86347-861-2
Lektorat: Sarah Liedtke, Norina Kroll, SEVERUS Verlag
Druck: SEVERUS Verlag, Hamburg, 2014

Der SEVERUS Verlag ist ein Imprint der Diplomica Verlag GmbH.

Bibliografische Information der Deutschen Nationalbibliothek:
Die Deutsche Nationalbibliothek verzeichnet diese Publikation in der Deutschen Nationalbibliografie; detaillierte bibliografische Daten sind im Internet über http://dnb.d-nb.de abrufbar.

Die digitale Ausgabe (eBook-Ausgabe) dieses Titels trägt die ISBN 978-3-86347-172-9 und kann über den Handel oder den Verlag bezogen werden.

© **SEVERUS Verlag**
http://www.severus-verlag.de, Hamburg 2014
Printed in Germany
Alle Rechte vorbehalten.

Der SEVERUS Verlag übernimmt keine juristische Verantwortung oder irgendeine Haftung für evtl. fehlerhafte Angaben und deren Folgen.

SEVERUS

Der Bayrischen Akademie der Wissenschaften in München im Gedenken an Sigmund von Riezler gewidmet!

Vorwort

Als der Verfasser vor mehr als dreißig Jahren sein erstes Buch: „Das Verbrechen der Zauberei (crimen magiae). Ein Beitrag zur Geschichte der Strafrechtspflege in Steiermark" der Öffentlichkeit übergab, da ahnte er nicht, daß das Problem, welches den jungen, kaum der Hochschule entwachsenen Menschen gepackt hatte, nach so vielen Jahren theoretischer und praktischer Beschäftigung mit modernem Rechte noch so viel Anziehungskraft ausüben werde, um den gereiften Mann zu einer neuen, viel umfassenderen Veröffentlichung zu veranlassen.

Die Fortsetzung der Sammelarbeit, die neben den vielfachen Aufgaben des Berufes als eine gern ergriffene Ablenkung und Erholung empfunden wurde, oft auch über manche trübe Stunde der Nachkriegszeit wohltätig hinweggeholfen hat, erfolgte ursprünglich aus Sammlerleidenschaft ohne weitergehende Absichten. Allein es kam mit der Erweiterung des Forschungsmateriales einerseits, der täglichen Erfahrung im Gerichtssaale anderseits die Erkenntnis, daß jene Justiz der Hexenprozesse, die von der Wissenschaft aller Lager in den schärfsten Ausdrücken als eine einzig dastehende Ungeheuerlichkeit gebrandmarkt worden ist, bei genauer Betrachtung an einem Hauptübel krankt, von dem auch die Rechtspflege der Gegenwart noch nicht genesen ist: am juristischen Formalismus und Indifferentismus. Diese erschreckende Erkenntnis drängte nach neuer Untersuchung und Gestaltung des rechtshistorischen Materials.

Es ist hier nicht der Ort, um an unserer modernen Strafjustiz Kritik zu üben; das muß einer späteren Darstellung der Psychologie des Gerichtssaales vorbehalten werden. Nur soviel sei hier gesagt: Die Schuld an gröblichen Mißständen der Strafrechtspflege trifft weniger den Gesetzgeber als den Richter. Wie man einen Prozeß instruiert, wie man die Verhandlung leitet, welche Meinung man mitbringt, welche Ziele man erreichen will, das ist viel bedeutsamer als das Gesetz, das trotz aller technischen Vollkommenheit niemals zu verhindern imstande sein wird, sich zu gewissen Zielen und Wünschen gebrauchen oder mißbrauchen zu lassen. Die Persönlichkeit des Richters ist, wenn er nur will, immer stärker als das Gesetz. Das Vorhandensein des crimen magiae in den Tatbeständen des materiellen Strafrechtes hätte wenig Schaden angerichtet, wenn die praktischen Juristen auf der Höhe ihrer Aufgabe gestanden wären; es wäre ihnen ein Leichtes gewesen, Foltergreuel und Bluturteile einzuschränken. dem Juristen hat der Geist der Kultur eine zwiespältige Aufgabe zugeteilt. Auf der einen Seite ist er der konservative Hüter des wohlbegründeten und wohlerworbenen Rechtes, der Verteidiger des Rechtes von gestern gegen das von morgen. Auf der anderen Seite aber trägt er das revolutionäre Banner des Fortschrittes gegen alles, was überaltert ist, was auf haltlosen und schädlichen Vorurteilen beruht. In dem einen oder dem anderen Lager zu stehen, ist die sittliche Forderung, die sich an den Juristen richtet. Jenem, der ohne innere Stellungnahme und Gemütsbeteiligung als Justizautomat seine monotone Pflicht hinter dem Wandschirm des Gesetzes erfüllt, droht das Schicksal, das die Bibel dem Lauen in Aussicht stellt. Gewiß hat es unter den Richtern der Hexenzeit viele gegeben, die mit voller und fanatischer Überzeugung den Vernichtungsgedanken vertreten haben; ebenso auch — allerdings in weit geringerer Zahl — solche, die von der Sinnlosigkeit des Zaubereideliktes durchdrungen waren und demgemäß handelten. Aber die Mehrzahl wurde — wie immer und überall — von den Stumpfen und Gedankenlosen gebildet, die die schrecklichsten Justizgreuel begingen oder geschehen ließen, weil das Gesetz dies zuließ und die Volksstimme es verlangte. Auf diese Weise sind alle Verfolgungen, die sich der Strafjustiz im Laufe der Geschichte bedienten, die Vernichtungsfeldzüge gegen eine Gesinnung irgendwelcher Art, gegen religiöse Sekten, gegen soziale Strömungen, gegen nationale Minoritäten usw. zum guten Teil dem Indifferentismus der juristischen Praxis zuzuschreiben, die — durch den formalen Gesetzesbuchstaben gedeckt — weder den Willen noch die Kraft, noch den Mut aufbringt, den ausgetretenen Pfad zu verlassen und verantwortungsfreudig neue Wege zu gehen.

Das Bestreben, sich eine ausreichende Grundlage für sein Verdammungsurteil über die Juristen der Hexenprozesse zu schaffen, hat den Verfasser zu einer immer weiter gehenden Vergrößerung seines Beobachtungsstoffes veranlaßt. Damit ergab sich schließlich ein so großes Material, daß daran gedacht werden konnte, die Hexenverfolgungen der österreichischen Alpenländer geschlossen als Gesamterscheinung zu betrachten und kulturhistorisch und statistisch auszuwerten.

Niemand ist überzeugter als der Verfasser, daß sein Quellenmaterial — mag es sich um aktenmäßige oder literarische Quellen handeln — trotz aller Mühe, trotz allen Zeitaufwandes, trotz aller Mithilfe geneigter Kollegen und Freunde unvollständig und lückenhaft geblieben ist. Doch das ist schließlich das unvermeidliche Schicksal jeder wissenschaftlichen Arbeit, die hauptsächlich auf archivalischer Forschung in zahlreichen, räumlich auseinanderliegenden Archiven beruht. Übrigens glaubt der Verfasser, wenigstens für einige Ländergebiete — er denkt dabei namentlich an Steiermark und Kärnten — der erreichbaren Vollständigkeit nahegekommen zu sein. Er hofft, damit die Möglichkeit eröffnet zu haben, die bisherigen Größenschätzungen, die mehr als alles Andere auf diesem heißen, vom Weltanschauungsgegensatze durchklüfteten Boden streitig sind, auf die urkundenmäßig zu beweisende Wirklichkeit zurückzuführen. Die auf die Zahl der verfolgten und größtenteils hingerichteten Opfer der Hexenprozesse ausgebaute statistische Kurve, die der Verfasser zu zeichnen unternommen hat, wird wenigstens in ihrer relativen Richtigkeit kaum anzuzweifeln sein.

Die österreichischen Alpenländer der Vorkriegszeit sind zum allergrößten Teile vom bajuvarischen Stamme des deutschen Gesamtvolkes besiedelt oder, wo sie über die italienische und slavische Volksgrenze hinausreichen, durchaus vom deutschen Wesen durchdrungen, das durch viele Jahrhunderte hindurch die politische und kulturelle Vorherrschaft geübt hat. Wir müssen, so beklagenswert dies ist, diese Einflußnahme auch für die Erscheinung der Hexenprozesse einräumen und zugestehen, daß — abgesehen vielleicht vom Boden Südtirols, wo sich die Einwirkung der zeitlich weit vorangehenden Hexenverfolgung Oberitaliens geltend gemacht haben dürfte — die entsetzliche geistige Seuche vom Westen und Norden aus dem geschlossenen deutschen Stammesgebiet heraus in jene Grenzländer gelangt ist. Darin liegt allerdings nicht das Zugeständnis, daß die Hexenverfolgung im Gegensatze zur Zaubereiverfolgung — also die ausschlaggebende Annahme des Teufelsbundes — deutschem Geiste entsprungen sei. Diese Orientalisch-theologisch-scholastische Auffassung ist unzweifelhaft undeutsch; aber sie vergiftete langsam und unaufhaltsam das deutsche Denken und benutzte es zu weiterer Fortpflanzung.

Damit ergab sich von selbst die enge Anlehnung an die Forschung des bajuvarischen Mutterbodens. Der Verfasser gedenkt mit tiefer Dankbarkeit der großen Persönlichkeit Sigmund von Riezlers. Seine Geschichte der Hexenprozesse in Bayern ist das erste bahnbrechende Werk, welches den grundlegenden Unterschied zwischen Zauberei und Hexerei, zwischen volklichem Glaubensbestand und morgenländischer, durch einen Aufnötigungsvorgang eingedrungener Phantasterei des Mittelalters zu einer scharfen, methodisch durchgeführten Trennung im Aufbau der historischen Darstellung des Geschehens verwertet und dadurch auch die Frage der historischen Schuld, auf die jede Beschäftigung mit diesem Stoffe zwangsläufig hindrängt, der Klärung nahegebracht hat. Der Verfasser glaubt, daß seine Untersuchungen, die im wesentlichen das bajuvarische Kolonisationsgebiet außerhalb Bayerns betreffen, die Arbeit und die Ergebnisse Riezlers in vielen Belangen ergänzen und bestätigen. Einen Vergleich weist er weit von sich. Riezlers Buch über die Geschichte der Hexenprozesse in Bayern war, wie es den Anschein hat, sein Lieblingswerk; es trägt in Inhalt und Vorstellung am deutlichsten das volle Gepräge seiner starken Persönlichkeit. Der formgewaltige Geschichtsschreiber durfte Werturteile fällen, sein heißes Herz mitsprechen lassen, um dem Mitleid für die Opfer der zahllosen Justizmorde, dem Abscheu für einen Kultur- und Rechtszustand ergreifende Worte zu verleihen, der solche Massenmorde ermöglichte und als gerecht erscheinen ließ. Der Jurist, dem das menschliche Elend im Gefolge der Rechtspflege zur täglichen abstumpfenden Wahrnehmung wird, empfindet es als harte Notwendigkeit, auch im Ansturm des Gefühlsmäßigen das Tatsächliche ohne Scheu vor dem Abstoßenden und Häßlichen rein verstandesmäßig mit Vermeidung subjektiver Werturteile zu prüfen. Wer dieses Buch nach jenem Riezlers liest, wird es wahrscheinlich als kalt und nüchtern empfinden. Es muß so sein! Geschichtsschreibung ist Intuition, geniales Erfassen großer Zusammenhänge, wobei das Gefühl vom Verstand nicht zu trennen ist. Juristenarbeit dagegen ist reine Verstandestätigkeit, daher unbedingtes Festhalten am Gegebenen, an den trockenen Tatsachen der Akten. Die Göttin Justitia urteilt mit verbundenen Augen!

Seit etwa drei Jahrzehnten hat die wissenschaftliche Volkskunde einen stürmischen Siegeslauf angetreten. Zu den vielen Gebieten, in die sie willkommenen Eingang gefunden hat, gehört auch die Rechtsgeschichte. Auf sich allein gestellt erschöpft sich diese. Sie versandet nicht nur in Einzelheiten, sondern sie birgt auch die Gefahr in sich, zu einer Geschichte einer mystischen abstrakten Rechtsidee zu werden, einem Wesen, das allen Dingen der Wirklichkeit normgebend — wenn nicht direkt verneinend — entgegentritt. Es ist eine der großen Aufgaben der Volkskunde, dieser abstrakten Rechtsidee in ihrer Isoliertheit den Boden abzugraben und sie als eine bloße Erscheinungsform der Kulturidee nachzuweisen. Das Recht ist immer konkret, immer von Zeit und Ort abhängig, niemals abstrakt ohne Zeit- und Ortbeziehung.

Die Beurteilung der Hexenverfolgung muß ausgehen vom Hexenglauben, und da dieser wiederum in inniger Beziehung zum Zauberglauben, dem Glauben an das Wunderbare überhaupt steht, so ist dieser als wichtigste Grundlage des Problems zu betrachten. damit ist der Volkskunde ihr Platz angewiesen. Man kann die Prozeßakten in zahlreichen Fällen als volkskundliche Quellen von großer Ergiebigkeit ansehen. Aber auch das Umgekehrte trifft zu; die Hexenprozesse mit ihrem grotesken, oft ganz unverständlichen Inhalt gewinnen erst durch Vergleichung mit dem volkskundlichen Material Leben, erst die Methoden der Volkskunde vermögen die Erscheinungen zu klären und das Schuldurteil, das bisher Standesgruppen und Personen, politische und literarische Strömungen allein zutreffen pflegte, verteilt sich auf eine viel breitere Ebene. Man kann die Teufelsbundlehre der Scholastik noch so hoch als Veranlassung der Hexenverfolgung einschätzen; daneben bleibt doch die Tatsache bestehen, daß sie die seit Urzeiten im Volke lebende Zaubergläubigkeit schon angetroffen und ihr nur eine allerdings sehr bösartige Wendung gegeben hat. Bestehen bleibt auch die Tatsache, daß diese an sich wesensfremde Lehre vom Volke — anfänglich freilich mit Widerständen — aufgenommen, verarbeitet und als schier unerschütterliche Wahrheit fanatisch festgehalten worden ist.

Man hat, um das ganze, uns heute unfaßbare Wesen zu kennzeichnen, das aus der Krankheitslehre genommene Bild von einer geistigen Volksseuche mit Krankheitserscheinungen rechtlicher Art gewählt. Dieses Bild kommt dem Wesen der Sache insofern nahe, als hier wie dort die Grundursache eine Störung im Aufbau oder in den Funktionen des Einzel- und des Volksorganismus ist und als der letzte Grund einer Krankheit wissenschaftlich nicht erkennbar erscheint. Noch weniger läßt sich die Tatsache der Krankheit einem gerechten Schuldurteil unterstellen. Diese letzte Schlußfolgerung, zu der die volkskundliche Betrachtung des Problems führt — die Ablehnung eines wissenschaftlich zu begründenden allgemeinen Schuldurteils — hat sich der Verfasser zu eigen gemacht. Daß sich der Verfasser bemüht hat, mit strengster Unparteilichkeit niemandem zuliebe oder zuleide zu schreiben, konnte sich also nur in der Erforschung und Darstellung der Tatsachen auswirken.

Der Verfasser ist bei seiner viele öffentliche und Privatarchive erfassenden Arbeit von deren Leitungen in liebenswürdigster Weise weitgehend unterstützt worden und sagt ihnen hierfür seinen aufrichtigsten Dank. Besondere Hervorhebung verdient das große Entgegenkommen der Grazer Archivleitungen, dem es hauptsächlich zuzuschreiben ist, daß namentlich das steirische Material einen hohen Grad der Vollständigkeit erreichen konnte. Die Herren Hofrat Archivdirektor Dr. Max Doblinger, Archivdirektor Dr. Karl Hafner und Unterarchivar Privatdozent Dr. Burkhard Seuffert vom steirischen Landesarchiv haben darüber weit hinaus durch vielfache Nachweise und Mitteilungen dem Verfasser wesentliche Förderung angedeihen lassen, die beiden erstgenannten Herren sich auch bereitwilligst der Mühe unterzogen, die Korrekturen mitzulesen. Herr Oberstaatsarchivar Dr. Ignaz Nößlböck des Grazer Landesregierungsarchivs hat mir insbesondere wertvolle Akten des von ihm geordneten Stadtarchivs in Freistadt zur Benutzung überlassen. Der Verfasser ist ihnen hierfür zu besonderem Danke verpflichtet.

Graz, Neujahr 1934.
Fritz Byloff

Inhaltsverzeichnis

I. Abschnitt: Die volkstümlichen Grundlagen des Zauberglaubens — 17
  I. Begriff und Entstehung des Zauberglaubens — 17
  II. Die einzelnen Vorstellungselemente des volkstümlichen Zauberglaubens — 25
  III. Der Vorstellungskreis des aus dem kirchlichen Ketzerprozeß übernommenen Zauberglaubens — 30

II. Abschnitt: Die Zaubereivorstellung und die Zaubereiprozesse bis zur Mitte des 16. Jahrhunderts — 39
  I. Die Quellen im allgemeinen — 39
  II. Die älteste Zeit — 46
  III. Der Übergang vom Maleficium zur neuen Zaubereivorstellung — 56

III. Abschnitt: Die Zaubereiprozesse auf Grund der Teufelsbundvorstellung bis zu ihrem Höhepunkte — 74
  I. Das Anschwellen der Hexenverfolgung bis in die Mitte des 17. Jahrhunderts — 74
  II. Das klassische Zeitalter der großen Hexenverfolgungen (1650-1700) — 132

IV. Abschnitt: Der Ausklang der Hexenverfolgungen — 213
  I. Die Übergangszeit von 1700 bis 1730 — 213
  II. Das Ende — 232

Verzeichnis der häufigsten Abkürzungen

AfHK.	Archiv für Heimatskunde (Krains) von Franz Schumi (Laibach). 2 Bde.
AKGV.	Archiv des Kärntner Geschichtsvereins Klagenfurt.
ASR.	Archiv des Zisterzienserstiftes Reun bei Gratwein.
Car. I	Carinthia I, Mitteilungen des Geschichtsvereins für Kärnten (Klagenfurt Johann Leon sen.).
CCC.	Constitutio Crirninalis Carolina, peinliche Gerichtsordnung Kaiser Karls V.
Ferd. Innsbr.	Archiv des Ferdinandeums Innsbruck.
Gesch. Bl.	Steiermärkische Geschichtsblätter, herausgeg. von Josef v. Zahn, Graz. Von 1880 bis 188S.
Hdschr.	Handschrift.
HKA. Wien	Hofkammerarchiv Wien.
Hofarch. Brixen	Fürstbischöfliches Hofarchiv Brixen.
HWB.	Handwörterbuch des deutschen Aberglaubens. Berlin Walter de Gruyter & Co.
LA. Salzburg	Landesregierungsarchiv in Salzburg.
LRA. Graz	Steiermärkisches Landesregierungsarchiv in Graz.
LRA. Innsbruck	Tiroler Landesregierungsarchiv in Innsbruck.
LRA. Salzburg	Landesregierungsarchiv Salzburg.
Mall.mal.	Malleus maleficarurn (Hexenhammer).
MGH.	Monumenta Germaniae historica.
MGH.LL.	Monumenta Germaniae historica Leges
MGH.Ep.	Monumenta Germaniae historica Epistolae.
Schloßarch. Wolfsberg	Schloßarchiv Wolfsberg in Kärnten.

SA. Innsbruck	Staatsarchiv (jetzt Landesregierungsarchiv) in Innsbruck.
SA. Steyr	Stadtarchiv in Steyr.
SLA. Graz	Steiermärkisches Landesarchiv in Graz.
StLRA(auch LRA.) Graz	Steiermärkisches Landesregierungsarchiv in Graz.
StLRA.Cop.	Copeyen.
StLRA.Ea.	Expedita.
StLRA.Gut.	Gutachten.
Vorauer Stiftsarch.	Archiv des Chorherrenstiftes in Vorau.
Zahn Urk.B.	Urkundenbuch des Herzogtums Steiermark von Josef von Zahn (Graz 1879).

I. Abschnitt:
Die volkstümlichen Grundlagen des Zauberglaubens

I. Begriff und Entstehung des Zauberglaubens

I. Der Begriff des Zaubers ist mehrdeutig[1]. Im weitesten Sinne heißt Zaubern das Hervorbringen von Wirkungen in der Welt der Erscheinungen mit Mitteln, deren Tauglichkeit außerhalb des Bereiches vernunftgemäßen Erkennens gelegen ist, aber — und zwar aus den verschiedensten Gründen — als gegeben angenommen wird. In diesem Sinne tritt der Zauberglaube in Gegensatz zur naturwissenschaftlichen Erkenntnis, wobei unbewußte und bewußte Gegensätzlichkeit vorkommen kann und der Bereich der Zaubereivorstellung um so größer wird, je mehr jener des Kausalitätsgesetzes auf dem Boden des naturwissenschaftlichen Erfahrungsschatzes eingeengt ist. Einer Zeit, deren chemischen und medizinischen Kenntnissen die Einsicht in die Wirkung kleiner und kleinster Mengen von Stoffen auf den menschlichen oder tierischen Körper fehlt, wird das tötende Gift ebenso ein Zaubermittel sein wie die heilende Arznei[2]. So wird der Giftmord zum Zaubermord und der Arzt, der Medizinmann[3], zum Zauberer. In diesem Beispiele liegt unbewußter Widerspruch mit der Naturwissenschaft vor: der Erfolg der Zauberhandlung entspricht dem natürlichen Ablauf der Dinge, nur die Erklärung wird auf übernatürlichem Gebiet gesucht. Wenn aber etwa ein Bildzauber in der uralt überlieferten Form geübt wird, daß vom zu schä-

---

[1] Vgl. Soldan-Heppe S. 6 ff., woselbst einige der verbreitetsten Definitionen zusammengestellt sind. Vgl. auch die Zusammenstellung im RL. s. v. Magie (Max Löhr) und namentlich die grundlegenden Ausführungen von Hoffmann-Krayer im HWB. s. v. Aberglaube. Daselbst auch die bisher vollständigste Übersicht über Quellen und Literatur des Aberglaubens. Ob man unter Aberglaube nur die Theorie versteht, die Praxis aber mit Zauberei bezeichnet oder beides unter Aberglaube zusammenfaßt, scheint mir ein ziemlich belangloser Wortstreit. Man tut am besten, das Wort Aberglaube nach Möglichkeit nicht zu gebrauchen; es liegt in ihm ein nicht zur Sache gehöriges Werturteil insofern, als es einen als unanfechtbar angenommenen Glauben voraussetzt. Wenn sich, wie schon oft passiert, ein angeblicher Aberglaube später als richtig herausstellt, ergeben sich unangenehme Widersprüche.

[2] Vgl. RL. s. v. Gift (Sudhoff), ferner den Abschn. 9 (Zaubermedizin) bei Hovorka-Kronfeld II S. 8S8 ff.

[3] Über den Medizinmann Fraser S. 120 ff., RL. s. v. Medizinmann (Sudhoff) Siehe auch unten S. S4.

digenden Feinde ein wächsernes Abbild angefertigt und dieses in der Meinung durchstochen wird, daß nunmehr der Abgebildete sterben müsse, so weiß auch der Primitive, daß dies in den Rahmen der natürlichen Erfahrungen, die er über die gewöhnliche Ursache von Krankheit und Tod eines Menschen gesammelt hat, nicht hineinpasse[4]; er ist, falls irgendein zufälliges Geschehen im Einzelfalle wirklich den Tod des Abgebildeten herbeiführt, genötigt, ein besonderes Kausalitätsgesetz, in diesem Falle das Analogiegesetz[5] aufzustellen, daß der Abgebildete das Schicksal des Bildes gleichförmig teile, ohne aber dieses Gesetz durch eine ununterbrochene Reihe gelungener Versuche beweisen zu können[6]. So sammelt sich langsam im Gegensatz zu den verstandesmäßig gesicherten „natürlichen" Tatsachen eine Fülle „übernatürlichen" Geschehens an, bei dem für den menschlichen Erkenntnistrieb als letzte Gewissensberuhigung die Zaubereivorstellung bleibt: „Es gibt mehr Ding' im Himmel und auf Erden, als eure Schulweisheit sich träumt".

Während der Zauberglaube als unbewußter Lückenbüßer für die mangelnde naturwissenschaftliche Erklärung nicht erfaßbaren Geschehens, als Kausalitätslehre des prälogischen, rein assoziativen Denkens[7] im gleichen Verhältnisse mit der Zunahme des natürlichen Erkenntnisbereiches abnimmt, ist die Zaubereivorstellung, die sich in bewußte Gegensätzlichkeit zur verstandesmäßigen Einsicht begibt, diesem Schrumpfungsprozesse nicht im selben Maße unterworfen. Daraus erklärt es sich, daß sich die grundsätzlich magische Einstellung des Denkens gegenüber allen Fortschritten wissenschaftlicher Forschung nicht nur in der bodengebundenen Vulgusschichte des Volkes, sondern überhaupt zu behaupten vermochte. Ja, man möchte beinahe glauben, daß die frostige Unerbittlichkeit des Gesetzes von Ursache und Wirkung eine gewisse abstoßende Kraft ausübt, daß das Selbstverständliche die Phantasie nicht befrie-

---

[4] Vgl. darüber Beth S. 66, 71 ff.
[5] Stern a. a. O., HWB. s. v. Anologiezauber (Pfister).
[6] Die häufigen Mißerfolge bei dieser Art Magie führen — wie bezeichnend für die Verankerung der Zaubereivorstellung in den tiefsten Tiefen der menschlichen Seele! — nicht zur Aufgabe der magischen Anschauung, sondern zu einer wiederum aus dieser selbst geschöpften Erklärung, z. B. der Untüchtigkeit des Magiers, der daher bestraft wird, oder der Annahme eines wirksamen Gegenzaubers. Vgl. Beth S. 65.
[7] Fraser S. 16 ff.

digt, sondern geradezu auf kuriose Abwege drängt[8]. Wenn man bei so modernen Verkehrsmitteln wie Kraftfahrzeug und Flieger den Fetischkult[9] in einem Umfange betätigt findet, daß ein Verkehrsmittel dieser Art ohne einen grotesken Götzen mit deutlicher Formverwandtschaft zu jenen primitiver Völker geradezu eine Seltenheit ist[10], wenn man beobachten kann, daß die Heilmethoden der Medizinmänner und ihre Vertreter — gewöhnlich bewußte Schwindler — stürmischen Anklang finden, wenn im Zeitalter Plancks und Einsteins Astrologen und Alchymisten[11] mit dem ganzen verstaubten Zauberkram vergangener Jahrhunderte neuerdings Scharen von fanatischen Gläubigen um sich sammeln, dann erkennt man, daß die Zaubereivorstellung gerade aus der Gegensätzlichkeit zum verstandesmäßig Begreif- und Beweisbaren immer neue Kräfte sammelt; es ist zu vermuten, daß sie, die an der Wiege der Menschheit gestanden ist, auch den letzten Menschen zu Grabe geleiten wird.

II. Man mag darüber streiten, ob der unverkennbare Zusammenhang der Zaubereivorstellung mit dem religiösen, aus dem Jenseitstrieb hervorgegangenen Glauben etwas Ursprüngliches ist[12]. Es gibt Religionen, die an dem Begriffe der Zauberei achtlos vorübergehen und zauberisches Wirken nicht als Beeinträchtigung oder Gefährdung ihres Bestandes betrachten. Diesen erscheint daher auch die Schadenzauberei, die schon sehr früh das Strafrecht beschäftigt, als

---

[8] „Dies nämlich ist ein tief im Menschen wurzelnder Wunsch: frei zu sein nicht nur im moralischen, sondern auch im physikalischen Sinne. Dies Abhängigieit von den wesensfremden Regeln der Außenwelt, die Einspannung in eine unbarmherzige Gesetzlichkeit werden von primitiven Gemütern als Zwangsmaßregeln empfunden." Dessoir S. 11.

[9] HWB. s. v. Fetischismus (Beth).

[10] Auch der heilige Christophorus, der vielseitige Helfer und Schutpatron des Volksglaubens, ist neuerdings der Schützer der Kraftfahrer geworden. HWB. s. v. Christophorus (Wrede).

[11] Die Tageszeitungen berichten fortlaufend über angebliche, letztlich als Schwindler erkannte Goldmacher. Es finden sich immer wieder Menschen, die für derartige Zwecke Geld in Massen hergeben. In größeren Städten fehlt selten eine astrologische Gemeinde, die öffentliche Werbeversammlungen veranstaltet. Einzelne Tagesblätter führen eine fortlaufende Spalte über das „närrische Töchterlein der Astronomie" (Worte Keplers!).

[12] Vgl. Beth S. 201 ff., insbesondere 208, Fraser S. 74 ff., der richtig den radikalen Prinzipienkonflikt zwischen Religion und Magie hervorhebt. Neuerdings auch derselbe, Mensch und Unsterblichkeit, S. 210 ff.

ein weltlich Ding[13]. Dem gegenüber stehen allerdings Religionssysteme, die geradezu die Zauberei als ihr Widerspiel ansehen; ihre ganze begriffliche Grundlage ist die Vorstellung einerseits des Übernatürlichen überhaupt, anderseits der Zauberei als Betätigung einer bösen, gegensätzlichen, mit dem göttlichen Wesen im ewigen Kampf stehenden Macht[14]. Zaubern heißt also im Dienste des Widersachers Gottes stehen und handeln; der Zauberer ist selbst ein Feind Gottes und der Religion, seine Unschädlichmachung und Bestrafung göttliches Gebot und kirchliche Pflicht. Die grauenhafte Erscheinung der Hexenprozesse des westlichen christlichen Kulturkreises ergibt sich zum großen Teil aus der Gegensätzlichkeit der Zaubervorstellung zu bestimmt gearteten religiösen Anschauungen, insofern nämlich schon die Tatsache der Zauberei ein Religionsdelikt darstellt, ohne daß es auf ihre wirkliche Schädlichkeit ankommt. die Zauberei in der Auffassung als ursächlich nicht erfaßbares Ereignis wird aber das weltliche Recht nur dann beschäftigen, wenn durch sie Schaden verursacht, also ein Verbrechen mit zauberischen Mitteln begangen wird. In diesem Zusammenhange kann uns die Frage nach dem zeitlichen Vorausgehen der einen oder anderen Auffassung gleichgültig lassen[15].

Wohl aber ist die Ableitung der einzelnen Elemente des Zauberglaubens von dem einen oder anderen Vorstellungskreis insofern von großer Bedeutung, als sich daraus die Erklärung für die Verschiedenheit der Dynamik seiner prozessualen Auswirkungen zu verschiedenen Zeiten ergibt. Wetter- und Krankheitszauber gehören sicherlich zu den ältesten Erscheinungsformen der Zauberei; sie haben frühzeitig ihren Niederschlag in den Tatbeständen des Strafrechts gefunden[16], hier aber nicht annähernd dieselbe praktische Bedeutung gewonnen, wie die dem religiösen Gedankenkreis ange-

---

[13] Vgl. etwa das indische, auf die Hindureligion sich beziehende Sprichwort: „Das ganze Weltall ist den Göttern untertan. Die Götter sind den Beschwörungen untertan. Die Beschwörungen den Bramahnen. Daher sind die Bramahnen unsere Götter." Fraser (Anm. 12). Vgl. auch Beth S. 218 ff.

[14] Es sind die monotheistischen Religionen, die diese Gegensätzlichkeit besonders scharf hervorheben: dualistische und polytheistische Religionssysteme gestatten unter Umständen auch Teufelsverehrung. Vgl. Beth S. 218.

[15] Beth S. 222 ff. vertritt die Ansicht, daß Religion und Zauberei einer gemeinsamen Wurzel entspringen, daher gleichzeitig entstanden sein können und nebeneinander laufen.

[16] Beth S. 67, 72 ff., His S. 3, 7, 56, 109 ff.

hörige spätere Lehre von der sektenmäßigen Organisation der Zauberer zur Anbetung des Teufels und Verbreitung seines Kultes unter den Menschen zwecks Aufrichtung eines Satansreiches, die wiederum die Flug- und Sabbatvorstellung in sich schließt, nach denen alle Teufelsdiener sich regelmäßig zu nächtlichen Tänzen und Ausschweifungen versammeln und hierzu den Weg durch die Luft — das bis in die jüngste Gegenwart als unmöglich Betrachtete — wählen. Voraus läßt sich die eingebildete Weltgefahr des Zauberwesens, die Anlastung der Verantwortlichkeit für alles die Menschheit treffende übel, die fanatische Grausamkeit der rechtlichen Abwehr, schließlich auch die Schwierigkeit begreifen, der jeder Versuch der Bekehrung zu vernünftigem, die Naturgesetze achtenden Denken begegnete. Nicht als Kausalitätslehre des primitiven Menschen und als Erzeugnis jenes Erklärungsbedürfnisses, das am tiefsten in die menschliche Seele gesenkt ist[17], ist der Zauberwahn die blutige Heimsuchung geworden, als welche er in der Geschichte der Menschheit dämonisch-finster dasteht, sondern vielmehr als wissenschaftlich-religiöses System, dessen Begründung und Ausbreitung den Gelehrtesten ihrer Zeit, den Theologen und Juristen, anzulasten ist.

Wenn wir die Beobachtung machen können, daß in den österreichischen Alpen die ersten Versuche, die auf ganz anderem Boden und unter ganz anderen Bedingungen — in Südfrankreich als Kampfmittel gegen die endlosen Sektenbildungen — entstandene Auffassung über die Zauberei als Weltanschauung und Weltproblem[18] gegenüber den alten Vorstellungen von der Schadenzauberei als krimineller Einzelerscheinung zur Geltung zu bringen, überwiegende, zum Teil sogar scharfe Ablehnung erfahren und erst nach geraumer Zeit merkwürdige Mischformen zwischen Volksmeinung und wissenschaftlich-religiöser Lehre eintreten, dann ergibt sich

---

[17] Ob dieses Kausalbedürfnis gegenüber der regelmäßigen und gewohnheitsmäßigen Folge der Erscheinungen vorhanden ist, oder, wie Wundt IV/1 S. 263 mit guten Gründen annimmt, gerade durch das Ungewöhnliche ausgelöst wird, kann für unsere Zwecke unerörtert bleiben.

[18] Über die Entstehung dieser Auffassung das monumentale Werk von Hansen, Zauberwahn, und desselben Quellen und Untersuchungen. Diese beiden Arbeiten zusammen mit der gründlichen Geschichte der Hexenprozesse in Bayern von Sigmund Riezler haben erst das Problem der Hexenprozesse auf die richtige historisch-wissenschaftliche Grundlage gestellt. Daneben zu nennen (Polemik gegen Hansen) Paulus S. 195 bis 247.

daraus als methodische Forderung, die beiden Vorstellungsgebiete entwicklungsgeschichtlich auseinanderzuhalten. Es hat sich auf diesem Gebiet ein wechselvoller Aufsaugungsprozeß volksfremder, der Dämonologie des Orients entsprungener Geisteselemente in den Ideenkreis der westlichen Völker vollzogen, der — obwohl zeitlich später fallend — beachtenswerte Ähnlichkeiten mit der Rezeption des kanonischen und römischen Rechtes auf deutschem Boden aufweist. Ebenso wie die wissenschaftliche Erkenntnis des als Rezeptionsprodukt erscheinenden gemeinen Rechtes mit der Unterscheidung der volklichen und fremden Bestandteile eines Rechtssatzes oder Rechtssystems arbeiten muß, hat auch die Geistesgeschichte des Hexenzeitalters sich immer den verschiedenen Ursprung jener Vorstellungselemente vor Augen zu halten, aus deren Vereinigung erst die Gesamtlage entstanden ist.

III. Dabei ist auch die Verschiedenheit des Tatbestandes hinsichtlich der wirklichen Grundlagen des zauberischen Handelns in Rechnung zu ziehen. Die Zauberei der alten volklichen Bildung hat immer einen tatsächlichen Inhalt; der der Zauberei Bezichtigte hat regelmäßig etwas Wirkliches getan, und nur die Folgen dieses Tuns unterliegen irrtümlicher Auffassung, wobei aber der Fehler nicht immer in der Verknüpfung von Ursache (zauberische Tat) und Wirkung (eingetretener Schaden), sondern häufig nur in der Art dieser Verknüpfung, dem Wege, der nach der magischen Auffassung von der Ursache zur Wirkung führt, gelegen ist. Daß die Beibringung des Giftes die Todesursache sei, hat der Mensch schon früh richtig erkannt; allein ihm fehlte hierfür die naturwissenschaftliche Erklärung, so daß er zu dem nie versagenden Auskunftsmittel der Zauberei greifen mußte.[19]. Praktischen Schaden hat er dadurch nicht verursacht, weil auch bei der richtigen natürlichen Erklärung die Mordstrafe hätte gesetzt werden müssen. Und auch bei den übrigen Gestaltungen dieser volkstümlichen Magie, wo der Irrtum in der Einnahme der tatsächlich nicht vorhandenen Kausalität liegt (z. B. die Meinung, daß man durch Baden oder Wassergießen- und Spritzen Regen erzeugen könne[20], war jedermann in der Lage, sich vor der Verfolgung dadurch zu schützen, daß er jenes kritische Tun unterließ, das das Volk für zauberisch hielt. So konnte die strafrechtli-

---

[19] Hansen, Zauberwahn, S. 10 ff., HWB. s. v. Gift (Bächtold-Stäubli).
[20] Mannhardt I S. 329 ff., Beth S. 67.

che Unterdrückung in allen diesen Fällen kaum jemals größeren Umfang annehmen. Die Kriminalgeschichte beweist uns denn auch, daß diese Gattung Magie nur vereinzelt die Gerichte beschäftigte; der auch bei seinen Irrwegen immer auf das Wirkliche gerichtete Sinn des Volkes hat sich auch hier im großen Ganzen bewährt.

Wie anders die Auswirkung der religiösen Auffassung der Zauberei! Die Religion legt auch hier das Übernatürliche, das Unwirkliche zugrunde. Der Teufelsbund, der Hexensabbat[21], der geschlechtliche Verkehr mit abenteuerlich anthropomorph aufgefaßten Satansgestalten, der Blocksbergflug auf Besen und Ziegenbock, kurz der ganze Aberwitz, der in der Hexenliteratur und in den Akten der Hexenprozesse auf jeder Seite behauptet wird, ist unwirklich, ein reines Phantasiegebilde, wirklichen Bestandes wenigstens erfahrungsgemäß unfähig. Dies ungeheure Tragik der Hexenprozesse, die nur bei dieser keine verstandesmäßigen Hemmungen mehr anerkennenden Auffassung der Zauberei epidemische Verbreitung erlangen konnten, liegt darin, daß ihre Opfer die Taten, deren sie angeklagt wurden, nicht nur nicht begangen hatten, sondern gar nicht begehen konnten, und daß niemand imstande war, sich vor der Verfolgung durch Unterlassung zu schützen oder den Beweis seiner Unschuld zu führen.

IV. Daraus ergeben sich wichtige prozessuale Folgerungen hinsichtlich der Beweismittel. Die Magie alten Stiles ließ sich, soweit ihre tatsächliche Grundlage reichte, durch wirkliche Beweise vor Gericht dartun. Die religiös fundierte Magie neueren Datums dagegen konnte wirkliche Beweise nicht aufbringen, weil sie Unwirkliches behauptete[22]. Man war daher auf das Geständnis der Opfer angewiesen. Weil aber gemeiniglich niemand etwas gesteht, was er nicht begangen hat und nicht begangen haben kann, muß der Geständniszwang einsetzen. Daher die verhängnisvolle Bedeutung, die bei den Zaubereiprozessen die Folter gewonnen hat, ohne die die

---

[21] Vgl. Wundt S. 493 ff.
[22] Die von den theologischen Theoretikern und Praktikern ausgearbeiteten, zum Teil als „Anzeigungen der Zauberei" in die späteren Gesetze (z. B. AA 44, 52 CCC) übergegangenen Vermutungsgründe für zauberische Zugehörigkeit und zauberisches Tun waren so schwach, daß sie allein — ohne Geständnis — nicht als zur Verurteilung ausreichend erklärt wurden. Sie entschieden nur über Zulässigkeit oder Unzulässigkeit der peinlichen Frage, was praktisch allerdings so ziemlich auf dasselbe hinauskommt.

ganze ungeheure Verfolgung undenkbar ist; daher die niederträchtige crimen exceptum-Theorie[23], daher der Aberwitz, der die alten Ordalien[24] in neuer Gestalt dem Überweisungszweck dienstbar machte!

V. Schließlich zeigt sich der Gegensatz zwischen der volkstümlichen und der religiösen Magieauffassung in den Erscheinungen, die den Vernichtungskampf der naturwissenschaftlichen Weltanschauung gegen die Zaubereivorstellung und die endliche Abkehr des Strafrechtes von ihr begleiten. Gelingt es der wissenschaftlichen Forschung, bisher unbekannte und daher als zauberisch betrachtete Zusammenhänge aufzuhellen, so wendet sich die gebildete Oberschicht des Volkes ohne Widerstand von der bisherigen zauberischen Auffassung ab, die Strafdrohung verschwindet und höchstens in der der Aufklärung weniger zugänglichen ländlichen Mutterschicht des Volkes behält die alte Anschauung noch, als dumpfer Dorfaberglaube bespöttelt, zeit- und gegendweise Geltung. Nachdem man z. B. die chemische und physikalische Natur der Gifte erkannt hatte, hörte die Vorstellung vom Zaubermord durch Gift von selbst auf, ohne daß es der gefährlichen Aufklärungsarbeit mutiger und selbstloser Kämpfer für die geistige Befreiung der Menschheit bedurfte.

Wie anders, wenn das wirkliche Vorkommen solcher Magie in Zweifel gesetzt wird, die mit der religiösen Anschauung verknüpft ist! Rationalistische Gegenbeweise können nicht aufkommen, wo übernatürliches Geschehen in Frage ist; für die Behauptung, daß die Hexen in der Walpurgisnacht am Blocksberg den Teufel anbeten, gibt es direkte Beweise weder pro, noch contra[25]. Und überdies wird die Freigeisterei, die die Zauberei leugnet, als Gefahr für die Religion als solche empfunden. So entbrennen um jeden Versuch, die Wirklichkeit dessen, was der religiöse Zauberglaube behauptet, in

---

[23] Frölich v. Frölichsburg II S. 52.
[24] Das bezieht sich in erster Linie auf die Wasserprobe, das Hexenbad, das noch spät im 18. Jahrhundert vorgekommen ist, trotzdem sich Autoritäten, wie Delrio und Frölich von Frölichsburg dagegen aussprachen. HWB. s. v. Gottesurteil 8 (Müller-Bergström), Frölich von Frölichsburg II S. 59. Aber auch die Zusammenhänge des Trinkens von Weib- und Dreikönigswasser mit den Speiseordalien und die der Feuerfolter mit den Feuerordalien sind unverkennbar.
[25] Allerdings hat es Zeugen gegeben, die auch das wahrgenommen haben wollten. Aber diese Zeugen waren verlogen, betrunken, wahnsinnig, im Fieberdelirium usw.

Frage zu ziehen, erbitterte Kämpfe, die häufig in das Persönliche ausarten und den Vorkämpfern der Wahrheit Gefahr bringen. Erst im äußersten Notfalle räumt man — den Rückzug mit theoretischen Vorbehalten deckend — den verlorenen Posten.

II. Die einzelnen Vorstellungselemente des volkstümlichen Zauberglaubens

I. Eine Vorstellung, die so wenig Verstandeskritik erfordert wie die Zauberei, stellt ein außerordentlich bequemes Auskunftsmittel dar, um Unverständliches verständlich zu machen. Daraus ergibt sich nicht nur ihre weite Verbreitung in Menschheit und Volk, sondern auch die große Bedeutung, die sie im Strafrechte gewonnen hat. Denn durch sie war man in der Lage, dem Genugtuungs- und Rachebedürfnis für erlittenes Mißgeschick ohne Unterschied Befriedigung zu verschaffen. Es ist bekannt, daß das Denken des Menschen, solange es nicht geschult und diszipliniert ist, sich in rein subjektiven Bahnen bewegt; als Erklärungsgrund für ein Ereignis wird in erster Linie das Wollen und Handeln eines anderen Menschen oder eines ebenfalls persönlich gedachten, menschenähnlich gestalteten höheren Wesens gesucht und gefunden. Primitive Völker kennen keine natürliche Krankheitslehre, sondern betrachten Krankheit und Tod ausschließlich als Feindestat böswilliger Menschen, bestenfalls als Einwirkung übler Dämonen, die zufolge menschlicher Leidenschaften — Bosheit, Rachegier usw. — Siechtum und Sterben schicken[26]. Konnte so grundsätzlich Zauberei als unerschütterliche, keines weiteren Beweises bedürftige Ursache für jedes Ungemach angenommen, anders ausgedrückt jede Schädigung als Zauberverbrechen gestaltet werden, so ist es doch klar, daß sich gewisse typische Zaubereinzelvorstellungen herausbilden mußten, die mit häufigen und regelmäßig wiederkehrenden Schadenfällen in Verbindung stehen.

---

[26] Vgl. die Beispiele in Australien und der Südsee bei Beth S. 72 ff. Vgl. auch die grundsätzliche Auffassung gewisser Krankheiten als Besessenheit. Lippert S. 245 ff, HWB. s. v. Besessenheit (Stemplinger). Insbesondere auch RL. s. v. Krankheitsdämonen (Sudhoff) mit den interessanten Hinweisen auf die massenhaften Krankheitsdämonen in Sumerien-Babylonien in frühgeschichtlicher Zeit. Ebenso Bartels bei Neuburger-Pagel I S.10 ff. über die Medizin der Naturvölker, v. Oefele ebendort I S. 59 ff. über babylonische Medizin, Höfler ebendort I S. 465 ff. über altgermanische Heilkunde.

II. Der Krankheits- und Heilzauber wurde als Beispiel bereits mehrmals erwähnt. Er bezieht sich nicht nur auf menschliche Krankheit, sondern auch auf die Seuchen des Viehs, die häufig denselben Ursachen zugeschrieben werden. Allein es empfiehlt sich, dem Viehzauber eine Sonderstellung zu geben und ihm nicht nur das Anhexen von Viehkrankheiten, sondern auch anderen das Nutzvieh berührenden Zauber, z. B. die zahlreichen Formen des Milchzaubers, das Viehverführen- und Versprengen usw. zuzuweisen.

Daß auch in einer so alten Wirtschaftsform, wie sie die Jagd darstellt[27], Zaubereivorstellungen in Überfülle vorkommen, ist selbstverständlich. Der Jagdzauber[28] bezieht sich auf die Anlockung des für Nahrung und Kleidung des Urmenschen lebensnotwendigen Wildes, auf die Erlegungsweise (die Tiere darstellenden Höhlenzeichnungen der vorgeschichtlichen Zeit in Spanien und Frankreich sind wahrscheinlich als Jagdzauber zu erklären[29]) aber auch auf den Schutz der Menschen vor dem reißenden Großwild (Werwolfglaube- und Zauber, Wolfbannerei[30]), auf die Versöhnung der Seele des gefallenen Tieres[31] usw.

Seit der Zeit seßhafter Ackerkultur sucht der Bauer den Ertrag seiner Wirtschaft in die Höhe zu bringen und sie vor Schaden zu bewahren. Daraus ergeben sich die zahlreichen Formen des Fruchtbarkeitszaubers[32] und der überaus bedeutungs- und verhängnisvolle Wetterzauber, der bis in die letzten Zeiten der Zaubereiprozesse und darüber hinaus bis in die Gegenwart besondere kriminelle Bedeutung gehabt hat und eine sehr häufige Veranlassung gerade der größten und blutigsten Verfolgungen gewesen ist[33].

---

[27] Vgl. für die Steiermark die monumentale Jagdgeschichte von Bachofen-Hoffer IV S. 242 ff.
[28] HWB. s. v. Jagd, Jäger (Jungwirth), RL. s. v. Jagd A § 6 (Meißner).
[29] Vgl. Beth S. 111 ff.
[30] Vgl. Wundt S. 208, 457, Grimm II S. 915 ff., Soldan-Heppe I S. 36. Siehe auch unten S. 102.
[31] Versöhnung des gefallenen Tieres durch Opfer entspricht der animistischen Anschauung, die das Tier als höheres Wesen ansieht. Bei den Giljaken in Sibirien ist der getötete Bär Gegenstand des Versöhnungsopfers, bei den Itälmen (Kamtschadalen) der Walfisch. Buschan II S. 249, 250.
[32] HWB. s. v. Ernte (Heckscher), RL. s. v. Fruchtbarkeitszauber (Hommarstedt).
[33] Hansen, Zauberwahn, S. 13 ff. Es gibt sogar den Regenmacher als Spezialisten neben dem Medizinmann bei zahlreichen Völkern.

Einer der stärksten — wenn nicht überhaupt der stärkste — menschlichen Triebe, der Fortpflanzungstrieb, der wohl seit Urzeiten mit mystischen Vorstellungen und Riten umgeben war, hat die ungemein zahlreichen Gestaltungen des Liebes- und Zeugungszaubers[34] geschaffen.

Sodann läßt sich eine große Gruppe des Abwehr- und Glückszaubers[35] unterscheiden, gekennzeichnet durch die Vorstellung zauberischen Schutzes vor Angriffen jeder Art (z. B. vor Dieben) und der Gewinnung von Glück überhaupt (z. B. Amulette, Segen usw.).

Daß endlich die im Volke noch aus der heidnischen Zeit her massenhaft vorhandenen Vorstellungen von Geistern und Dämonen, die dann durch die christliche Dämonologie noch eine beträchtliche Erweiterung erfuhren, ebenfalls gewisse typische Formen des Zaubers, sei es zum Schutze, sei es zur Gewinnung der Unterstützung, ausgelöst haben, versteht sich von selbst; man braucht bloß an die zahlreichen Zaubersprüche und Segenformeln[36] zu denken, die noch heute im Volke leben und in denen sich christliche Heilige und heidnische Dämonen in seltsamer Gemeinschaft begegnen. Dieser Gespensterzauber, wie man ihn mit einem nicht ganz genauen Wort nennen kann, erhebt sich zu besonders verhängnisvoller Wirkung mit dem Eindringen der neuen Zaubervorstellung aus dem Westen. Denn die Anpassungsfähigkeit dieser Lehre macht die Gespenster zu Teufelsgestalten und stempelt den Verkehr mit ihnen zu Teufelsdienst. Auf diese Weise sind Vorgänge, die von Haus aus ganz harmloser Natur sind, insofern sie volkskundlich ganz andere Zusammenhänge aufweisen, wie z. B. die Schatzbeschwörungen[37], die nur den Schatzhüter unschädlich machen oder günstig stimmen sollen, mit dem Satanskult in Verbindung gekommen und Anlaß zu Zaubereiprozessen geworden.

III. Zu den Gespenstern des Volksglaubens gehören auch nachtfahrende Wesen teils dämonischer Natur, teils menschlicher — vorwiegend weiblicher — Gestaltung[38]. Es handelt sich, wie nachweisbar ist, um einen uralten Vorstellungskreis, dessen Inhalt bei

---

[34] Beth S. 70.
[35] Vgl. R.L. s. v. Amulett (Sudhoff), Aprotropaion (Ebeling), Fetischismus (Roeder).
[36] Vgl. die Sammlung von Fehrle.
[37] HWB. s. v. Beschwörung, beschwören (Schuster).
[38] Hansen, Zauberwahn, S.14 ff.; auch Riezler S.17 ff., Grimm I, S.363 ff.

verschiedenen Völkern trotz mancher Abweichungen im wesentlichen gleich bleibt; weibliche Dämonen mit Gefolge, Frauen, die in menschlicher Gestalt oder als Nachteulen ausfliegen, buhlen, Gelage feiern, auch wohl Menschen verderben, kleine Kinder rauben und auffressen usw. Es kann bei dem universalen Charakter dieser Vorstellung keinem Zweifel unterliegen, daß sie unter den Besiedlern der österreichischen Alpen ebenso herrschend war, wie anderswo im Alpengebiet, wobei die Frage offen bleibt, welches Volk von den verschiedenen Volksstämmen, die die Alpen im Laufe der Geschichte bewohnt haben, das wesentliche hierzu beigetragen hat. Da die Kelten, die Römer, die Germanen und die Slaven in ihrem Glauben die Nachtfahrerin kennen, so kann die Entstehung bei ihnen allen gesucht werden. Wahrscheinlich wird es sich um Mischbildungen handeln[39]. Daß aber diese Vorstellung schon recht früh die kirchliche und die weltliche Gesetzgebung befaßt hat, ergibt sich aus mehreren Quellen. Allerdings in einem dem späteren vollständig entgegengesetzten Sinne: die Vorstellung wird als gefährlicher Aberglaube oder sinnlose Einbildung abgelehnt und unter Strafe gestellt[40]. Natürlich konnte dieser erleuchtete Standpunkt die Volksmeinung ebensowenig beseitigen, wie später und noch heute die Gerichte imstande waren und sind, gewisse Betätigungen des Aberglaubens durch Strafen aus der Welt zu schaffen; sie blieb und bildete einen überaus günstigen Nährboden für die Aufnahme der neuen Hexenvorstellung aus dem Westen.

IV. Die Typisierung einzelner Formen des Zauberglaubens hat nur Sinn, soweit das Landvolk, der Vulgus der Volkskunde, als sein Träger in Betracht kommt. Denn diese Typen berühren sich auch mit den hauptsächlichsten Interessenkreisen des Bauerntums. In der städtischen Siedelung erscheinen Wetterstürze, Viehsterben, Milchverderb, Mißernten usw. lange nicht als so schweres Unglück, als wie beim Landbauer. In der größeren Vielgestaltigkeit des Stadtle-

---

[39] Dabei macht es keinen Unterschied, ob die Nachtfahrerin wohlwollend oder schädlich vorgestellt wird; es gibt noch in später Zeit auch „gute" Hexen, die Liebeswerke vollbringen. Vgl. auch den als Märchenmotiv viel verwendeten „braven" Räuber!

[40] Die Hauptbeispiele hiefür sind der sogenannte canon Episcopi, wahrscheinlich ein karlingisches Kapitulare oder Synodalstatut um 900 (Hansen, Quellen, S.38; Paulus S. 206 ff) und die Verbote des Hexenglaubens in der Gesetzgebung, die Karl der Große den besiegten Sachsen aufzwang (Capitulatio de partibus Saxoniae, MGH. L. s. II, T. 1, p. 68, c, 9; darüber Riezler S.12 ff).

bens weist auch der Zauber als vorgestellte Verbrechensmethode mannigfachere, mehr vereinzelte Formen der Betätigung auf.

Daraus erklärt sich die Erscheinung, daß der weitaus größte Teil der gerichtlichen Zaubereiverfolgungen das Landvolk betrifft, daß größere, epidemisch auftretende Prozesse — von wenigen Ausnahmen abgesehen — unter der städtischen Bevölkerung überhaupt nicht vorkommen. Ebenso steht damit zum Teil im Zusammenhange die unverkennbare Richtung der Zaubereiprozesse auf den ärmeren und ärmsten Teil der Gesellschaft; dieser war eben in den wohlhabenden Städten vom 15. bis zum 18. Jahrhundert viel weniger häufig, als unter dem vielgedrückten bäuerlichen Bevölkerungsbestandteil. Stellenweise hat sich diese Richtung auch auf noch tiefere Schichten, wie z. B. auf die fahrenden Leute ausgewirkt, die schon ihrer gesellschaftsfeindlichen Organisation wegen, die ihnen gewisse verdächtige Heimlichkeiten und mannigfachen, zum Teil gräßlichen und unheimlichen Aberglauben vorschreibt, in Verfolgungsgefahr zu geraten pflegen; manche Prozesse dieser Art sind in erschreckendem Umfange mit ausgesprochenem Vernichtungswillen geführt worden.

V. Aus dem Ausgeführten erhellt die große Bedeutung der wissenschaftlichen Volkskunde für unsere Aufgabe. Die Grundlagen des Volksglaubens weisen trotz des Verlaufes von Jahrhunderten keine wesentliche Änderung auf. Wir sind in der Lage, das Tatsächliche sowohl gewisser Vorstellungselemente, die dem Hexen- und Zauberglauben zugrunde liegen, wie auch einzelner Erscheinungen der Hexenverfolgung an dem Volke der Gegenwart zu studieren[41]. Der in Steiermark weitverbreitete Arsenmord weist in seiner Durchführung unverkennbar auf den typischen Zaubermord der Vergangenheit hin[42]. Die Lynchjustiz gegen bezichtigte Dorfhexen — im Hexenzeitalter öfters belegt — ist noch heute nicht allzu selten, ausdrücklich begründet mit der Tatenlosigkeit der Gerichte gegen diese eingebildeten Schadenstifterinnen. Der Volkskundler wird aus dem Material, das ihm die Hexenprozesse in überreicher Zahl bieten, eine Menge für sich verwerten können, während der Rechtshistoriker erst durch das Vergleichsmaterial der Volkskunde das richtige Verständ-

---

[41] Schwerin, Volkskunde und Recht.
[42] Byloff, Arsenmorde.

nis für manchen sonderbaren Glauben oder Vorgang in einem Prozeßverfahren gewinnen wird.

III. Der Vorstellungskreis des aus dem kirchlichen Ketzerprozeß übernommenen Zauberglaubens

I. Wie heute unbestritten feststeht, ist die Sabbatvorstellung mit allem, was daran hängt, Teufelsbund, Teufelskult, Teufelsbuhlschaft, satanische Orgie mit Hostienschändung und Kinderfressen usw., ein Erzeugnis der scholastischen Theologie des Mittelalters[43]. Mit jener naiven und kritiklosen Unbekümmertheit in der Verwendung wissenschaftlicher und pseudowissenschaftlicher Ergebnisse für die Praxis, die überhaupt als ein Charakteristikum der Scholastik anzusehen ist, haben die geistlichen Richter, denen die kriminelle Ahndung von Ketzerei und Zauberei in Südfrankreich, Spanien, der Schweiz und Oberitalien oblag, ihre Prozeßführung nach der scholastischen Dämonologie eingerichtet und mit den Zwangsmitteln des Inquisitionsprozesses triumphierend Geständnisse erzielt, die die Lehren der Theoretiker über Wesen, Eigenschaften und Fähigkeiten der bösen Engel voll bestätigten. Bis zum Erlöschen der Hexenverfolgung hat sich dieses Bild erschütternder Monotonie nicht verändert. Dem mit allen Einzelheiten der Teufelslehre vertrauten Richter steht der leugnende Beschuldigte gegenüber, der an die gesunde Vernunft seines Peinigers appelliert und ihm vorhält, daß er ja das, was er ihm zumute, nicht begangen haben könne, weil es haltloser Unsinn sei. Die Folter mit ihrem systematisch gesteigerten Druck bricht die körperliche und seelische Widerstandskraft und führt schließlich dazu, daß die Fragen des Richters ohne Vorbehalt bejaht werden. So erscheint dann der Teufel mit allem Beiwerk, wie sich die scholastischen Dämonographen ihn vorgestellt hatten, immer wieder durch die Wirklichkeit gerechtfertigt.

Diese Praxis von Jahrhunderten, unterstützt durch eine umfangreiche Literatur, die über Standardwerke von staunenswerter Gelehrsamkeit und unerschütterlicher Autorität verfügte, hat dann allerdings auch die Meinung des Vulgus zu beeinflussen vermocht und eine Verschmelzung der alten Magievorstellungen mit der volks-

---

[43] Am eingehendsten, vielfach grundlegend, dargestellt bei Hansen, Zauberwahn, III. Kap. S. 122 — 211. Vgl. auch die eingehenden Ausführungen Weiser-Aalls im HWB. s. v. Hexen, der mit Recht auf die bisher von der Wissenschaft wenig benützten nordgermanischen Quellen verweist. Vgl. auch Wundt S. 493.

fremden Schulmeinung der Theologen über den Teufel und sein Wesen herbeigeführt. Aber eine gewisse Gegensätzlichkeit entgeht dem genauen Kenner der Hexenprozesse nicht. Bei den dem Kreise der alten volkstümlichen Magievorstellung angehörigen Dingen geht der Beschuldigte viel eher aus sich heraus und berichtet Umstände, die in seiner Persönlichkeit, nicht in dem Einflusse des Richters beruhen und den Stempel der Wahrheit an sich tragen. Der Bereich der Sabbatvorstellung aber wird kaum ohne Druck, gewöhnlich erst nach schwerer Folter, betreten. Dieser Teil der Geständnisse ist konventionell und weist jene bei oberflächlicher Beurteilung verblüffende Gleichartigkeit trotz Verschiedenheit von Zeit, Ort und Volk auf, die manche Gelehrte dazu verführt hat, einen in tatsächlichen Ereignissen bestehenden Hintergrund des Sabbaterlebnisses zu vermuten[44]. Dem Volke ist eben das Empfinden geblieben, daß es sich um einen Fremdkörper handle, der von außen her durch einen Aufnötigungsvorgang eingedrungen ist. Auch die Volkssage, die in zahlreich nachweisbaren Fällen die Erinnerung des Volkes an wirklich stattgefundene Hexenprozesse wiedergibt, beschäftigt sich viel mehr mit dem Maleficium, als mit Teufelskult und Sabbat, hat also diese volksfremden Elemente in den Hintergrund geschoben[45].

II. Natürlich versteht es sich von selbst, daß die spielerische Phantasie des Volkes sich bemüht, auch den fremden Elementen des Zauberglaubens durch Beifügungen den Anstrich von Eigenwüchsigkeit zu verleihen. So entstehen die Hexenberge[46] und Hexentanzplätze, die letzteren an Kreuzwegen, auf Waldwiesen, in öden Burgen und Kellern. Daß diese angenommenen Zusammenkunftsorte in Verbindung mit alten Kult- und Opferstätten sind, wie seinerzeit Grimm vermutete, kann nicht mit Grund behauptet werden[47]. Bei den Bergen ist zu bemerken, daß gemeiniglich solche Erhebungen zu Sabbatbergen gemacht werden, die weithin sichtbar sind, aus der

---

[44] Kiesewetter, Geheimwissenschaften, S. 586. Vgl. auch die merkwürdige Mischung von Rationalismus und Mystizismus bei Görres V S.213 ff.
[45] Die Sage von der Butterhexe von Anfels, die auf den Prozeß gegen die Strieglin (unten S. 48) zurückgeht, hebt nur den Milchzauber hervor, verschweigt aber vollständig die Sabbatvorstellung. Die Zaubererjackelsage erinnert an den seit Urzeiten im Volke lebenden Werwolfglauben (unten S. 102); die Sage von der Riegersburger Blumenhexe knüpft ausschließlich an den Blumenzauber an (unten S. 115).
[46] Vgl. HWB. s. v. Berg (Weiser), Grimm II S. 878 ff.
[47] Ebenso Soldan-Heppe I S. 277 ff. und insbesondere Riezler S.14 ff.

Ebene hervorragen, kühne Formen aufweisen, Wolkenbildung zeigen oder sonst augenfällig sind. Der Schlern, die Lienzer Unholden, die Slivenza am Zirknitzer See in Krain, der Donatiberg bei Rohitsch-Sauerbrunn, der Klek in Kroatien und viele andere verdanken so ihrer Lage und Erscheinung die häufige Nennung in den Hexenakten[48].

Bei unwirklichen Dingen muß die Phantasie ergänzen, was tatsächlich nicht vorhanden ist. Das hiezu nötige material nimmt sie aus den Erfahrungen des Alltags. So sehen wir, daß die Gestalt des Teufels ausgesprochen ländliche und alpine Züge gewinnt, daß der Böse in der Volkstracht erscheint, die verbreitetsten Volksnamen trägt, die Sprache des Volkes redet, die Nationalspeisen der Gegend auftischt und Volksmusik spielt oder aufspielen läßt[49]. Erscheint er in Dämonengestalt, so ist er das getreue Abbild jener künstlerischen Vorstellungen, die die Bauern wohl in der Kirche am häufigsten zu sehen bekommen und die ihnen auch aus den Volksschauspielen vertraut sind. Jedoch dreht es sich bei all diesen Einbürgerungsversuchen immer nur um die äußeren Dinge, nicht um das innere Wesen; dieses ist unwandelbar an das von der theologisch-juristischen Literatur entworfene Vorbild geknüpft und bewahrt auch in Kleinigkeiten dessen Züge. So ist z. B. die Lehre, daß die Natur des Teufels eiseskalt sei, durch die Klagen der Beschuldigten der Hexenprozesse über die Mark und Bein durchdringende Kälte und Frostigkeit der Berührungen des Bösen bestätigt; selbst Frau Venus in den Cavaleser Prozessen zu Anfang des 16. Jahrhunderts ist kühl bis ans Herz hinan. Gerade in solchen Einzelheiten liegt ein schlagender Beweis dafür, daß die Teufelsbundvorstellung nichts Bodenständiges ist. Denn in der volklichen Bildung ist der Teufel ein Feuerdämon; sein gefügiges Element ist die Flamme[50]. Niemals hätte das Volk aus

---

[48] Man könnte aus dieser Einflußzone markanter Berge, die sich auch in anderen Belangen (Wallfahrtsziel, Wetterkünder, Signal- und Alarmstation usw.) beobachten läßt, vielleicht einen nicht ganz unfruchtbaren geographischen Begriff bilden, der in eine gewisse Beziehung zu jenem der Talschaften tritt.

[49] Wiederholt wird bei der Schilderung der Tracht des Teufels auf die Volkstracht verwiesen (in deutscher Bürgertracht, als Krainer usw.); es kommt aber auch vor, daß ein Sabbatsteilnehmer sagt, der Teufel sehe so aus, wie man ihn male. Damit im Zusammenhange steht auch die Auswahl der Teufelsnamen aus den verbreitetsten Vornamen der Gegend (Martin, Hansel, Kaspar usw.).

[50] Die Hölle ist — allerdings erst in christlicher Auffassung — ein brennender Pfuhl, dessen Beherrscher der Teufel ist. Grimm II S. S71, I S. 201.

sich selbst heraus den kalten Teufel erfinden können; er ist ihm von den Richtern, die diese fragwürdige Eigenschaft des Widersachers aus der Dämonenlehre der Scholastiker kannten, erst im Wege der Folter mundgerecht gemacht worden.

III. Das Volk der Alpenländer Österreichs ist, als um 1500 vereinzelt die ersten Hexenverfolgungen auf Grund des Teufelsbundes einsetzten, mit der Lehre vom Teufelskult und vom Sabbat bereits zum Teil bekannt gewesen. Die Vermittlung besorgten die geistlichen „Inquisitoren der ketzerischen Schlechtigkeit", die im 13., 14. und 15. Jahrhundert die Waldenserverfolgungen in Österreich leiteten[51].

Die Waldenserei taucht in den Alpenländern zuerst im 13. Jahrhundert auf und gewinnt namentlich in Oberösterreich mit dem Mittelpunkte Steyr starke Verbreitung. Aber auch in Steiermark, Kärnten, Krain gibt es Waldensergemeinden. Die Kirche, durch die weltliche Macht treulich unterstützt, handhabt gegen sie die Inquisition und ernennt auch aus den österreichischen Ordensleuten, insbesondere aus den Dominikanern, Inquisitoren; es kommt zu vereinzelten Verfolgungen, wie zu Hartberg in der Oststeiermark, wo am 27. Feber 1401 drei Waldenserinnen, die Wendel, Witwe des Jakob Richter von Niederrohr, die Els Persteyner, deren Schwester, endlich die Peters, Frau des Friedrich Reat von Stangendorf, dem weltlichen Arm zur Verbrennung ausgeliefert werden. Aber auch ganz große Prozesse führen die Inquisitoren der Kirche; 1397 sind in und um Steyr über tausend Waldenser verhaftet, von denen gegen hundert verbrannt werden[52]. Um 1315 schätzt man die Zahl der österreichischen Waldenser auf 80000, so daß das Überhandnehmen der Ketzerei befürchtet wird. Seit 1436 beginnen schwere Ausrottungsprozesse; 1467 wird der Waldenserbischof Stefan in Wien verbrannt.

Genau so wie auf dem klassischen Boden des Ketzerprozesses in der Provence[53] machte man auch den Waldensern Österreichs den Vorwurf der Teufelsanbetung; der Böse erscheine bei ihren Versammlungen in unterirdischen Räumen als blasser, hagerer Mann in

---

51 Hierzu Haupt; Lea, Inquisition, I S. 393, II S. 406, 453, 454. Eine gute Übersicht über die Waldenser in Österreich bei Ilwof. Vgl. auch Pirchegger II S. 192 ff.
52 Luschin, Gerichtswesen, S.265.
53 Hansen, Zauberwahn, S. 226 ff., insbesondere S. 232.

schwarzen Kleidern, aber auch in Gestalt eines Katers, eines Hundes oder einer Kröte; der Gottesdienst ende nach gelöschten Lichtern mit einer allgemeinen wahllosen Unzucht[54]. Damit sind zwei der wichtigsten Elemente des Hexensabbats bereits gegeben, so daß die Weiterentwicklung zu der Sabbatvorstellung der Hexenprozesse gesichert und erleichtert war. Haupt[55] erachtet den Zusammenhang der Waldenser- und Hexenprozesse für so feststehend, daß er meint, die Hexenprozesse der vorreformatorischen Zeit seien zum guten Teile „eine neue, durch die sehr ausgedehnte Benutzung der Folter modifizierte Art der früheren Ketzerprozesse" gewesen[56]. Diese Auffassung ist insofern unzutreffend, als, wie wir sehen werden, die neu auftauchende Gesamtvorstellung der Hexe von Behörden und Volk ursprünglich als fremd, also der Ketzerei nicht angehörig, abgelehnt wurde und die Hexenprozesse der Alpenländer mit einer einzigen Ausnahme Prozesse der weltlichen Gerichte waren. Ein wirksamer Wegbereiter der Hexenvorstellung sind aber die österreichischen Waldenserprozesse zweifellos gewesen.

IV. Es ist mehrfach versucht worden, den Sabbat auf wirkliche Vorgänge, nämlich nächtliche Versammlungen zu kultischen oder Vergnügungszwecken zurückzuführen. Schon Grimm hat ein Fortwirken alter heidnischer Feste in der christlichen Ära als Erklärung für die Sabbatgeständnisse der Hexen vorgeschlagen, allerdings in Unkenntnis der Entwicklungsgeschichte des Hexenwahnes und ihrer Beziehungen zu den südfranzösischen Ketzereibewegungen[57].

In der okkultistischen Literatur, die sich überhaupt der Zaubereiprozesse als eines historischen Beweises für die Wirklichkeit okkulter Erscheinungen zu bemächtigen bemüht ist[58], wird auch dem Sabbat Wirklichkeit eingeräumt, allerdings mit sehr verschiedener Begründung. Es verlohnt sich nicht, auf solche Erklärungsversuche einzugehen. Der Hexenwahn ist eine geistesgeschichtliche Erscheinung, zu deren Erklärung hauptsächlich Erfahrungen und Methoden

---

[54] Vgl. den Bericht des um 1338 schreibenden Schweizer Geschichtsschreibers Johannes von Winterthur über die Zusammenkünfte der Waldenser in Österreich. Darüber Haupt I S. 306 und 311.
[55] A. a. O. III S. 385 ff.
[56] Hierzu noch das Material bei Haupt I S. 322 ff.
[57] s. Anm. 5.
[58] Vgl. Kiesewetter, Geheimwissenschaften, III (Das Hexenwesen nach seiner Geschichte und seinen Erscheinungen), insbesondere Abt.2 (das Sachliche des Hexenwesens) S. 567 ff.

der Völkerpsychologie und der Kulturgeschichte herangezogen werden müssen. Und die Erklärungen für die einzelnen Verfolgungen und die dabei zum Vorschein gekommenen sogenannten Geständnisse liegen ausschließlich auf juristisch-praktischem Gebiete, auf dem Boden der Verhörstechnik und der Folteranwendung. Wir erleben auch in der Strafpraxis der Gegenwart grundfalsche, ganz aus der Luft gegriffene Geständnisse, nicht nur deshalb, weil der Beschuldigte lügen will, sondern weil er mißverstanden wird, weil er beschränkt, phantastisch veranlagt, durch einen brutalisierenden Erhebungsbeamten eingeschüchtert oder durch einen forschen Richter suggestioniert ist. Mit der Folter wären wir jederzeit in der Lage, auch in der Gegenwart das Geständnis der Luftfahrt, des Hexentanzes am Berggipfel und des Verkehrs mit dem Teufel wiederholen zu lassen.

Es mag zugestanden werden, daß sich unter den Opfern der Verfolgung Geisteskranke, Neurastheniker, Hysteriker, Minderwertige usw. befunden haben[59]. Daß unter ihnen auch „medial" Veranlagte in überwiegender Zahl gewesen seien, können wir nicht behaupten, schon deshalb, weil der Begriff der medialen Veranlagung viel zu unbestimmt ist[60]. Wir verwahren uns aber gegen die Unterstellung, daß die Abnormalen, die pathologisch Veranlagten die Mehrheit unter den Opfern gebildet hätten. Sie stellen unter der großen Masse nicht einmal eine erhebliche Zahl vor, die uns berechtigen würde, die Erklärung für den Hexenwahn auf pathologischem Gebiete, nämlich in den krankhaften Einbildungen „verrückter" Menschen zu suchen. Die erdrückende Mehrheit der Opfer gehört dem naturnahen, unter günstigen gesundheitlichen Bedingungen lebenden Landvolke an, also gerade jener Schicht, in der sich immerdar die gesunde Urkraft des Volkes erhalten hat, aus der dieses seinen Nachwuchs bezieht. Gerade bei den robusten Bauern sind psychopathische Naturen nicht gerade häufig. Wenn wir beobachten können, wie Bauern

---

[59] Vgl. die Fälle und die (unvollständige!) Zusammenstellung medizinischer Autoren bei Snell S. 83 ff., 93 ff. Vgl. auch seine Schlußfolgerung S. 126: „Daß Geisteskranke für Hexen und Zauberer gehalten und deshalb bestraft wurden, läßt sich an einer Reihe von Fällen nachweisen, dach ist ihre Zahl so gering, daß sie in der großen Masse der Opfer verschwindet."

[60] Vgl. etwa die Definitionen des „Mediums oder (!) Fakirs" bei dem bekannten Okkultisten Lazar von Hellenpach (Kiesewetter, neuerer Okkultismus, S. 745). Dessoir Einl. S. 2 setzt „Zauberer bei den Naturvölkern, Medien, Hellseher, Propheten, Eingeweihte, Besessene" auf eine Linie.

sich eher totmartern lassen, bevor sie gestehen — eine durchaus nicht seltene Erscheinung — so ist diese heldenhafte Stärke gewiß nicht ein Beweis schwacher Nerven. Die Forscher, welche die Erklärung für die Zaubereiverfolgungen auf individualpathologischem Boden suchen, verfallen sämtlich in den Fehler der Verallgemeinerung einzelner, Geistes- und Nervenkranke betreffender Fälle. Jeder wirkliche Kenner der Hexenakten — und von diesem verlangen wir auch Erfahrungen auf dem Gebiete der Kriminalpraxis der Gegenwart — wird die Einnahme eines wirklichen oder auch nur geträumt wirklichen Vorganges beim Sabbat und seinen Nebenerscheinungen als einer Tatsache von durchschnittlicher Richtung weit von sich weisen.

V. Hansen hat die Möglichkeit eingeräumt, daß die Sabbatvorstellung im schweizerischen Waadtland, dem Mutterlande des universellen Hexenbegriffes, von dem auch die französische Bezeichnung des Zauberwesens mit „Vauderie" stammt, eine gewisse Förderung durch das Alpenfest der „Demi-Été" erfahren haben könne, einer seit altersher bestehenden Mittsommerfeier der Alpenwirtschaft betreibenden Bauern, die mit üppigen Schmäusen und oft ausgelassenen Tänzen auf den Almen und in den Sennhütten verbunden ist[61]. Die in den österreichischen Alpen vorkommenden Alpenfeste, zu denen kirchliche Gedenktage und namentlich die regelmäßigen Viehmärkte Anlaß geben, scheiden aus der Vermutung, daß sie eine Art Vorbild des Hexensabbats abgegeben hätten, aus. Sie sind zwar von krimineller Bedeutung durch die schweren Raufereien, die seit jeher hierbei ausgekämpft zu werden pflegen, kommen aber nur stellenweise vor und können schon deshalb nicht Grundlage einer Erklärung bilden.

VI. Nur bezüglich einer einzigen Art nächtlicher Zusammenkünfte im Freien ergibt sich die begründete Vermutung, daß sie zur Vorstellungsverallgemeinerung des Sabbats beigetragen haben. Aber auch sie sind nur von örtlichem Einflusse gewesen, allerdings an einer Stelle, die für die Ausbreitung der Verfolgung im östlichen Teile der Alpen verhängnisvoll geworden ist, nämlich in der slovenischen Untersteiermark und dem Gebiete der Sprachgrenze nördlich der Drau westlich und östlich der Stadt Marburg.

---

[61] Quellen S. 414 ff.

Etwa von 1590 an breitete sich dort — von Krain her einwandernd — die eigentümliche religiöse Sekte der Springer oder Werfer[62] aus, gewann ziemliche Verbreitung ausschließlich im slovenischen Bauernvolke, so daß auf steirischem Boden sechs Springerkirchen entstanden, und endete in ihren letzten Lebenszeichen erst 1625, in welchem Jahre Ferdinand II. die Zerstörung der letzten Springerkirche in Radoch bei St. Leonhard in den windischen Büheln verfügte. Die Anhänger dieser Sekte feierten ihren Gottesdienst in den späten Abendstunden zur Zeit des Neumondes auf hohen Bergen, in Wäldern oder in den Tälern zwischen Gebüsch bei brennenden Lichtern oder auch beim blassen Scheine phosphoreszierenden Holzes. Nach einer Predigt begann ein ekstatischer Tanz; die Teilnehmer gebärdeten sich wie die Rasenden, wälzten sich in krampfhaften Windungen am Boden herum und verfielen schließlich in einen tiefen Schlaf, in dem sie Visionen von der Mutter Gottes und allen möglichen Heiligen hatten, dieser kultische Tanz, der eine auffallende Ähnlichkeit mit den behaupteten Vorgängen am Hexensabbat aufweist, mußte zwangsläufig die Vermutung begründen, daß es sich um Teufelsanbetung handle, wie denn überhaupt immer und überall Sektierer als Satanisten angesehen wurden[63]. Das wiederholte sich auch bei den Springern. Nicht nur Bischof Martin Brenner, der Ketzerhammer der innerösterreichischen Rekatholisierungsbewegung, spricht in seinem Berichte in diesem Sinne, sondern auch im steirischen Landtag werden sie so charakterisiert. In den Landtagsakten 1596 finden sich Beschwerdeartikel der Landschaft vom 19. November 1596 gegen den landesfürstlichen Rentmeister zu Pettau wegen der neuerbauten Springerkirche zu Püchlen-Pessiakh (im Wurmberger Landgericht), weil er dort Leute dulde, „welche großergerlicher superstitionen und sathanischer exercitien mit zauberischem sprengen (sic), selzamen gaukhlen und überwerfen und dergleichen ... abgöttisch pflegen". Und ein Jahr später, am 14. Dezember 1597, meinte der Landtagssekretär Mathes Ammann bei Beratung der Beschwerden der Landtagsmitglieder

---

[62] Über die Entstehung der Springer- (auch Stifter-)Sekte in Krain Dimitz, Springersekte. Für ihr Auftreten in Steiermark Schuster S. 615 ff. 640, Pirchegger II 479.

[63] „ ... es ist eben ein historisch bewährtes Kampfmittel der Orthodoxie gegen das Geheimnis, mit dem sich im Interesse der Sicherheit religiöse Minoritäten zu umgeben pflegen". Hansen, Zauberwahn S. 227.

über die Springerkirche in Fraustauden, die Bauern hätten dort „auch vorhin zauberey und abgotterey triben". Es ist auch überaus bezeichnend, daß die angebliche Stifterin der Springersekte, die aus dem Görzischen stammende Maruscha, selbst als Hexe ergriffen und eingekerkert worden ist.

Seit 1580 war der aus Sachsen stammende Protestant Jakob Bithner[64] steirischer Landprofos mit der Aufgabe, die Straßen von dem fahrenden Gesindel, insbesondere den „gartenden"[65] Landsknechten, zu reinigen. Aus seinen Berichten an die steirische Landschaft ergibt sich, daß er aus religiösen Gründen einen tiefen Haß gegen die Zauberer und Hexen hegte und viel Mühe darauf verwendete, solche ausfindig zu machen und den zögernden Landgerichten zu überliefern. Bithners Einfluß auf den Beginn der steirischen Hexenverfolgung darf nicht unterschätzt werden; wir werden noch später sehen, daß er es war, der in den achtziger und neunziger Jahren des 16. Jahrhunderts den Glauben an die in seiner Heimat schon längst bekannte neue Hexensekte bei den Gerichtsherrschaften zu verbreiten bestrebt war. Er klagt öfters über die große Zahl der Zauberer in der Marburger Gegend und in Untersteiermark, dem Boden der alten Grafschaft Cilli, überhaupt. Da er außerdem von der Landschaft gegen die Springer in Bewegung gesetzt wurde und hierbei üble Erfahrungen machte[66], so ist es sehr wahrscheinlich, daß er deren nächtlichen Gottesdienst und wilden Tanz mit dem ihm als Jenenser Extheologen wohlbekannten Hexentanz gleichstellte und die harmlosen Springer als Beweis dafür ansah, daß der Teufelskult nunmehr auch in seinem Amtssprengel festen Fuß gefaßt habe. Gerade das Verbreitungsgebiet der Springer ist fünfzig Jahre nach ihrem Erlöschen der Boden der Steiermark gewesen, wo die meisten und opferreichsten Hexenprozesse bis zum endlichen Erlöschen der Volksseuche wüteten. Alles dies stützt die Vermutung, daß die Kultformen der Springersekte die Sabbatvorstellung in Untersteiermark erst volkstümlich machten und so zur Vorbereitung des Hexenglaubens und der Hexenprozesse beigetragen haben.

---

[64] Über ihn Zahn, Styriaca II S.108 ff.
[65] =marodierenden, landstreichenden.
[66] So auch nach Bithner! Die Springer nötigten 1505 den Profossen Wals Glöderl zur Flucht und richteten seine fünf Steckenknechte übel zu; Gladerl selbst geriet in Lebensgefahr und entkam nur mit Mühe. Zahn, Miszellen, S. 384.

II. Abschnitt:
Die Zaubereivorstellung und die Zaubereiprozesse bis zur Mitte des 16. Jahrhunderts

I. Die Quellen im allgemeinen

I. Je weiter wir zeitlich in das Mittelalter zurückgehen, desto spärlicher fließen die Quellen über die Zaubereivorstellung und die gerichtliche Verfolgung der Zauberei in den österreichischen Alpenländern. Das kann nicht nur damit erklärt werden, daß die weitverbreitete Unkenntnis der Schrift und die Abneigung gegen schriftliches Verfahren das Entstehen von Akten verhindert habe oder daß die schriftlichen Zeugen der Vergangenheit eben in der langen Zeit zugrunde gegangen seien. In Wirklichkeit liegt in dem Quellenmangel ein Beweis dafür, daß bei als gegeben angenommener weiter Verbreitung des Zauberglaubens — bei welchem Naturvolk wäre das anders gewesen? — die Rechtsordnung in ihm nur in geringem Umfange eine Mahnung zur rechtlichen Unterdrückung und strafgerichtlichen Verfolgung erblickte. Riezler, der genaue Kenner der Geschichte der Hexenprozesse in Bayern, die enge Beziehungen zu jenen des stammverwandten Volkes in Österreich aufweisen, sagt[67]: „Über gerichtliches Einschreiten gegen Zauberer und Hexen hat sich aus Bayern aus dem ganzen Mittelalter kein einziges sicheres Zeugnis erhalten, doch wohl ein Beleg dafür, daß solches nicht häufig vorkam". (Er kann lediglich einen Fall von Volksjustiz aus dem Jahre 1090 anführen[68], wo in Vötting am Fuß des Weihenstephaner Berges drei Frauen wegen angeblichen Wetter- und Krankheitszaubers zuerst vom empörten Volk der Wasserprobe unterworfen, dann zweimal grausam gepeitscht und endlich am Isarufer zusammen bei lebendigem Leibe verbrannt worden sind. Hansen führt aus dem bayrischen Stammesgebiet noch zwei weitere Fälle von Maleficienstrafen an, einen von 853 zu Freising, wo eine zur Familie der Marienkirche gehörige Magd des Giftmordes bezichtigt wurde[69], und einen weiteren größeren Belanges zu Regensburg von 899. Rönig Arnulf erlitt nämlich am Regensburger

---

[67] A. a. O. S. 28 ff.
[68] Vgl. Hansen, Zauberwahn, S. 118 ff., Ann. S. Steph. Frising. MGH. SS. XIII 52; Weiland Ludwig, Zschr. s. Kirch. Gesch. IX S. 592.
[69] Meichelbeck I/2 S. 343 Nr. 683.

Reichstag dieses Jahres einen Schlaganfall, an dem er bald zugrunde ging. Man schrieb diesen Tod der Zauberei zu; ein verdächtiger Mann wurde zu Öttingen enthauptet, eine Frau namens Rudpurg gefoltert, bis sie gestand, und zu Aibling in Oberbayern gehängt[70].

In den österreichischen Alpen sind gerichtliche Zaubereiverfolgungen gegen Ende des Mittelalters mehrfach nachweisbar, ebenso noch später Erscheinungen von Lynchjustiz gegen vom Volke des Hagelzaubers bezichtigte Hexen. Jedoch sind die ersteren immerhin recht vereinzelt, so daß wir der Meinung Riezlers von der Seltenheit des gerichtlichen Verfahrens gegen Zauberei im Mittelalter nicht nur für den bajuvarischen Boden Österreichs, sondern für dessen Gesamtgebiet beitreten müssen. Diese Schlußfolgerung wird — es genügt, darauf hinzuweisen — durch die neuerdings bekanntgewordene Stelle des unveröffentlichten Kodex Nr. 30 der Stiftsbibliothek Reun (bei Graz) nicht erschüttert: „1115 Concremate sunt triginta mulieres in Greez una die." Wie immer man diese rätselhafte Stelle beurteilen mag, welche die älteste Nachricht über Graz enthalten dürfte[71], das eine ist sicher, daß es sich nicht um einen gerichtlichen Massenbrand von Hexen handeln kann. Es sind zwar früher und später in Deutschland, Frankreich und Spanien Verbrennungen oder Ertränkungen von Zauberinnen wegen Maleficium, hauptsächlich Krankheits- und Liebeszauber, vereinzelt vorgekommen, die vorwiegend Akte der Lynchjustiz, viel seltener solche der Rechtspflege waren. Allein in der ganzen Geschichte der älteren Zaubereiprozesse findet sich kein Fall einer Massenverfolgung der Schadenzauberer mit dreißig Opfern an einem einzigen Tage. Daß sich etwas, was sonst in der Zeit nirgends belegt ist, gerade in Graz ereignet haben sollte, ist so unwahrscheinlich, daß wir darüber hinweggehen können.

II. die Gesetzgebung, an die man zuerst denken muß, wenn es sich um das Verbrechen der Zauberei handelt, bietet uns für die ältere Zeit vor der peinlichen Gerichtsordnung Karls V. wenig Anhaltspunkte für unseren Gegenstand. Geschriebenes Strafrecht vor 1500 ist in den österreichischen Alpenländern selten, das Vorhandene fast ausbeutelos. Das Zurückgehen auf die Volksrechte, insbesondere die für unser Gebiet hauptsächlich in Betracht kommende

---

[70] Ann. Fuld. MGH. SS. I 414.
[71] Klebel, Carinthia I, 119. Jahrg.

Lex Baiuvariorum, gibt wenig Einschlägiges, ebenso die Durchforschung des Materials, das in den sonstigen Rechtsquellen des Mittelalters, den Spiegeln, Landrechten, Taidingen usw. enthalten ist. Wenn es noch eines Beweises bedürfte, daß die Zauberei im späteren Sinne im Mittelalter in den österreichischen Alpen keinen Boden hatte, so ließe sich ein solcher in dem Schweigen der Rechtsordnung erblicken; außer einigen Hinweisen auf bestimmte Formen der Schadenzauberei, zu der natürlich auch der Giftmord gerechnet wird, fällt die Nachforschung leer aus.

III. In der nachkarolinischen Zeit ändert sich dieses Bild. Die Reichskarolina mit ihren partikularrechtlichen Nachfolgerinnen befaßt sich — durchaus auf der Grundlage der inzwischen durchgedrungenen Anschauung von der Weltverbreitung und Weltgefahr der Hexenorganisation — sehr eingehend mit dem Verbrechen der Zauberei, seiner Prozessierung und Bestrafung. Es muß aber hervorgehoben werden, daß der juristische Positivismus wenigstens im Anfange sich gesträubt hat, sich von der Theologie vollständig ins Schlepptau nehmen zu lassen. Nicht die nach theologischer Auffassung entscheidende Zugehörigkeit zum Teufelskult, der Teufelsbund und der Sabbatbesuch, stellen das am Scheiterhaufen zu sühnende Verbrechen der Zauberei dar, sondern nur die zauberische Schadenszufügung; Zauberei ohne solche ist nach Ermessen („nach gelegenheit der sache"[72] zu strafen und vorher — zweifellos als Bremsmittel gedacht — der Rat Rechtsverständiger einzuholen. Auch hinsichtlich der gesetzlichen Voraussetzungen zur peinlichen Frage, die die Karolina für das Verbrechen der Zauberei ausstellt[73], zeigt sich ein gewisser Wirklichkeitssinn; die viel weiter gehenden Ansichten etwa der Verfasser des Hexenhammers in diesem Punkte werden nur teilweise und mit großer Zurückhaltung übernommen. Allerdings hat die spätere Entwicklung, mächtig gefördert durch die anschwellende juristische Fachliteratur und die Verfolgungslust der Praxis, die ursprünglichen Schranken überschritten und theologischen Schriften, wie dem malleus maleficarum[74] und den disquisi-

---

[72] A. 109 CCC.
[73] AA. 21, 44, 52 CCC.
[74] Über ihn und seine Verfasser ausführlich Hansen, Quellen, S. 360 - 408.

tiones magicae des Martin Delrio[75] eine die staatlichen Gesetze weit überragende Bedeutung eingeräumt.

IV. Damit sind wir bei der theologischen Literatur angelangt. Der grundlegende und für das gewaltige Anschwellen der Hexenverfolgung verantwortliche Teil derselben liegt mit wenigen Ausnahmen außerhalb unseres Gebietes und zeitlich vor dem Eindringen des neuen Hexenglaubens. Bodenständig sind einzelne theologische Gutachten, Predigten und moraltheologische Schriften.

Nicht übersehen darf werden, daß der katholische Klerus der österreichischen Alpenländer, da es sich fast nur um Prozesse der weltlichen Gerichte handelte, an der Praxis der Hexenprozesse in der Stellung des Seelsorgers und Beichtvaters beteiligt war. Aus dieser Aufgabe heraus ergaben sich — wie auch anderswo — Gegensätzlichkeiten zu den das Verfahren leitenden Richtern. Wir können wiederholt die interessante Beobachtung machen, daß die Beichtväter auf Grund ihrer psychologischen Erfahrung die Richtigkeit der von den Juristen erpreßten Geständnisse bezweifeln, ihre Beichtkinder zur Zurücknahme noch auf dem Gang zum Hochgericht veranlassen und so in bester Absicht die Opfer der Verfolgung zu retten und deren Ausbreitung zu beschränken trachten. Übrigens sind es Tiroler Theologen, an der Spitze der urtirolerische, auch in der erfrischenden Kraft seiner Sprache durchaus bodenständige Brixener Bischof Georg Golser, gewesen, die 1486 den inquisitor haereticae pravitatis und Mitverfasser des Hexenhammers Heinrich Institoris daran hinderten, in Innsbruck einen von ihm begonnenen großen Zaubereiprozeß zu Ende zu führen, und dadurch zahlreiche Frauen retteten. Auf alpenländischem Boden erhoben sich auch mutige geistliche Bekämpfer des Hexenwahns, die erfolgreich zum Aufhören dieser geistigen Seuche beitrugen, wie der Innsbrucker Jesuit P. Adam Tanner, der Roveretaner Abbate Don Girolamo Tartarotti und der aus dem Unterinntal stammende Theatinermönch Don Ferdinand Sterzinger, der 1766 durch seine berühmte Münchener Akademierede den sogenannten bayrischen Hexenkrieg, den letzten siegreichen wissenschaftlichen Kampf gegen die Wirklichkeit des Hexenglaubens, entfesselte[76].

---

[75] Über ihn Duhr, Jes. Gesch., I 747.
[76] Über alle drei Rapp S. 65 bis 170. Gegen ihn, soweit die Persönlichkeit Tanners als Kämpfer gegen die Hexenverfolgungen in Frage steht, Riezler S. 298 bis

Die im Seelsorgeberuf stehenden Theologen entwickeln im ganzen eine viel größere Beweglichkeit gegen die Hexenprozesse, als die Juristen, die, nachdem sie einmal mit der Materie vertraut geworden waren, geschäfts- und gewohnheitsmäßig mit kühler Sachlichkeit nach bewährten überkommenen Grundsätzen ohne Gemütsbeteiligung das Verfahren immer und immer wieder in gedankenloser Pflichterfüllung abrollen ließen. Auch in der Gegenwart erstickt die Strafjustiz an der Fülle des Gleichartigen, schimmelmäßig zu Behandelnden, trotzdem Individualisierung in der Rechtsanwendung das Schlagwort der Zeit ist. Im gesteigerten Maße mußte die Tätigkeit der Hexenrichter zu schematischer Justiz führen, weil ja buchstäblich alles, was sie festzustellen hatten, schon aus der theologischen und fachjuristischen Literatur bekannt und nur aus den Beschuldigten mit Hilfe der Folter herauszupressen wat. Es ist das vom Gesichtspunkte der Ethik aus Abstoßendste an der Persönlichkeit der berufsmäßigen Hexenrichter, daß die durchschnittliche Triebfeder ihres Handelns nicht Aktivismus ist, etwa mißleiteter Gerechtigkeitssinn, fanatische Leidenschaft und dergl., sondern im Gegenteil reine Passivität und Gedankenarmut, die herzenskalt und unbekümmert um menschliches Leid Menschen quält und tötet, weil dies eben zum Beruf gehört, und auf ihre Gleichgültigkeit, die sie mit Unparteilichkeit verwechselt, noch stolz ist. Man begreift, daß der Beichtvater, der seinen Schutzbefohlenen trösten und ihm menschlich nahekommen will, viel leichter der Gewissensfrage ausgesetzt war, ob denn das krause Zeug, das der Richter als Geständnis niedergeschrieben hatte, weil es seinen Kenntnissen entsprach, nicht nur den Schmerzen der peinlichen Frage entsprungen sei, und man versteht weiters, daß in manchen Fällen die Richter sich die Einmischung der Theologen entrüstet verbaten oder die Akteneinsicht verweigerten, um ihnen die Möglichkeit der Kritik an der Prozeßführung zu entziehen.

V. Die rein juristische Literatur über die Hexenprozesse: Kommentare, Monographien, Gutachten von Juristen und Juristenfakultäten usw. ist für das Gebiet der österreichischen Alpenländer unbedeutend; erst im letzten Jahrhundert der Hexenverfolgung erhebt sie sich zu bescheidener Bedeutung.

---

312. Tartarottis Lebenslauf von C. Lorenzi. Vgl. auch die Aufsätze in der allg. deutsch. Biographie über Tanner 37. Bd. S. 380 ff., über Tartarotti 37. Bd. S. 402 ff., über Sterzinger 36. Bd. S. 124 ff., sämtliche von Reusch.

VI. Eine wichtige Erkenntnisquelle des Zauber- und Hexenglaubens bildet die volkliche Überlieferung, die wir noch heute mit überraschender Vollständigkeit in der Gesamtheit des sogenannten Volksaberglaubens vertreten finden. Das Bauerntum bedient sich in der Gegenwart der Zaubereivorstellung in nicht viel geringerem Umfange als wie zur Zeit der Strafbarkeit der Zauberei[77]. Vieles, was uns in den Hexenprozessen berichtet wird, ist noch lebende Wirklichkeit, läßt sich beobachten und durch die vergleichende Methode ausdeuten.

Mythische und zauberische Vorstellungen verkörpern sich in den Volkssagen und Märchen, die vielfache Berührungen mit dem Zauberglauben ausweisen. Die Erinnerung des Volkes an große Zaubereiprozesse ist in der Sage niedergelegt. häufig findet eine Umbildung des Stoffes in das Rührselige oder Komische statt; der auch in der Volkspsyche herrschende Erinnerungsoptimismus entkleidet den Gegenstand des Grausigen und Häßlichen und ermöglicht so ein geläutertes Fortleben. Derartige Beigaben sind z. B. in der Tiroler Lauterfressersage[78], in der salzburgisch-steirisch-österreichischen Sage vom Zauberjackel[79], in der oststeirischen Sage von der Blumenhexe der Riegersburg[80] deutlich zu erkennen. Viel feiner und wahrer sind die Grundelemente des Hexenglaubens in den Volksmärchen erhalten geblieben. Man denke etwa an die Sage von der Knusperhexe in der Grimmschen Märchensammlung[81], wo alles Charakteristische der Hexenvorstellung vom äußeren Anblick der Hexe an bis zu ihrer Verbrennung ganz genau und ohne Beschönigung (auch das Kinderfressen ist erhalten geblieben) vorkommt, oder an die mehrfach wiederholte Gestalt des redenden Werwolfes[82]. Wo Dichter, Naturforscher und Gelehrte sonstiger Art solchen Volksglauben in der Vergangenheit beobachtet und aufgezeichnet haben, bilden diese Schriften wertvolles Vergleichsmaterial.

---

[77] „Wir haben genügendes Beweismaterial, um zu zeigen, daß er (scil. der europäische Hexenglaube) nur unter dem erstarrenden Einfluß des Rationalismus einen Winterschlaf hält und daß er, wenn dieser Einfluß jemals ernstlich nachließe, zu neuem Leben auferstehen würde." Frazer, Mensch und Unsterblichkeit, S. 273; ähnlich derselbe, gold. Zweig, S. 81 ff.
[78] Heyl, S.173 ff.
[79] Kürsinger S. 485 ff., Michael Dengg, S. 183 ff.
[80] Vgl. die Ballade „Die Hexe zu Riegersburg" von Joh. Nep. Vogl S. 28.
[81] Bolte-Polivka I S.123 ff.
[82] Ebendort I 33, 37 ff.

VII. Die wichtigste Quelle für die Hexenverfolgungen sind die erhaltenen Prozeßakten. Solche aus der zeit vor 1600 sind in den österreichischen Alpen nicht häufig, was wohl auf das mündliche Verfahren zurückzuführen sein dürfte. Das schriftliche Verfahren in Strafsachen gewinnt erst unter dem Einflusse der Karolina allgemeinere Verbreitung. Von da ab mehren sich die Straf- und mit ihnen die Hexenakten. Wir verfügen heute über recht stattliche Bestände dieser Art, Verloren ist viel, aber u. E. nicht allzu viel. Denn die Hexenakten wirkten über ihre Zeit hinaus, weil in den Geständnissen der prozessierten Personen fast regelmäßig Namen von angeblichen Sabbatsbesuchern vorkamen, gegen die man das Verfahren vorläufig ruhen ließ, um es bei geeigneter Gelegenheit wieder aufzunehmen. Diese Akten mußten also schon im Interesse der Rechtspflege erhalten bleiben; sie haben in der Zeit der großen Hexenverfolgung eine verhängnisvolle Rolle gespielt, indem sie das Belastungsmaterial aufbewahrten und dadurch späteren Verfolgungen eine gefährliche Dynamik verliehen. Zudem erweckten Hexenakten, wie schon die Entstehung der zahlreichen Hexensagen beweist, wegen der unheimlichen Romantik ihres Inhaltes das Interesse späterer Geschlechter, das sie vor Vernichtung schützte. Absichtliche Vernichtung aus verschiedenen Gründen, etwa um ein Verdachtsmoment zu beseitigen oder aus einem gewissen kulturellen Bestreben heraus zur Unterdrückung beschämender Zeugnisse der Vergangenheit, mag vorgekommen sein, kann aber nicht sehr bedeutend gewirkt haben.

So ist wohl hauptsächlich der natürliche Schwund, der allen alten Akten anhaftet, die Ursache gewesen, daß uns nicht alles erhalten geblieben ist. Bei der Zersplitterung der Blutgerichtsbarkeit in den österreichischen Alpen in zahlreiche kleine Landgerichte, die vielfach unzulänglich untergebracht waren, ergaben sich häufig ungünstige Aufbewahrungsmöglichkeiten, so daß Mäuse, Feuchtigkeit und Feuer Schaden anrichten konnten. Auch das Erhaltene ist manchmal noch bis in die neueste Zeit herein durch Indolenz und Unkenntnis späterer Schloßbesitzer, die Urkunden und Akten verheizen ließen oder als Wickelpapier verkauften, zugrundegegangen; doch hat die Einrichtung wissenschaftlich betriebener Zentralsammelarchive im wesentlichen dem Vernichtungsprozeß Einhalt getan.

Immerhin sind die eingetretenen Verluste nicht so hoch anzuschlagen, daß uns durch sie die Kenntnis der großen Prozesse wesentlich beeinträchtigt wird. Wenn auch der eine oder andere Fall, der sich bei irgendeiner unbedeutenden Gerichtsherrschaft zugetragen hat, verschollen sein mag, so ist doch der Gesamtverlauf der Hexenverfolgung noch heute so belegbar, daß sich darauf eine in ihren Durchschnittsziffern erträglich richtige Statistik aufbauen läßt. Jedenfalls haben solche Ziffern einen viel größeren Wert als Schätzungszahlen, die namentlich bezüglich der Menge der Opfer gewaltige Übertreibungen darstellen.

II. Die älteste Zeit

I. Daß die Bewohner der österreichischen Alpen, ob sie nun Kelten, Römer, Slaven oder Germanen waren, zaubergläubig gewesen sind und daß sie den durch angebliche Zauberei bewirkten Schaden durch Gegenzauber abzuwehren und durch Strafen zu unterdrücken bemüht gewesen sind, ist aus dem Vergleiche mit den uns bekannten Verhältnissen dieser und anderer Völker als gesichert anzunehmen. Schon der Umstand, daß alle diese Völker hochstehende religiöse Vorstellungen hatten, ist ein sicherer Beweis; das religiöse Denken wenigstens der älteren Zeit ist von der Zaubereivorstellung nicht zu trennen, ja häufig nicht einmal zu unterscheiden[83].

Der älteste Beleg auf dem von uns beobachteten Gebiete ist die berühmte Stelle der Lex Baiuvariorum XIII, 8[84], die von der Strafbarkeit des aranscarti[85] genannten Ernteschädigungszaubers handelt. Da das bayrische Stammesrecht auf dem Gesamtgebiet der bajuvarischen Besiedlung herrschend war und in seiner Anwendung in den einzelnen Ländern der österreichischen Alpen wiederholt bescheinigt ist[86], so haben wir damit aus der Mitte des 8. Jahrhunderts die Bestätigung einer weitverbreiteten, mit einem eigenen technischen Namen bezeichneten volkstümlichen Zaubereivorstellung auf unserem Boden, die in die Rechtsetzung eingetreten ist und die Strafbarkeit des vorgestellten Schadenzaubers durchgesetzt hat. Fraglich ist nur, welcher Art diese „Erntescharte" ist[87]. Vermutlich hängt sie mit dem „Bilwisschnitt" zusammen. Der Bilwis ist ein schädlicher Ge-

---

[83] Beth S. 201 ff.
[84] MGH. L.L. s. I t. V p. II., hgg. von Schwind.
[85] Das Wort wird von Schwind, Gloss. s. v. aranscarti mit messis desectio erläutert. Vgl. auch Schmeller s. v. Schnitt II 585 und Schart II 471.
[86] Mell, Grundriß, S. 49, 400; Luschin, Reichsgesch., I 30.
[87] Vintler, pluemen der tugent, v. 7811 „Erdschnitt".

treidedämon, dessen ältestes Vorstellungsgebiet gerade Südwestdeutschland, das Bajuvarenland ist[88]. Man führt u. a. die schmalen Straßen, die von äsenden Rehen in Getreidefeldern erzeugt werden sollen, auf sein Unwesen zurück[89]. Da Scharte auch so viel bedeutet wie Schnitt, so liegt es nicht ferne, einen Zusammenhang zu vermuten und in dem Herbeiführen der Erntescharte durch zauberische Mittel[90] die Anrufung der Bilwis zu sehen[91].

Zu erwähnen sind als für das bayrische Stammesgebiet bedeutsam die Weisung des Papstes Gregor II. an seine Nuntien in Bauern, „daß sie dort die eitle Traum- und Zeichendeuterei, die Zauber- und Beschwörungsformeln, die Zauberkünste der Wahrsager und Loswerfer verbieten sollen"[92], ferner ein Dekret Tassilos von der Synode von Neuching, welches das Wegbringen von gestohlenem Gut (insbesondere Pferde und Vieh) außer Land durch Zaubermittel (machinis diabolicis) mit einer Buße von 40 Schilling bedroht[93]. Endlich befiehlt die bayrische Kirchensynode von Reisbach 799 dem Archipresbyter, gegen solche, die wahrsagen und Wetter machen, vorzugehen und sie durch sorgfältige Untersuchung — also nicht durch die Folter — zu einem Geständnis zu bringen[94]. Als

---

[88] HWB. s. v. Bilwis (Mackensen).
[89] Neuerdings soll man die Entdeckung gemacht haben, daß die Bahn des Bilwisschnittes sich mit jener unterirdischer Wasseradern decke; Untersuchungen durch Rutengänger haben angeblich diese Tatsache erwiesen. Daraus und aus dem Umstande, daß die stehengebliebenen Halme und Stoppeln häufig schwarzverbrannte Enden aufweisen, hat man den Schluß gezogen, daß es sich beim Bilwisschnitt um die Spuren von Kugelblitzen handle, die dem Zuge der Wasserläufe folgen. Dem Verfasser ist aus Wildschadenprozessen seiner Praxis bekannt, daß man Tiere, wie Hasen, Rehe, Hamster, die als Schädlinge verdächtigt wurden, niemals auf frischer Tat beobachtet hat; die Behauptung, daß der Bilwisschnitt auf Wildschaden zurückgehe, ist lediglich eine Schlußfolgerung, die in Ermangelung einer sonstigen Erklärung aufgestellt worden ist. Die schmalen, kaum handbreiten Wege im Getreide sind in der Tat sehr auffällig und lassen die übernatürliche Deutung begreiflich erscheinen. Vgl. Dr. J. Scheidl in der Grazer Tagespost vom 28. August 1932.
[90] „maleficis artibus". Noch in später Zeit sprechen Quellen von einer „art hexenschnitt, so auf dem felde geschehen soll" (Chemnitzer Rockenphilosophie III 142), in Bayern von „hexengetreideschnitt".
[91] Vgl. noch Hansen, Zauberwahn, S. 57; Riezler, S. 26 ff.
[92] Riezler S. 27.
[93] MGH. L.L. III Conc. t. II p. I pag. 100.
[94] MGH. L.L. III pag. 464 c. 2, 471 § 15 und LL. s. II Cap. I 228.

Strafe kommt nur Haft bis zum Gelöbnis der Besserung in Betracht[95].

In allen diesen Quellen, denen sich zahlreiche andere aus anderen Stammesgebieten an die Seite stellen lassen, lebt noch die heidnische Zaubereivorstellung. Die Kirche hat mit ihrer Entstehung nichts zu tun, wohl aber an ihre Möglichkeit geglaubt; denn ohne diesen Glauben wären die Strafdrohungen unmöglich. Diese aber — Geldstrafe und Haft — sind von seltsam gegen die spätere Zeit abstechender Milde.

II. Im folgenden Entwicklungsgang vermögen wir bereits Spuren orientalischer Zaubereivorstellungen, vermittelt durch kirchlichen Einfluß, wahrzunehmen. So z. B. ist in einer aus dem 12. Jahrhundert stammenden Handschrift des Kommentars des Rudbertus über die zwölf Propheten, die der Klosterbücherei von St. Lambrecht[96] bei Neumarkt in Obersteiermark angehörte, auf der letzten Seite von anderer Hand mit dem Schriftbefund um 1200 ein Blitzsegen christlich-hebräischen Ursprungs eingetragen worden: Contra fulgura et tonitrua. . +. Crux in nomine domini ihesu christi. +. et matris marie perquam mundus redemptus est. +. Alfa. + Ω +. Thebalcuz. +. Cuz. +. Curani. +. Gritani. +. On. +. Tetragrammaton. +. ihesus. +. ihesus. +. ihesu. +. fiat. +. fiat. +. fiat. +[97].

Papst Gregor IX. befiehlt unterm 3. September 1232 aus Anagni dem Prior und den Brüdern des Predigerordens in Österreich, die mit dem unnatürlichen Laster der sodomitischen Sünde, welche in der regio Theutonie[98] häufig vorkommen soll, Belasteten durch Drohungen zu schrecken[99]. Welche Art der Sodomie hier gemeint ist, bleibt unbestimmbar, wenngleich die größere Wahrscheinlichkeit nach dem Sprachgebrauch[100] und nach der Tradition der Inquisitionserfahrungen der geistlichen Gerichte für die Homosexualität zu spre-

---

[95] Hierher gehört auch die aus den Quellen ersichtliche Furcht vor Bezauberung beim „wehadinc", dem Kampfordal „carminibus vel machinis diabolicis vel magicis artibus" (Decreta Tassilonis B § 4). Ähnlich der Edictus Rothari cap. 368 („herbas quod ad maleficias pertenit").

[96] Jetzt Univ. Bibliothek. Graz Handschr. III 373.

[97] Solcher Blitzsprüche gibt es im Hebräischen mehrere. Z. B. (nach gütiger Mitt. von Univ.-Prof. Dr. David Herzog): „Gelobt seist Du Ewiger, unser Gott, König der Welt, der das Schöpfungswerk vollbracht hat."

[98] Und insbesondere in Österreich!

[99] MGH. Ep. saec. XIII t. I pag. 388.

[100] Vide Corrector Burchardi (19. Buch der decreta), Migne patr. 140.

chen scheint. Es ist aber insofern gleichgültig, als am Ketzer- und am Hexensabbat sämtliche Formen auftreten. Man kann nicht annehmen, daß sich der Papst mit dieser angeblich im deutschen Teile der österreichischen Alpen verbreiteten Erscheinung befaßt haben würde, wenn es sich lediglich um Unzuchtsverbrechen weltlicher Natur gehandelt hätte. Vielmehr muß es sich um jene Ideenverbindung: Unzuchtsverbrecher—Ketzer und umgekehrt drehen, die bei kirchlichen Schriftstellern des Mittelalters überaus häufig und von diesen Quellen aus noch in die Gerichtssprache des 16. und 17. Jahrhunderts übergegangen ist[101]. Wir können daher, wenn diese Vermutung zutrifft, aus dem Briefe des Papstes auf den auch in Österreich eindringenden Glauben an den mit schrecklichen Unzuchtsünden belasteten Ketzer oder Zauberer schließen[102].

Als 1290 der unruhige Erzbischof Rudolf von Salzburg zu Erfurt, wo er zur Ausgleichung seiner Streitigkeiten mit Herzog Albrecht weilte, eines plötzlichen Todes starb, knüpfte sich an dieses Ereignis das Gerücht zauberischer Vergiftung, dem der Reimchronist Ottokar[103] die Verse 38310 ff. widmete:

„owe der untriun starc
niur funfzic marc
wurden im darumb gegeben,
daz er unden und enneben
die gift allenthalben streich
in den schuoch weich
den der bischolf des tags an legte[104]."

Das Wesen des zauberischen Giftmordes im besonderen, wenngleich der Giftmord an sich als Zauber betrachtet wurde, liegt in der

---

[101] Vgl. den Art. „Katzelmacher" von Konrad Kniely in der Grazer „Tagespost" 1925. „So zeigt der Moritz an, das geschrey sei gewesen, als sollt er ketzerey mit einer stueten triben haben" (Stubenberg 1542). „Er Greistorfer wer mit seiner tochter, mit reverendo zu melden, ein wissentlicher khetzer" (Saurau Unters. Akt. 1561). Beide Belege im SLA.
[102] Vermutlich steht der Brief des Papstes mit der beginnenden Waldenserei in Österreich im Zusammenhang. Allerdings verordnet der Papst, man solle die mit dieser Sünde Behafteten meiden „sicut hereticos", woraus sich zu ergeben scheint, daß es sich doch um etwas begrifflich Verschiedenes handelt.
[103] MGH. Deutsch. Chron. 5. Bd. 1. u. 2. Teil (Ausg. von Jos. Seemüller).
[104] Über die Salzburger Fehde vgl. Pirchegger II S. 5 ff.

uns heute merkwürdig berührenden Annahme, daß Tötung durch einen vergifteten Schuh möglich sei[105].

1296 verrechnet der Richter Daniel von Enn im Bozner Unterland in einer von der Zenoburg datierten Rechnung „pro exustione duarum strigarum" einen Ausgabebetrag[106]. Es war dies wahrscheinlich ein Maleficienprozeß, dessen Vorbilder im nahen Italien gelegen sind, woselbst in den Städten — insbesondere in jenen Oberitaliens (Venedig, Mailand) — eingehende Strafbestimmungen über Schadenzauberei bereits bestanden[107]. Zu vermuten ist, daß die beiden Zauberinnen von Enn Giftmörderinnen waren.

III. Im 14. Jahrhundert beginnen in den Alpenländern die Bestrebungen, sich der angesiedelten Juden zu entledigen[108]. Es mag dahingestellt bleiben, ob nur wirtschaftliche Gründe hierzu den Anlaß gaben oder ob nicht der ekstatisch-religiöse Geist des militanten mittelalterlichen Christentums hierfür verantwortlich gemacht werden muß. Sicher ist, daß zur Aufpeitschung der Massen die Verbreitung von Nachrichten über Greuel der Juden bei ihrem Gottesdienst benützt worden ist. Die Ritualmorderzählungen und das Geraune von Hostienkäufen und Hostienschändungen, an die sich prompt das Blutwunder in sichtbarer Erscheinung knüpfte, sind die Ursache mancher örtlichen Judenverfolgung gewesen; desgleichen auch die Sage, daß die Juden die Brunnen vergiften, um durch mordende Seuchen die Christen und damit das Christentum auszutilgen[109]. Die Ähnlichkeit dieser Anwürfe mit jenen späteren gegen die Zauberer und Hexen ist höchst auffallend. Auffallend auch die den einen wie den anderen zugeschriebene weltumspannende Organisation und Tendenz der Austilgung der christlichen Welt und einer christenfeindlichen Weltbeherrschung!

---

[105] Im Mittelalter und von diesem her in den Jahrhunderten der Zaubereiprozesse der Neuzeit war die uralte Vorstellung, daß man an gewissermaßen mit giftigen Stoffen geladenen Gegenständen oder durch Betreten eines Bodens, in dem etwas Gefährliches vergraben war, sterben könne, allgemein verbreitet. Über die Entstehung dieser Vorstellung einer übersinnlichen Kraft: vgl. insbesondere Beth S. 123 ff.
[106] Schönach S. 62.
[107] Hansen, Zauberwahn, S. 347 ff.; Kohler, Stat., S. 331, 602.
[108] Vgl. Rosenberg S. 4 ff.; Pirchegger II 284.
[109] Liebe S. 20 ff. Über alle diese Vorwürfe HWB. s. v. Jude (Jacoby).

In späterer Zeit werden einzelne Elemente der Sabbatvorstellung zum Zwecke der Verspottung auf die Juden übertragen. In einem Spottbild des 17. Jahrhunderts[110] erscheinen neben den Juden, die am Schweine reiten und saugen, ein auf dem Bocke reitender Jude und der Teufel. Auch das ist ein Beleg für die nahe Verwandtschaft der gegen Juden und Zauberer erhobenen Vorwürfe.

Allerdings hat in den österreichischen Alpenländern die Zaubereiverfolgung nachweisbar keinen einzigen Juden zum Opfer gehabt. Das darf nicht weiter wundern, weil die Juden bei Einsetzen der Verfolgungen großen Stiles bereits vertrieben waren. Allein es ist unverkennbar, daß die Idee vom Kindertöten und -Fressen, von der Verunehrung der Hostie am jüdischen Sabbat und vom Seuchenschicken durch die Juden, die im Volke Platz griff, den ganz ähnlichen Vorstellungen über das Treiben am Hexensabbat Schrittmacherdienste geleistet hat.

IV. Aus Kärnten berichtet uns Johann von Victring[111] um 1340 von einer stigmatisierten Landstreicherin Katharina, die durch Zauberkünste (arte prestigiosa) und die Kraft gewisser Wurzeln die Wundmale Christi erzeugen konnte[112]. Ebenso ergibt sich aus einem Privilegium des Grafen Friedrich von Ortenburg an das Kloster Millstatt vom 18. Oktober 1397[113], daß die Zauberei als todwürdiges Verbrechen galt. Valvasor[114] erzählt vom Brando der Stadt St. Veit in Kärnten, daß dieser durch zwei wohlwollende Zauberinnen gelöscht worden sei[115].

Aus dem Anfang des 15. Jahrhunderts (um 1400) findet sich ein Beleg über die Bestrafung eines Zauberers in Murau im oberen steirischen Murtal. In der undatierten Abrechnung, welche bezüglich der von Richter Hochenberger eingenommenen und nicht abgeführten Gerichtsgelder aufgestellt wird[116], kommt auch folgende Post vor: „Item Groatt pei der Pael[117] hat abgedingt umb 4 Pfund von

---

[110] Liebe S. 35.
[111] MGH. SS.10, II 220 25 ff.
[112] Sie scheint nicht verfolgt worden, sondern rechtzeitig geflohen zu sein.
[113] Wutte S. 28.
[114] Valvasor Topographia S. 237.
[115] Dieser gutmütige Zug der Hexen tritt noch in der Volkssage der Gegenwart hervor. HWB. s. v. Hexen II, 2 R. (Weiser-Aall).
[116] SLA. Sond. Arch. Murau.
[117] Bach sw. von Murau, heute Pal. Zahn Urk. B. s. v. Pal.

zauberney (sic) wegen." Dieser alte urkundliche Beleg über Bestrafung der Zauberei durch ein weltliches Gericht in Innerösterreich gibt mit voller Deutlichkeit die Rechtslage wieder; es ist Abdingen mit einer milden Geldstrafe möglich; also kann es nur irgendein unerhebliches Maleficium gewesen sein.

V. Die Dichtung: „Pluemen der Tugent" von Hans Vintler, die um dieselbe Zeit, wie die obige Belegstelle (Anfang des 15. Jahrhunderts), auf Burg Runkelstein über der Talfer bei Bozen geschrieben worden ist, gilt mit Recht als wichtiges Beweisstück für das Vorhandensein alter volkstümlicher Vorstellungen über Zauberei im Alpengebiet, allerdings mit jener eigentümlichen südtiroler, von romanischen Elementen durchsetzten Färbung, die uns auch in späteren Prozessen dieser Gegend auffallen wird. Vintler war Pfleger des Gerichtes Stein bei Bozen, was von Riezler dazu verwertet worden ist, um auf die besondere Bedeutung seines Zeugnisses für die Kriminalpraxis hinzuweisen. Vintlers Schilderung gibt gewiß nicht nur die Zaubereivorstellungen wieder, die er als Richter in seinem Amtssprengel wahrzunehmen Gelegenheit hatte; er hat offenbar auch das verwertet, was ihm als belesenen Manne aus der theologisch-juristischen Literatur und aus dem Rufe über die großen Zaubereiverfolgungen auf Grund der Sektenvorstellung und des Teufelsbundes in Oberitalien und namentlich in der nahen Schweiz bekannt geworden ist, woselbst geistliche und weltliche Gerichte in der Bekämpfung des neuen Zauberwesens wetteiferten. Insbesondere sei auf den Prozeß im Simmental um 1400 verwiesen, den der Berner Richter Peter von Greierz veranstaltete und der massenhafte Blutopfer forderte[118]. Daß der Teufelsbund, der Hexenflug zum Sabbat und die Tierverwandlung um die Wende des 14. Jahrhunderts bereits zum geistigen Besitz der Südtiroler um Bozen gehörten, wird mit dem Zeugnis Vintlers nicht restlos zu beweisen sein. Was er sonst berichtet: Liebes-, Wetter-, Milch-, Erntezauber mannigfacher Art, entspricht durchaus der alten volkstümlichen Maleficienvorstellung. Übrigens ist Vintler ein Zweifler: „Der Teufel wär nicht für einen Gott zu haben, sollt ihm gebieten ein altes Weib" (v. 8451); er hat charakteristischerweise nur an das geglaubt, was ihm die Literatur — so viele Väter, die Glauben verdienen! — bestätigte: an den Teufelsbund!

---

[118] Hansen, Quellen, S. 340 ff., 523 ff.

VI. Die sogenannte Cillier Chronik[119] berichtet aus 1425 einen geschichtlich bedeutsam gewordenen Magieprozeß aus Cilli, der eine gewisse Ähnlichkeit mit dem zehn Jahre späteren der Agnes Bernauerin in Straubing[120] hat. Graf Friedrich II. von Cilli hatte, nachdem seine erste Frau eines unaufgeklärten Todes verstorben war, ein kroatisches Edelfräulein Veronika von Deschnice geheiratet und dadurch die ehrgeizigen Pläne seines Vaters Grafen Hermann II. von Cilli aufs Tiefste enttäuscht. Da der Volksmund den Grafen Friedrich des Mordes an seiner Gemahlin — veranlaßt durch Liebeszauber des Fräulein von Deschnice („sy het mit zauberlisten ... graff Friederich überkommen") — beschuldigte, ließ Altgraf Hermann seine Schwiegertochter unter dieser und unter der weiteren Anklage des Giftmordversuches gegen ihn selbst vor das Cillier Gericht stellen. Ihr tüchtiger Vorsprech aber erwirkte einen Freispruch. Da ließ sie der Altgraf im Oktober 1425[121] in Osterwitz in einem Bottich ertränken; das Gerichtsverfahren war dem rücksichtslosen Gewaltmenschen nur ein Versuch gewesen, sie nach den bezeichnenden Worten der Chronik „mit Recht umzubringen". Die unglückliche Agnes Bernauerin dagegen, die genau zehn Jahre später (12. Oktober 1435) ebenfalls auf Befehl ihres Schwiegervaters Herzog Ernst von Bauern in der Donau wegen angeblicher Giftmischerei ertränkt wurde, ist wahrscheinlich in einem Gerichtsverfahren zum Tode verurteilt worden.

1433 verrechnet der Richter Georg Kel von Enn bei Meran Beträge, die „von der vetter Hannsin und anderen, die verprannt sind", eingegangen sind, sowie Ausgaben „auf die zawberin und ander, die gericht sind und die zaubrerin, die man her hat gesandt". Für 1436/37 spricht Heinrich Zisck, Landrichter von Meran, von Ausgaben für die Frau, „die von zaubrey wegen von Kastellbell herab geantwort und doch ledig gesprochen worden[122]". Ob sich auch die erste dieser Angaben auf Zauberei bezieht, ist fraglich.

VII. 1435 wird in Wiener-Neustadt Regina des Michel Lerich Hausfrau wegen „zawbrey ... mit drein totn hawben die si vnder dem galgn genom hat vnd auch ander sach daryb si den tod wol

---

[119] Ausg. von Krones, S. 79 ff.
[120] Riezler S. 63.
[121] Die richtige Datierung und die Zeitfolge überhaupt ist erst von Pirchegger geklärt worden.
[122] Schönach S. 63.

verschult hiet", aus der Stadt „iner funff meiln" verwiesen. Herzog Friedrich d. Ä. hatte sie losgebeten[123].

Auch hier liegt nur ein Maleficium vor, der aus zahllosen Belegen bekannte Glückszauber durch Leichenteile hingerichteter, die zu diesem Zwecke vom Galgen gestohlen werden. Daß die Zauberin durch herzogliche Fürbitte befreit werden konnte, beweist uns die wenig strenge Auffassung, die man in der Praxis der Gerichte von der Zauberei noch hatte.

Der Predigermönch Johann Nider, der wiederholt in Wien und 1425 bis 1427 an der Wiener Universität Theologieprofessor war, erwähnt in seinem 1435 bis 1437 verfaßten Formicarius (Ameisenbüchlein) das Austreten von Nekromanten im Schottenkloster in Wien. Außerdem berichtet er von einem von ihm stark benutzten Gewährsmann, dem reformierten Benediktinerpater Benedikt eines Wiener Klosters, der ihn bei der Sammlung des Tatsachenmaterials unterstützt hat. Pater Benedikt sei noch vor zehn Jahren weltlich und ein beim Adel beliebter Nekromant, Spaßmacher und Schauspieler gewesen[124].

VIII. Der älteste uns bekannte Zaubereiprozeß Kärntens im Landgericht Grünburg (Gailtal bei Hermagor) aus dem Jahre 1465 gegen vier Frauen, die Pfarrerschafferin Kathrey, die Andl Partundl, deren Tochter Katerl und die Kathrey Porgatschin[125] ist ebenfalls noch ein reiner Maleficienprozeß. Anlaß war ein Politikum, ein Streit um die Pfarre St. Hermagor zwischen dem Stifte Arnoldstein und der Gräfin Katharina von Görz als Herrin von Schloß und Herrschaft Grünburg. Es scheint, daß der görzische Pfleger aus Grünburg, Lorenz von Khünburg, wegen verwandtschaftlicher Beziehungen zum Arnoldsteiner Abt gegen die Pflicht seines Amtes die stiftischen Ansprüche auf die streitige Pfarre begünstigte. Diese Felonie ist nach Tage der beiden uns erhaltenen Verhörsprotokolle der Grund gewesen, daß die Schafferin Kathrey des Pfarrers von St. Hennagor Leonhard des Angerman als treue Dienerin ihres Herrn und der Gräfin dem ungetreuen Pfleger an das Leben wollte. Die

---

[123] Arch. von Wiener-Neustadt Ratsprot. I fol. 104. Siehe Jos. Mayer I 498.
[124] Vgl. Riezler S. 59; Hansen, Quellen, S. 91 ff., woselbst ein Auszug aus dem Formicarius abgedruckt ist.
[125] AKGV. Samm.-Arch. Khünegg G 3. Teilweise veröffentlicht von Byloff, Volkskundl., S. 7—8. Bespr. bei Wutte S. 45 ff.

Kathrey Porgatschin — offenbar auch eine Feindin des Pflegers — riet zur Erreichung dieses Zweckes zu dem hoch in das Altertum hinaufgehenden Analogiezauber durch Verfertigung und Vergrabung einer den zu Tötenden darstellenden Lehmpuppe[126]. Doch brauche man hierzu einen Fleck von des Pflegers Gewand, ein Büschel seines Haares, einen Riemen von seinen Schuhen und die Rippe eines Toten. zur Erreichung der erstgenannten drei Erfordernisse wurde die Tochter Katerl der mitverschworenen Andl Partundl unter dem Vorwande der Überreichung der „Weisat", des heute noch in Kärnten üblichen und so genannten Wöchnerinnengeschenkes[127] an die im Kindbett liegende Pflegerin auf die Grünburg geschickt, die sich ihrer Aufgabe auch mit Geschick und Erfolg unterzog. Dann begaben sich die drei Frauen in der Nacht aus dem Markt und verfertigten zwischen Kreuz und Galgen mit den genannten Sachen, einer aus dem Friedhof geholten Totenrippe und Lehm ein Bild, das an der Grünburger Brücke, über die der Pfleger gehen mußte, vergraben wurde. Als der Pfleger dann tatsächlich schwer erkrankte, bekam es die Schafferin mit der Reue und verlangte die Wiederausgrabung des Bildes. Dazu sei aber notwendig, daß man ein „kralel mit zwain zügklein"[128] verwende und an Stelle des ausgegrabenen ein neues eisernes Bild lege, zu dem ein Teil einer Waffe geschmiedet werden müsse[129]; gehe der Pfleger darüber, so werde er gesund.

Der Ausgang des Prozesses ist unbekannt. Es ist kaum daran zu zweifeln, daß diese zauberischen Handlungen wirklich stattgefunden haben, demnach mit zauberischen Mitteln ein Mord versucht worden ist; denn nach dem Glauben des Volkes spürt der Abgebildete, was man dem Bild antut. Das wieder gut machende Eisenbild beruht auf der überaus verbreiteten Vorstellung von der Schaden abwendenden Wirkung von Eisen und Stahl. Es gibt keine Beziehung des Prozes-

---

[126] Vgl. die Schlagworte Atzmann, Bild, Bildzauber (Pfister), Defixion (Aly), Rachepuppe, Schadenzauber, Vergraben im HWB. Das Zaubern mit Puppen spielte im Vorstellungskreis des späteren Mittelalters namentlich bei den Vornehmen und den regierenden Häuptern, die sich dadurch bedroht fühlten, eine bedeutende Rolle. Papst Johann XXII. Hat eigene Erlasse gegen den Wachsbildzauber gerichtet (Riezler S. 85). Noch nach seinem Tode gingen Gerüchte von Wachsbildanschlägen gegen ihn. Vgl. Hansen, Quellen, S. 11 ff.
[127] Hexer S. 254.
[128] Haken mit zwei Spitzen.
[129] Seligmann S. 161. Daselbst auch massenhaftes Material über die magische Wirkung des Eisens.

ses zu der Vorstellung vom Teufelsbund; die angeklagten Frauen haben einen Tötungszauber geübt, der um Jahrtausende älter ist, als die christliche Teufelsvorstellung; weder sie noch der Richter erwähnen die teuflische Mithilfe. Sicher war also der teuflische Vorstellungskreis noch vollständig unbekannt, was schon daraus hervorgeht, daß der Pfleger es sonst gewiß nicht unterlassen hätte, ihn einzubeziehen, um seine heimtückischen Gegnerinnen als Teufelsanbeterinnen hinzustellen und dadurch zu vernichten.

III. Der Übergang vom Maleficium zur neuen Zaubereivorstellung

I. Zahlreich waren im ganzen 15. Jahrhundert die Hexenverfolgungen auf der neuen teufelsbündlerischen Grundlage in der ganzen Schweiz und in Oberitalien. Sowohl die inquisitio haereticae pravitatis, wie weltliche Machthaber hatten in diesen Ländern Hexenverfolgungen großen Umfanges mit dem später so stark hervortretenden epidemischen, durch Ansteckung fortschreitenden Zuge durchgeführt[130], ohne daß ein Überspringen auf das vorarlbergisch-tirolische Gebiet und über Arlberg und Brenner stattgefunden hätte. Diese auffällige Erscheinung findet ihre vermutliche Erklärung in dem allgemeinen Umstande, daß es der landesfürstlichen Gewalt bisher gelungen war, die geistliche Gerichtsbarkeit überhaupt in ihren Grenzen zu halten und ihre Ausbreitung zu hindern. „Nur was der kirchlichen Jurisdiktion von altersher und nach jeweiliger Rechtsanschauung auch von Rechts wegen zukam, das wurde geschützt und aufrecht erhalten, jeder Versuch, die geistliche Gerichtsbarkeit auf neue Gebiete auszudehnen, aber sofort zurückgewiesen[131]".

Allerdings gehörten die Glaubenssachen, namentlich die Ketzerei, zur kirchlichen Rechtsprechung; nur die zum Tod Verurteilten sind dem brachium saeculare zur Vollstreckung auszuliefern[132], eine Vorschrift, die u. a. bei den österreichischen und steirischen Waldenserverfolgungen zur praktischen Anwendung gelangte. Allein die kirchliche Gerichtsbarkeit für die zauberische Form der Ketzerei war ebenso neu, wie diese Vorstellung selbst und so begegnete sie dem landesfürstlichen Widerstand. Wo im Mittelalter die Inquisito-

---

[130] Vgl. die Zusammenstellungen bei Hansen, Quellen, S. 445 bis 611.
[131] Luschin, Gerichtswesen S. 272 ff.
[132] Schwabenspiegel cap. 261 (A. 313).

ren nicht hinkamen, dort blieben auch die weltlichen Gerichte von der Verseuchung mit den neuen Vorstellungen der Zauberei frei. So ist denn sehr bezeichnenderweise der Einzug des ersten inquisitor haereticae pravitatis in Tirol, wo er schließlich an dem Widerstand der geistlichen und weltlichen Ortsbehörden erlahmte, das Signal für den Beginn der Verfolgungen in unserem Gebiete geworden.

II. Im Juli 148 erscheint von Rom zurückkehrend, wo er von Papst Innozenz VIII. die berüchtigte Hexenbulle: „Summis desiderantes affectibus" vom 5. Dezember 1484 erwirkt hatte, der in seinem Amte als Inquisitor vom Papst neu autorisierte Dominikaner Heinrich Institoris[133] in Brixen und Innsbruck, um dort — gestützt auf die genannte Bulle — den ersten und einzigen Zaubereiprozeß der inquisitio haereticae pravitatis auf dem Boden der österreichischen Alpenländer zu beginnen.

Institoris, der damals bereits zusammen mit seinem Ordensbruder Jakob Sprenger[134] das verhängnisvolle und fluchbeladene System des Hexenwesens und des dagegen einzuschlagenden Verfolgungsverfahrens, den malleus maleficarum, der zwei Jahre später abgeschlossen war[135], unter der Feder hatte, hat den Prozeß mit der Teufelsvorstellung begonnen[136], allein — das ist wiederum für das Land- und Volksfremde der Auffassung höchst bezeichnend — nicht das Geringste in dieser Richtung aus den von ihm Vernommenen herausbringen können[137]. Das, was er von den Beschuldigten, den Anklägern und den zahlreichen Zeugen erfuhr, betraf nur das alte Maleficium, Schädigung von Leib und Leben, Liebeszauber und Sachbeschädigung. Er hatte im Laufe des einzigen Monats August 1485 bereits Material gegen über fünfzig der Zauberei Verdächtige, darunter über vierzig in der Umgebung von Innsbruck, zusammengebracht; alle mit Ausnahme von zwei Männern waren Frauen. Der

---

[133] Seine Lebensschicksale ausführlich bei Hansen, Quellen, S. 380—395. Vgl. auch den Art. Krämer Heinr. in der allg. deutsch. Biographie, 17. Bd. S. 29 ff (Stanonik).

[134] Lebensgang in der allg. deutsch. Biographie. 35. Bd. S. 303 (v. Schulte).

[135] Hansen, Quellen, S. 363 ff.

[136] Vgl. Rapp S. 15. Die alten des fürstbischöflichen Hofarchivs Brixen über diesen Prozeß sind von P. Hartmann Ammann aufgefunden und herausgegeben worden. Das volkskundlich bemerkenswerte Material daraus findet sich bei Byloff, Volkskundl., S. 8 ff.

[137] Allerdings hatte er die Folter noch nicht zur Anwendung bringen können; sonst hätte man sicher das bestätigt gefunden, was er fragte.

Landesfürst Erzherzog Siegmund — leichtgläubig und voll Gespensterfurcht und darum im Banne von Personen, die diese Eigenschaften zu allerlei Ränken benützten — geriet selbst in den Prozeß hinein, als sich dieser auch auf die sogenannte Hexe von Hall, die Anna Spießin, zu erstrecken begann. Denn es sollte von ihr und anderen Frauen Liebeszauber geübt worden sein, um den Erzherzog mit seiner zweiten Gemahlin Katharina von Sachsen zu entzweien und seine Liebe wiederzugewinnen[138].

Fürstbischof Georg Golser von Brixen, der von Anfang an zur Milde mahnte, von Institoris verlangte, daß dieser vor den Beschuldigten die Namen der Anzeiger nicht geheimhalten dürfe, und ihm nahelegte, auch weltliche Richter beizuziehen, gab dem Inquisitor einen bischöflichen Kommissär in der Person des Pfarrers Siegmund Samer zur Seite, der wiederholt mäßigend gegen Institoris auftrat und sich namentlich gegen seine unanständigen Fragen verwahrte. Als dann der Prozeß dem Ende zuzugehen schien und sieben Frauen vor das geistliche Gericht gestellt wurden, dem der Generalvikar Golsers Christian Turner vorsaß, war es offenbar der Einfluß des Bischofs, daß dieses das ganze Verfahren als nichtig einstellte und die verhafteten Frauen auf freien Fuß setzte. Es folgte hierbei dem Antrage des energischen Verteidigers, des Juristen Johann Merwais, der sogar die Verhaftung des Inquisitors wegen Amtsmißbrauch begehrt hatte.

Eine größere Bloßstellung konnte Institoris nicht erfahren; es ist begreiflich, daß er in der Vorstellung des malleus, wo er auf seinen Innsbrucker Prozeß Bezug nimmt, wahrheitswidrig den Eindruck zu erwecken trachtet, er sei ein großer Erfolg gewesen[139]. Golser tat noch ein übriges; „er schaffte den Inquisitor zum Lande hinaus"[140]. Mit Schreiben vom 14. November 1485 legte er ihm ganz unverblümt mit sehr kräftigen Worten nahe, er solle fortgehen, je eher, desto besser. Als dies nichts nützte, gebrauchte er noch stärkere Ausdrücke: „Mich verdrewst des münchs gar vast im Bistumb ... er bedunckt mich ... propter senium gantz chindisch sein worden ..." schreibt er an den Chorherrn Nikolaus von Wilten am 8. Feber 1486 und in einem gleichzeitigen Schreiben an Institoris gibt er ihm den

---

[138] Rapp S. 10.
[139] Mall. mal. II qu.1 cap. 12.
[140] Sinnacher 6. Bd. S. 634.

guten Rat, schleunigst zu verschwinden, da sich sonst die Ehemänner der angeklagten Frauen an ihm vergreifen könnten[141]. Nun endlich zog Institoris ab.

Der Innsbrucker Prozeß ist nach mehrfachen Richtungen hin überaus lehrreich. Er beweist neuerlich, daß im Volk noch kein Boden für den Glauben an den Satansdienst vorhanden war, daß die hohe Geistlichkeit und der Hof ihn als fremdartig empfanden und daß der Versuch, ihn im Wege eines außerordentlichen Prozeßverfahrens ins Land zu tragen, allseitiger Ablehnung begegnete.

Durch den Prozeß veranlaßt, holte Erzherzog Siegmund von dem Sachwalter der bischöflichen Kurie in Konstanz Ulrich Molitoris ein Rechtsgutachten über die Wirklichkeit der Zauberei neuen Sinnes ein. Dieses, am 10. Jänner 1489 unter dem Titel: „De laniis (sic) et pithonicis mulieribus, teutonice unholden vel hexen" erstattet und häufig gedruckt (seit 1580 gewöhnlich in den malleus aufgenommen) bejaht im wesentlichen die neue Zaubereivorstellung, schwächt sie aber insofern ab, als es die Möglichkeit des Hexenfluges — unter Berufung auf den canon episcopi — der Tierverwandlung und der Erzeugung von Teufelskindern ablehnt[142].

III. Ein ganz anderes Bild zeigt acht Jahre später — 1493 — ein Zaubereiprozeß bei der bischöflich-bambergischen Herrschaft Wolfsberg im kärntnerischen Lavanttal gegen die drei Bürgerfrauen Christina Trünkhlin, Barbara Öslin und die Wolfin[143]. Er weist in seiner Entstehungsursache und in den zugestandenen Mitteln und Zielen der Zauberei eine merkwürdige Ähnlichkeit mit dem Grünburger Prozeß von 1465 auf. Auch hier wird ein Mordanschlag gegen einen Schloßherrn (Wolfgang Payner) durch Eingraben einer mit Stecknadeln durchbohrten Wachspuppe unter der Schloßbrücke versucht. Allein dieses altbekannte Maleficium erscheint bereits als Auswirkung des vorher vollzogenen Teufelsbundes. die Trünkhlin

---

[141] Die Warnung war offenbar durch ein kurz vorher stattgefundenes Aufsehen erregendes Ereignis beeinflußt. In der Nacht des 15. September 1485 war in Saragossa in Aragon der Inquisitor Peter von Arbués durch eine Verschwörung der zur Verzweiflung gebrachten Conversos am Hochaltare ermordet worden. Über Peter von Arbués, über das Attentat, die Verfolgung der Mörder und die schließliche Kanonisation des Ermordeten Lea, span. Inquis., I S. 154 ff.
[142] Vgl. Hansen, Quellen, S. 243 ff.; Riezler S.123 ff.: Rapp S.21 ff.
[143] AKGV 378 XXVI—5—38/28. Hauser, Car. 1881 S.118 ff. Auszug bei Byloff, Volkskundl., S. 12 ff.

sagt in ihrer Urgicht vom Pfinztag vor dem Sonntag Judica 1493 (21. März): „Eeund sy das mändl gemacht, mit nadln angestekht und getawfft habent, hat ir yede gotes und unser lieben fraun verlaugent und den cristennlichen glawben widersagt und ir yede gesprochen: Die heillige marter unsers herrn (un) won mir nit bei, dyweil ich mit der kunst umb gee". Außerdem hat jede der Frauen ihren Teufel (Inkubus) mit den später üblichen grotesken Namen (Welland[144], Dreistain, Tillian und Pfauenschwanz) und die Segnung des Taufwassers für den Atzmann und dessen Taufe erfolgt in Teufelsnamen.

Die Bedeutung dieses von der Forschung bisher übersehenen Prozesses liegt darin, daß er für das Gebiet der östlichen Alpenländer den ersten Beleg für das Erscheinen der Teufelsbundvorstellung in einem Maleficienprozesse darstellt. Es hat also bereits der neue Vorstellungskomplex vereinzelt im gerichtlichen Verfahren eines weltlichen Forums sich durchgesetzt, wie zu vermuten steht, auf Seite der durch die Bamberger Theologen mit der modernen Auffassung der Zauberei vertraut gemachten Richter, kaum bei den Angeklagten, woraus zu folgern sein wird, daß die Geständnisse unter dem Drucke der Folter zustandegekommen sein dürften und daß das aus den Aktenbruchstücken nicht zu entnehmende Los der Verfolgten der Tod war.

IV. Nach dem Gedenkbuch des Eisenerzer Marktschreibers Leopold Schiedlberger[145] ist im alten Marktarchiv von Eisenerz ein Urfehdebrief von 1497 vorhanden gewesen, der ein Verfahren gegen zwei Frauen: die Kunigund, Frau des Wolfgang Kaiser, und die Anna Lex in Prunn am Schlingerweg wegen Zauberei beendigte. Wahrscheinlich war der Grund einer der zwischen Frauen beliebten ehrabschneiderischen Vorwürfe zauberischer Schädigung, der durch Abbitte und Urfehde erledigt wurde, wohl ein Beweis dafür, daß es sich nur um ein Maleficium gedreht haben kann.

Aus den Ausgaben für die Strafrechtspflege der Stadt Wien ist für das Jahr 1498 zu entnehmen[146], daß der Bürgermeister auf Befehl des Landeshauptmannes Wolfgang von Polheim zwei Männer,

---

[144] Vgl. die Belege für diesen Namen bei Grimm II S. 828 ff. III S. 293 ff.
[145] Mayer F. M., 17. Jahrg. S. 3 ff.; Pirchegger, Erzberg, I S. 54.
[146] Schlager J. E., Wiener Skizzen N. F., S. 38 ff.; Hansen, Quellen, S. 595.

Cohutt und Sigl, die eine Alraunwurzel haben[147] und sich in Dürnkrut mit einem Diener aufhalten, verfolgen läßt. Cohutt wird — wahrscheinlich, nicht sicher! — am 21. Oktober 1498 am Wienerberg geköpft und verbrannt; das Schicksal Sigls, der entkommen zu sein scheint, ist unbekannt.

V. In den großen Hexenprozessen des weltlichen Gerichtes des Bischofs Ulrich von Trient, die 1501 bis 1505 in Cavalese im Fleimstal in Südtirol durchgeführt werden[148], ist bereits der neue Zug in Inhalt und Form des Verfahrens ganz deutlich erkennbar. Der Prozeß, der zahlreichen Frauen und Männern den Tod durch Verbrennen oder Ertränken brachte, war ein reiner Leumundsprozeß; es ist bemerkenswert, daß das Gericht, zusammengesetzt aus dem Vikar, dem scarius[149] und vierzehn Schöffen aus der Bevölkerung, selbst feststellt, schon seit langer Zeit (multis temporibus elapsis) bestehe der Ruf von Hexen innerhalb und außerhalb des Fleimstales, welche mit teuflischer Hilfe Wetter machen, Menschen und Tiere fressen; darum wolle man gegen alle Verdächtigen (ubi semper suspicio fuit super aliquam) verfahren und sie mit der Wurzel vernichten (eradicare). Die Folter wird, um aus den Verdächtigten Geständnisse herauszupressen, mit unerhörter Grausamkeit gehandhabt. Der auf diese Weise hergestellte Tatbestand umfaßt Verleugnung Gottes, Teufelsbund- und Anbetung, Töten und Auffressen von Mensch und Tier,

---

[147] Durch ein Mißverständnis Schlagers ist der Irrtum erweckt worden, als habe sich die Verfolgung gegen eine Alraune, d. h. Zauberweib nach dem Muster der Alraunen in Kleists Hermannschlacht, gerichtet. Die Quelle spricht nur vom „Cohutt und Sigl mit der Allrawn", d. h. mit der Alraunwurzel. Alraune für Hexe kommt im mittelalterlichen Sprachgebrauch überhaupt nicht vor. Vgl. Franck bei Hansen, Quellen, S. 614 ff. und den Art. Alraun im HWB. (Marzell).

[148] Veröffentl. von Panizza im Arch. Trent. VII 1 ff., 199 ff., VII 131 ff., X 49 ff,; über den Prozeß Hansen, Quellen, S. 597 ff.; Riezler S.141. Eine kurze Vorstellung des Prozesses findet sich auch bei Giorgio Delvaj S. 81 ff. Als Kuriosum sei von diesem Autor erwähnt, daß er von der Wirklichkeit des Hexensabbats durchaus überzeugt ist und den Spiritismus, den Mesmerismus und sogar den Hypnotismus für moderne Varianten des Hexenwesens hält (S. 83 Anm. 1). Ob er auch dem Venusberg Wirklichkeit zuschreibt, ist leider nicht gesagt.

[149] Der scarius war das jeweils auf ein Jahr gewählte Oberhaupt der Regolani di Comune und mit ihnen zusammen Chef der Exekutivgewalt des Fleimstales. Das Amt hielt sich bis 1811. Vgl. Delvaj S. 118, 156; Lorenzo Felicetti S. 14. Über das Wort scarius, das mit dem deutschen „Scherge" zusammenhängen dürfte, siehe Du Cange III 100 (dort in der Bedeutung Badediener); Kluge S. 389 (in der Bedeutung Hauptmann, Scharmeister). Vgl. auch unten S. 90.

das uns, wie noch später in Südtirol, in derselben charakteristischen Form des Aussaugens begegnet, Verursachen von Hagel, Trockenheit, Überschwemmung usw. Daneben erscheinen Sabbatbesuch, Tierverwandlung, Teufelsbuhlschaft und auch seltsamerweise der Besuch des Venusberges, wo der Tannhäuser und der getreue Eckart ganz im Sinne der Sage angetroffen werden.

Der Prozeß hat, soweit Urteile vorliegen, gegen zwanzig Personen auf den Scheiterhaufen und in den Tod geführt; drei starben im Kerker an den Folgen der Tortur. Der erste Beschuldigte, von dem die Namen der Sabbatbesucherinnen stammen, war der Naturheilkundige Giovanni delle Piatte aus Altrei, der zunächst nur aus dem Fleimstal verbannt, wegen verbotener Rückkehr aber neuerlich prozessiert und gerichtet wurde. Alle leugnen zuerst; die oft wiederholte Zugfolter entlockt ihnen das Geständnis. Die einzige standhaft leugnende ist die Barbara insgemein Marostiga; diese wird auch mit siebenundzwanzig Torturen buchstäblich totgefoltert. Schließlich entscheidet der Leutpriester von Cavalese, daß man die Leiche — aber ohne Glockengeläut — in geweihter Erde bestatten dürfe. Der Notar Silvester Lentner von Schliersee, der die ungemein ausführlichen Protokolle in Latein und im italienischen Dialekt des Fleimstales schrieb und offenbar der juristische Sachverständige des Prozesses war, bemerkt zu dieser priesterlichen Entscheidung, daß seit dem Begräbnisse kein gutes Wetter mehr gewesen sei; Sturm, Schnee und Kälte seien eingefallen, offenbar als Buße für die zu milde Behandlung!

Aus dem Prozeß ergibt sich, daß schon 1503 zwei Hexen von Aura (Auer) zu Enn verbrannt worden sind.

VI. Zeitlich schließt sich unmittelbar daran der große Hexenprozeß, der in zwei Abschnitten von dem Malefizgericht in Völs bei Bozen geführt wird[150]. Vorhanden sind nur einzelne Urgichten, aus denen sich ergibt, daß neun Frauen aus Dörfern in der näheren und weiteren Umgebung des Schlern angeklagt waren. Der Prozeß hat aber sicher einen größeren Umfang gehabt, weil von den Vernommenen eine große Anzahl anderer Teilnehmer an den Teufelsorgien am Schlern und auf der Woff[151] angegeben wird. Die Urteile fehlen; doch lassen die Urgichten keinen Zweifel, daß auf sie nur Todesur-

---

[150] Akten im AF. Gedruckt bei Rapp S.145 ff. Vgl. Hansen, Quellen, S. 599.
[151] Nach Karl Kirchlechner der heutige Hexenkofel ober Völs.

teile folgen konnten. Die Folter ist gegen alle zur Anwendung gelangt.

Die Urgichten bergen reiches volkskundliches und kulturgeschichtliches Material. Die Sabbatschilderungen sind farbig, mit zahlreichen altertümlichen, später verschwindenden Einzelheiten. Namentlich das Vieh- und Kinderfressen steht im Vordergrunde; es sind Schattenbilder von Rindern und von Tieren, die am Sabbat gekocht und verzehrt werden, aber nach einigen Wochen oder Monaten geht das betreffende Wesen tatsächlich zugrunde[152]. Besonders merkwürdig und sonst in den österreichischen Alpen nicht vorkommend ist die Wahl einer Hexenkönigin am Sabbat; am Dienstag der Marterwoche wird von den Sabbatteilnehmerinnen auf der Woff „ein Recht besetzt" und die Anna Jobstin von Obervöls zu einer Königin von Engelland gewählt, die dann der Teufel in Gestalt eines Königs von Engelland mit großem Prunk heiratet[153]. Die Anna Miolerin spricht in ihrer Urgicht die Überzeugung aus, „daß sie wohl gedenke, daß man das Spiel (d. h. das Hexenwesen) nimmermehr abbringen möge; denn es habe sich bei Filius Zabres[154] Zeiten angehebt und müsse bleiben bis an den jüngsten Tag".

---

[152] Offenbar spielt hier die uralte, in der Antike besonders häufige Vorstellung von Nachtgespenstern herein, die dem Menschen Blut und Leben aussaugen, Alpe, Vampyre, kinderraubende Lamien usw. Vgl. Hansen, Zauberwahn. S. 14 ff.

[153] Man wird hier nicht, wie Soldan-Heppe I 534, an Groß-Britannien denken dürfen, sondern an das Land der Engel; der Teufel war vor seinem Sturze der Oberste der Engel und beansprucht daher den Rang eines Königs der Engel. solche Einzelheiten beweisen mit voller Sicherheit die Abstammung des Gesamtkomplexes der Zaubereivorstellung im neueren Sinne, wie sie nun auch bei den deutschen Bauern Südtirols herrschend zu werden begann, von der kirchlichen Dämonenlehre.

[154] Mit diesem im ersten Augenblicke rätselhaften Namen ist der große römische Dichter Virgilius Mora, der bekanntlich in der Auffassung des Mittelalters (wegen der in seinen Schriften liegenden Prophetie?) zum Zauberer wurde, dessen Bücher man u. a. zum Losstechen benutzte, gemeint; Zabres bedeutet Zauberer und Filius ist die Verballhornung von Virgilius Vgl. Rapp S. 161. Woher ist die Kenntnis Vergils in die Südtiroler Gebirgstäler gekommen? Vgl. die eingehende Arbeit von K. L. Roth, Germania, III S. 257 ff. und das Gedicht auf den Zauberer Virgilius aus dem 14. Jahrhundert, das Karl Bartsch aus einer Innsbrucker Papierhandschrift veröffentlicht hat (ebendort S. 237—240). Auch Felix Liebrecht, Germania, X S. 406—416, ist für die Entstehung der Virgiliussage heranzuziehen.

VII. Die mit Ende des Mittelalters in den österreichischen Ländern einsetzende landesfürstliche Strafprozeßgesetzgebung, als deren Annex man damals noch das materielle Strafrecht auffaßte (daher der Name Gerichtsordnung für Gesetze mit stark materiellstrafrechtlichem Inhalt) schloß sich zunächst dem wohl überall herrschenden Gewohnheitsrecht über die Strafbarkeit der Schadenzauberei[155] nicht an. So enthält insbesondere die älteste dieser Gerichtsordnungen, die Halsgerichtsordnung Maximilians I. für Tirol, keine Strafdrohung gegen Zauberei[156]. Daß aber die Frage der Strafbarkeit der Zauberei schon die Gesetzgebung beschäftigte, beweist u. a. der Entwurf einer Landgerichtsordnung, den die Verordneten der Lande ober und unter der Enns am Mittwoch nach Mariä Geburt 1510 vorlegten[157]. Dort heißt es auf fol. 102: „Wer zauberey treibt die zu schaden khomen, dieselben sollen an den Leib gestrafft werden". Die Leibesstrafe an Stelle der früher üblichen Geldstrafe bedeutet immerhin eine Verschärfung. Die Todesstrafe dagegen wird ausgeschlossen, ein sicherer Anhalt dafür, daß die Teufelskultvorstellung in den Landen beiderseits der Enns noch nicht herrschend geworden war.

Besonders kennzeichnend für die langsame Verbreitung der Teufelsbundvorstellung und die merkwürdige Mischung alten und neuen Aberglaubens ist ein Zaubereiprozeß aus der Zeit vor 1514 (wahrscheinlich 1513) beim Stadtgerichte der krainischen Landeshauptstadt Laibach[158]. Aus einer Bittschrift des Kürschners und Laibacher Bürgers Thomas vom 9. Jänner 1514 ergibt sich, daß eine gewisse Gerdraut nach schwerer Folter wegen Verfertigung eines

---

[155] In einem Privilegium vom 18. Oktober 1397, das Graf Friedrich von Ortenburg dem Kloster Millstatt gab, heißt es, daß der Ortenburgische Richter in Millstatt und Klein-Kirchheim für den Fall, daß sich ein Klostermann eines todeswürdigen Verbrechens schuldig mache, wie Diebstahl, Straßenraub, Brand, Notzucht, Totschlag, Zauberei, Mord und dgl., nur auf den Mann, nicht aber auf dessen Habe greifen dürfe. Wutte, S. 28.

[156] Rapp S. 35 hält dieses Schweigen für ein beabsichtigtes, was er mit den Beschwerden des Tiroler Landtages in Hall vom August 1487 wegen der Schwindeleien der angeblichen Hexe Anna Spießin (oben S. 32) tn Verbindung bringt. Ich halte diesen Landtag für zu weit zurückliegend, um auf die zwölf Jahre spätere Malefizordnung Einfluß zu üben.

[157] OLA. Abt. Ständ. Arch. Annalen Bd. 1.

[158] Regelt Arnolds v. Luschin aus dem Archiv der krainischen Landschaft Fasz. 546 Nr. 27. Nach Mitt. Der Direktion des Nationalmuseums in Laibach ist der Akt dz. nicht auffindbar.

dornenbesteckten Wachsbildes zum Zwecke der Lähmung einer Feindin ertränkt worden ist. Neben diesem häufigen Maleficium scheinen aber auch schon Anfänge der Teufelsbundvorstellung vorhanden zu sein. Als nämlich der durch Weibertratsch in Kenntnis der Sachlage gekommene Richter im Hause des Kürschners erschien, um nach dem Wachsbilde zu suchen, redete er die Frau mit den Worten an: „Ich hab gehort ir habt ein got in ewern hauß, ich hab deßgleichen in meinem hauß nit." Daraus scheint sich zu ergeben, daß der Stadtrichter die Ideenverbindung: Zauber — Teufelsanbetung bereits kannte, obwohl ihm das Mißverständnis unterlief, das Zaubermittel, den Atzmann, für einen teuflischen Götzen zu halten. Es ist zu beklagen, daß uns die Quelle nicht mehr vom Prozeßstoff übermittelt. Immerhin zeigt sich aber hier schon im äußersten Südosten des Alpenzuges — wenn auch schüchtern — der Anfang des neuen Teufelsglaubens.

Aus dem innerösterreichischen Bauernkrieg von 1515 stammt ein sehr bemerkenswerter Beleg über den Zauberglauben der slovenischen Bauern und über die Praxis der Gerichtsherrschaften gegen die der Zauberei bezichtigten Frauen für eine Zeit, in der Prozeßakten noch recht selten sind. Von den zwölf Beschwerartikeln, welche die am Tabor bei Gonobitz versammelten aufrührerischen Bauern an Kaiser Maximilian schickten, handelt der vierte von der willkürlichen Erhöhung der Gerichtswändel durch die Gerichtsherrschaften und von ihrer Untätigkeit gegen Malefizpersonen: „Seu vachn und einemen zu zeytten diep und zaubrerin anfengklich, lassen die umb geld, wein, vich und ander gab wider ledig, dy uns darnach drivaltigen schaden thain, dardurch solchs und ander mallafitz nuer im peytl gestrafft werden"[159]. Bemerkenswert ist daran, daß die Bauern von zaubernden Frauen sprechen, ein Beweis dafür, daß auch beim slavischen Landvolk Untersteiermarks seit der heidnischen Zeit der Zauberglaube hauptsächlich gegen das weibliche Geschlecht gerichtet war. Im übrigen ist schon zufolge der Gleichstellung mit dem Diebstahl klar, daß der hier gemeinte Zauber nur der Schadenzauber, hauptsächlich der Wetterzauber sein kann, den der Bauer, namentlich der untersteirische Weinbauer am meisten fürchtete. Die Klage über die Tatenlosigkeit der Gerichte gegen die Zauberinnen und

---

[159] Bischofs Ferd., Beitr. z. Kunde steir. Gesch. Quell. 14. Jahrg. S.120 ff. über den Bauernaufstand Pirchegger II S. 325 ff.

über die gegen sie verhängten nicht durchgreifenden „Beutelstrafen" sollte sich in Untersteiermark in der späteren Zeit noch öfters wiederholen.

Inzwischen laufen die Maleficienprozesse in alter Weise weiter, wie sich denn überhaupt die Wahrnehmung machen läßt, daß die volkstümliche Auffassung vom Schadenzauber noch lange in und neben den Hexenprozessen neuen Stiles nachwirkt. Wenn z. B. in zahlreichen Polizeiverordnungen[160] das Wahrsagen, Segensprechen, Zaubern usw. verboten und unter milde Strafen gestellt wird, so bedeutet dieser Widerspruch mit den viel strengeren peinlichen Gerichtsordnungen und der von ihnen angeordneten Kapitalstrafe für Zauberei, der den juristischen Theoretikern und Praktikern so viel Kopfzerbrechen verursachte, nichts anderes, als das Fortbestehen der alten Anschauung von der relativen Harmlosigkeit der mit dem Teufelsbund nicht in Verbindung stehenden Zauberei.

VIII. Ein solcher reiner Maleficienprozeß wird 1513 in Kapfenberg im steirischen Mürztale gegen den Mörder, Zauberer und Dieb Erhard Tunsch durchgeführt, der durch Abschneiden von Baumrinde die Erblindung seines Feindes herbeigeführt hatte[161]. Der Ausgang ist unbekannt.

1525 verhört man in Bludenz eine Wahrsagerin namens Wyprat Musin[162], die angibt, sie könne die Menschen nennen, die im Laufe des Jahres sterben werden, und sehr interessante Dinge über Frau Sälda und ihr Volk (offenbar der Zug der Percht-Holda[163]) erzählt.

1528 gibt in Wiener Neustadt die Hexe Anna Pfleger[164] an, durch ein „Wasser" aus Kröten und Eidechsen[165] mehrere Menschen getö-

---

[160] Z. B. Abs. 1 der steirischen Ordnung guter Polizei von 1577, die „zauberey, warsagerey und dergleichen" mit derselben Strafe bedroht, wie das gotteslästerliche Fluchen, d. h. im schlimmsten Falle mit Landesverweisung. Allerdings wird das malefizische Gotteslästern und Zauberei ausdrücklich ausgenommen. Aber wo liegt die Grenze?

[161] SLA. SA. Stubenberg Schub. 76 Hft. 403. Teilw. gedr. bei Byloff, Volkskundl., S.13. Das Abschneiden ist bekannter Analogiezauber. Vgl. Eckstein im HWB. s. v. abschneiden.

[162] Zingerle S.16 Anm. 2.

[163] Die Kinderseelenführerin heißt in der Scheeiz Frau Zaelti (Schwyz) oder Frau Selten (Uri). Vgl. Waschnitius S. 70.

[164] Mayer Josef III 138, Byloff, Volkskundl. S.13.

[165] Die Eidechse galt schon im Altertum als ebenso giftig wie die Schlange. Sie ist eine Teufelsgeburt und daher ein Hexentier. HWB. s. v. Eidechse (Riegler).

tet zu haben. Auch das so beliebte Vergraben von Bildern zu schädigender Personen fällt ihr zur Last. Dazu kommt aber auch schon das Hineinspielen des Teufelsbundes; sie hält sich einen Teufel im Glase und hat ihm ihren kleinen Finger zum Opfer gebracht. Damit bricht das Geständnis ungeschlossen ab.

Aus dem alemannischen Lande vor dem Arlberg berichtet die älteste Urgicht des Stadtarchives Bregenz über eine Milchzauberin[166]. 1538 wird die Anna Mutterin aus Mittelberg, die verschiedene Diebereien begangen und ihr Kind im Schlaf erdrückt hat, auch „Unholdenwerks" bezichtigt. Sie soll ihre Kühe vor Bezauberung dadurch geschützt haben, daß sie der vermuteten Schädigerin, der Elsa, des Hansen Schmied Weib, „die dann für ein unholden geacht werde", eine Kerze und etwas von der „miet" — einer besseren Futtermischung von Heublumen und Salz — entwendete. Dann ist ihren Kühen die Milch wiedergekommen. Die Strafe lautet nach dem Rechtsbrauch auf eine kirchliche Buße; sie muß eine Wallfahrt nach Riezlern antreten und dort ein Wachskind opfern.

Sehen wir hier im äußersten Westen der österreichischen Alpen verhältnismäßig harmlos eine Erscheinung verbürgt, die im späteren Zuge der Hexenverfolgung oftmals verhängnisvoll geworden ist — nämlich die übel berüchtigte Dorfhexe, die für jeden Schaden im Bezirke die Verantwortung tragen muß[167] —, so wirkt sich dieselbe Erscheinung im selben Jahre in Steiermark (wo, wissen wir nicht) bereits verderblich aus. Unterm 29. September 1538 richtet Ferdinand I. von Linz an die Regenten und Räte der niederösterreichischen Lande einen Befehl[168], aus dem sich folgendes entnehmen läßt: Etliche Bauern in Steiermark haben einige Personen aus Argwohn der Zauberei gefangengenommen, bezichtigt[169] und mit dem Brande vom Leben zum Tode gerichtet. Die vier Rädelsführer dieses Aktes der Lynchjustiz sind verhaftet und sollen bestraft werden. Wir werden ähnlichen Erscheinungen später noch öfters begegnen! Die

---

[166] Allgäuer Emil S. 61 ff.
[167] Vgl. das zahlreiche Material, das Soldan-Heppe II S. 349 ff über den heute noch bestehenden Glauben an die Dorfhexe bringt. Daselbst auch S. 357 die Abbildung einer solchen Dorfhexe aus der Bretagne, ebenso auch Angaben über moderne Lynchjustiz an Hexen. Ebenso für Rußland Löwenstimm S. 53 ff.
[168] HHSA. Wien.
[169] beschuldigt, prozessiert.

Mehrheit der Opfer der Volkswut läßt annehmen, daß die Vorstellung vom organisierten, zahlreich verbreiteten Hexenvolk in der ländlichen Bevölkerungsschicht der Steiermark bereits festen Fuß gefaßt hatte.

IX. In Südtirol vollzieht sich am 28. August 1540 vor dem Sarntaler Richter Roland Kapri von Kastelruth und dreizehn Gerichtsgeschworenen gegen die alte Barbara Pachlerin aus Windlan im Sarntal das Malefizrecht[170] wegen Zauberei, das mit der Verbrennung der Unholdin durch den Züchtiger von Meran an der gewöhnlichen Richtstätte am Öttenbach endet. Aus der Urgicht ergibt sich Teufelsbund, Flugvorstellung, Hexensabbat am Putzenmandl, Hexensalbe, Teufelsbuhlschaft, Kinder- und Viehfressen in Verbindung mit verschiedenen Arten von Schadenzauber: Mäusemachen[171], Hagelführen, Verursachen von Kälte und Überschwemmungen usw. Der Aufsaugungs- und Vermischungsprozeß des neuen Vorstellungsbereiches mit den alten volklichen Anschauungen ist also bereits gänzlich beendet. Eingetreten ist auch schon die verderbliche Ausbreitungswirkung der Sabbatvorstellung. Denn die Pachlerin nennt zahlreiche Personen als Sabbatsteilnehmer und Teilnehmerinnen, und wenn sie auch die Rücksicht gehabt hat, sich hauptsächlich auf schon Verstorbene zu beschränken, so ist es doch wahrscheinlich, daß der Prozeß mehr Opfer gekostet hat.

Im Zusammenhange damit dürften gleichzeitige Prozesse im Landgericht Wangen im Talsertal und auf dem Ritten sein. Dort ist die Unholde Margreth Leynerin oder Schussin in Haft; hier hat der Pfleger Augustin Heyrling zwei Hexen, die Reinerin und die Puchsenmaisterin, bereits Mitte 1540 mit dem Brand richten lassen, während zwei andere noch des Freimannes harren. In beiden Fällen schreitet die oberösterreichische Regierung in Innsbruck mit Schärfe gegen den Zauberglauben als eine bloße Einbildung ein[172]: „Derhalben ist ir, der zaubrerin sach ain lautteri fantisey und des teuffls gespenst, des sich frum cristen nit kömern noch besorgen sollen ..." Die Regierung verurteilt auch scharf den törichten Glauben der Ge-

---

[170] Gedr. bei Zingerle S. 1-20. Im SA. Innsbruck erliegt eine handschr. Kopie von 1856.
[171] Letzteres später besonders häufig in bayrischen und Salzburger Prozessen wiederkehrend. Vgl. Grimm II 912, III 315.
[172] TLRA. Kop. Buch Causa Domini 1540, lib. 5 fol. 298 und Kop. Buch 1537-1542. lib. 5 fol. 284 ff. Darüber Schönherr S. 1249.

meindeinsassen von Wangen, die das Gericht bestürmen, die Hexen zu prozessieren; sie seien in ihrem Aberglauben nicht besser als die Beschuldigten selbst; wenn Gott Unglück verhängen wolle, so brauche er hierzu nicht die Zauberer. Und dem Pfleger am Ritten macht die Regierung Vorwürfe, daß er leichtfertig mit so harter Strafe gegen Frauen vorgegangen sei, deren „sach nichts und lauter fantasey ist"; man hätte Ursache, gegen ihn selbst mit Strafe zu verfahren. Den noch Verhafteten solle man ihre Büchsen und Zaubersachen geben, damit sie eine Probe ihrer Kunst machen können; dann werde das gemeine Volk sehen, daß die Zauberei nur Einbildung sei!

Man sieht: nördlich des Brenner wurde noch 1540 — vielleicht in Erinnerung an das Fiasko des Institoris — von der höchsten Justizstelle an die Zauberei überhaupt nicht geglaubt; das Volk in der Umgebung von Bozen aber samt seinen Richtern hatte die neue Vorstellung schon in sich aufgenommen, drängte auf Hexenverfolgungen und drohte für den Fall der Weigerung mit Gewaltakten.

X. Dasselbe Bild, nur mit örtlichen Verschiedenheiten zufolge des Hineinspielens slavischer Züge, weist der älteste Zaubereiprozeß neuer Ordnung in der Steiermark auf, die Verfolgungen in Marburg an der Drau 1545 gegen sechs slowenische Bäuerinnen aus der nördlich der Drau zwischen diesem Flusse und dem Laufe der Pößnitz gelegenen Umgebung[173]. In diesem Gebiete, das sich auf den Raum zwischen Drau und Mur mit dem Bergzuge der windischen Bühel erweitert, ist während der ganzen Zeit der Verfolgungsdrang am stärksten und ausdauerndsten gewesen; Anfang und Ende für Steiermark liegen in ihm. Wenn wir den Vergleich mit der Umgebung von Bozen ziehen, woselbst die Hexenverfolgung Tirols die meisten Opfer gefordert hat, so drängt sich die Vermutung auf, daß die analoge Erscheinung die gleiche Wurzel hat. Beide Gegenden sind Edelweingebiete; der bäuerliche Wohlstand ruht in den Weingärten und Obstpflanzungen; der Hagelschaden ist von besonders schwerwiegender Bedeutung und die Beschuldigung des Gewitterzaubers gegen verdächtige Frauen sehr naheliegend[174]. Dazu kommt noch,

---

[173] SLA. Stadtarch. Marburg (alte HSchr. R. 3322). Vgl. Rud. Reichel.
[174] Es mag hier auf die Erscheinung hingewiesen werden, daß die Hagelwirkung auf die Pflanzen nicht selten eine strichweise mit erstaunlich scharfen Grenzen ist. Mitunter macht es wirklich den Eindruck, daß der Hagel es auf einen Besitzer besonders abgesehen hat, wenn links und rechts den Nachbarn nichts ge-

daß beide Gebiete Sprach- und Volksgrenzen darstellen. Die bekannte Kriminalität derartiger Grenzzonen hat insofern auch auf die Hexenverfolgung starken Einfluß gehabt, als in dieser eine Menge wirklicher Straftaten, wie Giftmord, Sachbeschädigung, Verleumdung usw. steckt. Besonders für das Mur-Draugebiet scheint das Aufkommen des Arsens in der Verbrechenspraxis der ländlichen Bevölkerung mit den Zaubereiprozessen im Zusammenhange zu stehen[175].

Die Bekenntnisse der sechs Frauen, der Margareta, des Schamperle Wittib, der Nescha, des Andre Starefuet Hausfrau, der Margareta, des Cristan Martin Weib, der Margareta Rosenkranzin, der Nescha Zigolitzin und der Katria zu Wobaba, die vom 5. Mai 1546 an aufgenommen werden, sind für Zeit und Gegend sehr bezeichnend. Im Vordergrund dessen, was die Frauen wirklich getan haben, stehen Vergiftungen und Vergiftungsversuche mit „Pogatschen"[176], in die allerhand Unappetitliches hineingebacken ist, aber auch schon mit Arsenik, dem bis heute sehr beliebten „Hüttenrauch" der bäuerlichen steirischen Verbrecherwelt, und mit „Fuchswurzel" (blauer Eisenhut, Aconitum napellus Linn.[177]). Eine ganze Anzahl von Morden ist auf diese Weise zustandegekommen; die Zigolitzin allein z. B. hat drei auf dem Gewissen. Daneben erscheinen Krankheitszauber (durch das weltbekannte Stuppunterstreuen) und hauptsächlich Milch- und Wetterzauber. Teufelsbund- und Buhlschaft, Hexenflug und Sabbat sind so sehr entwickelt, daß man deutlich erkennt, daß diese Vorstellungen bereits seit längerer Zeit in die Volksseele eingedrungen sind und von ihr verarbeitet worden sein müssen. Die slovenischen Namen des Teufels: Tschernagl = der Schwarze (črn), Tontschitsch[178] (Dim. für Anton), Prokhwaß (vielleicht mit kvoš =

---

schehen ist. Daraus auf gewollte Missetat von Menschen zu schließen, liegt sehr nahe.

[175] Vgl. Byloff, Arsenmorde. Über die Geschichte des Arseniks als Gift vgl. RL. s. v. Arsenik (Alfr. Götze) und HWB. s. eod. v. (Olbrich). Ob die Giftwirkung des Arseniks wirklich erst von dem arabischen Arzt Avicenna (um 1000 n. Chr.) erkannt worden ist, ist fraglich. Die Volksmedizin dürfte — wie so oft — auch hier der Wissenschaft vorausgegangen sein.

[176] Slav. Gebäck.

[177] Marzell, Kräuterbuch S. 172.

[178] Eine der Hexen ruft den Teufel, wenn sie ihn haben will, mit den Worten: „Ptischekh Tontschetz" (ptiček = Vögelchen).

Strohwisch[179], einem in deutschen Zaubereiprozessen häufigen Namen des Bösen, zusammenhängend), Pfefferl, Khußman[180], Magerl, Kasperl (auch in der deutschen Steiermark später häufig), Anchrist (Antichrist[181]) sind sicher selbständige volkliche Bildungen. Oder wenn eine der Hexen angibt, der Teufel rufe die Hexen durch Blasen auf einem Hörndl, dessen Ton nur die Frauen, nicht die Männer hören, zum Hexentanz auf der Wegscheid an der Pernitzenbrücke[182], wenn mehrere erzählen, sie hätten, um dem Teufel zu gefallen, die Kruzifixe an den Wegsäulen geschändet und die herausgeschlagenen Augen zu Zauberwerk verwendet, so sind dies Eigentümlichkeiten, die anderswo nicht vorkommen, also aus dem Volke heraus durch Weiterbildung des ursprünglich von außen hereingetragenen Vorstellungskomplexes entstanden sein müssen. Die übrigen Bestandteile des Hexenglaubens sind in seltener Vollständigkeit und Mannigfaltigkeit vorhanden: das Fahren durch die Luft aus einem mit der Hexensalbe bestrichenen Ofenkehrwisch, die Teufelsbuhlschaft, wobei dessen „kaltes Gemächt" hervorgehoben wird, die Kinder, die eine der Hexen angeblich mit dem Teufel gehabt hat, der Hausteufel, der in einem Glase verschlossen gehalten oder irgendwo mit Haaren angebunden wird[183]. Sie weisen aber noch einen gewissen individuellen Zug auf[184], der später, als die Richter an zahlreichen Fällen der täglichen Praxis Übung gewonnen haben, verschwindet und einem fast unveränderlichen Schema Platz macht. Daraus läßt sich ableiten, daß der Marburger Prozeß einer der ersten in seiner Gegend war. Das Schicksal der Vernommenen ist aus den Akten nicht ersichtlich, aber unzweifelhaft; sie sind sämtlich hingerichtet worden.

---

[179] Flederwisch, vgl. Grimm II 888.
[180] Vielleicht mit kukman - Champignon oder kučma = Pelzmütze im Zusammenhang. Vgl. M. Pleteršnik, Slovar s. vbs.
[181] Im heutigen Slovenisch ankritt (Pleteršnik s. v.)
[182] Pernitzen bei St. Margarethen an der Pößnitz.
[183] In dieser (mit Schamhaaren zu bewirkenden) symbolischen Fesselung eines Gottes oder Dämons liegt die Erinnerung an einen uralten Kultbrauch. Schon die Römer übten ihn bei der altrömischen Kultsitte der evocatio. Vgl. Pauly-Wissowa s.v. evocatio. (Wissowa). Vgl. auch HWB. s. v. Fessel (Aly). Über den gebundenen Teufel vgl. Grimm II 844.
[184] Individuell ist auch der seltene, später vollständig verschwindende Aktenausdruck „Luiplerei" für Zauberei. Vgl. Unger-Khull s.v.; Grimm III 305.

XI. Mit diesen zwei Prozessen aus Westen und Osten des Beobachtungsgebietes ist der Nachweis erbracht, daß im Gesamtgebiet der österreichischen Alpen die Rezeption des von den Inquisitionstheologen gelehrten neuen Hexenglaubens abgeschlossen war. Allerdings hat dies nicht überall schon in dieser Zeit zu Verfolgungen größeren Umfanges geführt, weil für solche auch lokale Veranlassungen maßgebend gewesen sind. Immerhin muß aber die Übergangszeit als beendet angesehen werden.

Nur der Vollständigkeit halber seien wegen der zeitlichen Zugehörigkeit noch zwei Tiroler und ein Kärntner Malefizienprozeß erwähnt. Zunächst der Brixner Prozeß von 1548 gegen die Lüsener Pfarrersmagd Elspet Weber und jener gegen Ursula Colgrueberin von Velturns aus 1550[185]. Die erste, eine beschränkte Person, die das Hexenbrennen geübt hatte, um die zahlreichen Hexen im Tal Lusen zu erkennen[186], wird abgeschafft; die zweite, die versucht hatte, sich Mäusegift zur Beseitigung ihres groben Mannes zu beschaffen, und die zum selben Zwecke auch einen Skorpion verwenden wollte, wird an den Pranger gestellt und aus dem Stift Brixen verwiesen. 1549 muß vor dem Klagenfurter Stadtgericht Barbara Vögel, eine Krystallseherin[187], Wahrsagerin und Segensprecherin, eine Urfehde ausstellen, wofür sie mit Strafe verschont geblieben zu sein scheint. Der verordnete Ausschuß der Kärntner Landschaft erließ — ob aus diesem Anlaß, ist unbekannt — am 2. November 1549 eine Verordnung, wonach sich jedermann von Aberglauben, Zauberei und Kupplereien[188] gänzlich enthalten solle, widrigens er nach Gelegenheit der Verschuldung an Leib oder Leben bestraft werden müßte[189]. Die Milde des Prozeßausganges in allen drei Fällen weist auf die altgewohnte Einschätzung des Maleficiums hin.

Endlich sei noch auf einen Ehrenbeleidigungsprozeß von 1549 aus Lichtenegg bei Kirchschlag (Österreich unter der Enns) zwischen den Bauern Hans Dischler und Wolfgang Steinhauser hingewiesen[190]. Letzterer hat den Dischler bezichtigt, daß er ihm „in ein

---

[185] Behandelt von P. Hartmann Ammann, Brixener Hexenproz., XI S. 9 ff.
[186] Grimm II 903.
[187] Kiesewetter, Geheimwissensch., S. 367.
[188] Hier nicht im Sinne von lenocinium, sondern von Zauberei gebraucht.
[189] Wutte S. 47 ff.
[190] SLA. Sond. Arch. Lichtenegg.

kay[191] ein heffen gelegt, darinnen zauberey soll erfunden sein"; überdies soll er ihm mit dem Abbrennen des Hauses gedroht haben. Hiefür muß Steinhauser vor der ganzen Gemeinde Abbitte leisten und eine Geldstrafe zahlen.

---

[191] = Gehai, Weg an einem Wasser, durch Einrammen von Pfählen künstlich erbaut, franz. quai. Schmeller s.v.

III. Abschnitt:
Die Zaubereiprozesse auf Grund der Teufelsbundvorstellung bis zu ihrem Höhepunkte

I. Das Anschwellen der Hexenverfolgung bis in die Mitte des 17. Jahrhunderts

I. Die in die Volksmeinung und vereinzelt auch schon in die gerichtliche Praxis eingedrungene Vorstellung von dem Satanskult ergebenen Teufelsbündlern fand auch nach der Hexenbulle Innozenz VIII. und nach dem Erscheinen des malleus maleficarum in den kirchlichen Kreisen Süddeutschlands und besonders der österreichischen Länder durchaus nicht allgemeine Billigung.

Der Wiener Propst Stephan von Lanzkranna[192] eiferte im Erscheinungsjahr der Bulle (1484) in seiner „Himmelstraß im Latein genent Scala celi" gegen den Aberglauben jener, die „an Frau Bercht oder Frau Hold, an Herodiadiß, an Diana die heidnische Göttin oder Teufelin[193], an die Nachtfahrenden, an die Bilweiß[194], an die Hynprüchtigen[195], an die Druten, an die Schrätel, an die Unholden, an die Werwolf, an den Alp und andere gar mancherlei Läpperei und Gedichtung" glauben[196]. Es handelt sich hierbei durchaus nicht um einen Fall persönlicher Freigeisterei. Auch die offizielle alpenländische Kirche war keineswegs geneigt, den Inquisitoren volle Gefolgschaft zu leisten, versuchte im Gegenteil eine abschwächende und vermittelnde Stellung zu behaupten, allerdings auf Kosten der Klarheit ihres Standpunktes[197].

Die Salzburger Provinzialsynode von 1569 geht davon aus, daß die Künste der Zauberer und Hexen nur eingebildete seien. Immerhin aber hält sie teuflischen Verkehr, Zusammenkünfte und Verträge für möglich, da sie jedem, der davon etwas zu wissen glaubt, die

---

[192] Über ihn Jöcher s. v. Lantzkranna: daselbst das Todesjahr falsch.
[193] Diana und Herodias galten nach römisch-heidnischer Vorstellung als Führerinnen des Nachtvolks. Die Zusammenstellung dieser Stelle ist durch den canon episcopi und den corrector Burchardi beeinflußt. Hansen, Quellen, S. 83 ff.
[194] s. Anm. 6.
[195] Hinnenbritten, Verzückte, nachtfahrende Gespenster, Schmeller I 1118, II 1038.
[196] Riezler S. 31 ff.
[197] Vgl. die Belege aus den bayrischen Metropolitan- und Diözesansynoden des 15. und 16. Jahrhunderts bei Riezler S. 32 ff.

Anzeige an den Bischof zur Pflicht macht. Dieser soll sich dann mit Liebe bemühen, den Angeschuldigten zu bekehren, und nur im Falle der Unverbesserlichkeit nach den kirchlichen Prozeßvorschriften verfahren[198]. Den, der bei der Beicht einen solchen Irrtum offenbart, soll der Beichtvater belehren, daß das nur teuflische Einbildungen sind, von denen sich jeder wahre Christ freimachen müsse. Nur dann, wenn der Sünder nicht auf den rechten Weg zurückgeführt werden kann, soll der Beichtvater sich wegen der Absolvierungsbefugnis an den Bischof wenden. Also ein zauderndes, mit halbem Herzen gemachtes Zugeständnis an die neue Lehre mit allen Vorsichten zur Verhinderung von Bluturteilen[199].

II. Man muß sich vor Augen halten, daß seit 1532 die peinliche Gerichtsordnung Kaiser Karls V. Reichsgesetz geworden war und — wenn auch anfänglich in der Ländergesetzgebung übersehen und in der Praxis unbekannt — sich langsam Geltung zu verschaffen begann. Die Karolina bestimmt im A. 109 nicht, was unter Zauberei zu verstehen sei, sondern behandelt den Begriff — wie so manchen anderen ihrer Tatbestandslehre — als bekannt. Es wäre gewiß naheliegend gewesen, die Zauberei im Sinne der Inquisitionsliteratur als Auswirkung des Teufelsbundes- und Kultes zu gestalten. Dies ist aber unterblieben; auch an anderen Stellen des Gesetzes (A. 44 und 52) finden sich keine ausdrücklichen — vielleicht allerdings indirekte — Hinweise darauf[200]. Das Entscheidende ist nur, ob durch die Zauberei Schaden verursacht worden ist oder nicht. Im ersteren Falle findet konform dem römischen Rechte die Verbrennungsstrafe Raum, im letzteren nach Rat der Rechtsverständigen Ermessensstrafe. Man konnte sich also ohne künstlich erweiternde Auslegung, die allerdings späteren Juristen[201] keine Schwierigkeiten gemacht hat,

---

[198] Dagegen werden die zahlreichen aufgezählten Spielarten des Maleficium der strengsten Bestrafung „iuxta Jurium sanctiones" zugewiesen. Die Mehrzahl deutet an, dass damit hauptsächlich die weltlichen Rechte gemeint sind.
[199] Dalham Conc. Sal. pag. 372.
[200] Byloff, Zauberei, S. 114 ff.
[201] Im haymenschen jur. Lexikon von 1738 — einem für das breite Publikum bestimmten Handbuch — wird (S. 1339) die Zauberei eingeteilt in solche, die mit Teufelsbund vor sich geht, und solche ohne Teufelsbund. Die erstere unterliegt dem Feuertod, sie mag Schaden angerichtet haben oder nicht, die letztere der Schwertstrafe. Eine erweiternde, die ursprünglichen Normen ganz verändernde Auffassung!

auch nicht auf die Gesetzgebung stützen, um den Teufelsbund allein und als den Musterfall der Zauberei zu verfolgen.

III. Im Archive der Stadt Wiener Neustadt [202] erliegt der Strafakt gegen den städtischen Totengräber Ruprecht Schlemer aus Wolfsberg in Kärnten, seine Frau und den Totengräber von Baden aus 1562. Die beiden Totengräber haben, um aus Geschäftsgründen einmal ein gutes Jahr mit vielen Sterbläufen zu haben, Seuchen- und Krankheitszauber mit Friedhoferde, dem Wasser einer gesottenen Kindesleiche, das sie in den Straßen ausgossen, und Leichengewändern geübt, ein durch Geständnis festgelegter Sachverhalt, der wahr gewesen sein dürfte. Vom Teufelsbund ist keine Rede. Der Stadtrichter Adam Reitsperger richtet im Sinne des Gesetzes Anfragen an verschiedene Rechtsgelehrte, was mit diesen Zauberern, die in Wirklichkeit keinen Schaden angerichtet haben, geschehen solle. Schließlich wird am 26. Juli 1562 Schlemer samt seinem Weib verbrannt; der Badener Totengräber hatte sich durch Erhängen im Kerker seinen Richtern entzogen.

Aus einem Schreiben der oberösterreichischen Regierung an den Landrichter zu Schwaz im Unterinntal vom 4. Juni 1568[203] ergibt sich, daß dort ein Zaubereiprozeß im Gange ist; Sebastian Haßlperger ist bereits hingerichtet worden, die (unbekannten) Urteile gegen eine Anzahl verhafteter Frauen sind in Vollzug zu setzen.

In Kremsmünster ist 1570 nach Angabe des Ingedenkprotokolles[204] Gallus Oberhauser aus Eisenerz „in puncto stellionatus, sortilegii, criminis laesae maiestatis divinae, veneficii attentati, magiae et incestus" in Untersuchung. Er war ein Schatzgräber, hat einen Untertanen zu vergiften getrachtet und, was das Wichtigste ist, sich mit seinem Blute dem Teufel auf sieben Jahre verschrieben und dafür von ihm viel Geld empfangen[205]. Von ihm erzählte das Volk die kuriosesten Streiche. Man übertrug auch Teile der Faustsage auf ihn und behauptete, daß er Pferde verkauft habe, die, als man sie zur

---

[202] Mayer Jos. III 139.
[203] SA. Innsbruck Ambraser Akten V 120.
[204] Strnadt S. 204, 234 ff. Vorsitzender des Gerichtes ist der Pfarrer von Kematen, Sigmund Strasser.
[205] Die Sitten sprechen achtungsvoll vom „Herrn" Teufel! Der oberösterreichische Bannrichter Wolfgang Graßmann stellt in Aussicht, daß man versuchen werde, dem Teufel die Verschreibung abzujagen.

Tränke ritt, verschwunden und zu Strohriedeln geworden seien[206]. Oberhauser wurde bestimmt hingerichtet; doch fehlt die aktenmäßige Bestätigung.

1571 steht wieder in Wiener-Neustadt[207] ein Ehepaar aus dem oststeirischen Hartberg vor Gericht, das aus Armut, aber auch „über Anreizung des bösen Feindes" aus Rüben Alraunwurzeln gemacht und betrügerischerweise verkauft hat.

1572/73 wird in Frankenmarkt in Oberösterreich ein Maleficienprozeß gegen den Hafnermeister Hans Hölzl durchgeführt, der mit dessen Verurteilung zu lebenslänglicher Zwangsarbeit im Schlosse Camer endete[208]. Die Sache entsprang einem Injurienstreit mit dem Ortspfarrer, den Hölzl einen „Geldsorger", (Umdrehung von Seelsorger) genannt hatte; dieser vergalt ihm den Schimpf mit dem Anwurfe, Hölzl stehe mit dem Teufel in Verbindung. Das Verfahren ergab aber nur, daß Hölzl ein Schatzgräber mit großem Kundenkreis war, der über ganz Oberösterreich und darüber hinaus nach Bayern und Steiermark reichte. Von Teufelsbund findet sich nicht die geringste Spur.

Es zeigt sich noch in dieser Zeit nicht selten, daß die Richter zwar nach dem Teufelsbund fragen, darauf jedoch wenig Gewicht legen und sich wieder abbringen lassen. So steht z. B. am Martinstag (11. November) 1575 der wandernde Leinwebergeselle Hanns Orttl aus Woltperg ober Augsburg vor dem Stadtrichter von Steyr[209] wegen Diebstahl, Zauberei und Schatzgraben. Ein echter Landstreicher, der auch die Gaunersprache kennt, bekennt er zunächst gütlich Zusammenkunft mit dem Teufel in Gestalt eines „zerrissenen" schwarzen Mandls, der ihm gegen Hingabe eines Stückes von seinem Ohr als Leibzeichen Geld versprochen hat. Unter der Folter widerruft er aber diese Angaben mit der ausdrücklichen Versicherung, er „sei bei kheinem spilplatz (= Sabbat) gewest", und der Richter läßt es dabei bewenden. Wohl aber gesteht er nun verschiedene Schwindeleien

---

[206] Diese Sage wandert und knüpft sich an verschiedene hervorragende Verbrecher, z. B. den Zauberjackel in Salzburg.
[207] s. Anm. 11.
[208] HKA. Wien, Frankenburger Akten Fasz. F/4. Darüber Anonym. „Hans Hölzl der Zauberer" in der Bilderwoche der Linzer Tagespost vom 30. August 1931 (8. Jahrg.)
[209] SA. Steyr (7 Cista B, Lade 16 Nr. 1), jetzt Kasten III, Lade 5 Fasz. 1. Konzept der Urgicht.

zu, wie das Verkaufen falscher Alraunwurzeln, das Herauslocken von Opfergaben zum Schatzgraben und noch überdies schwerere Straftaten, Teilnahme an sechs Raubmorden und zahlreiche Raubanfälle. Der Mann ist sicher hingerichtet worden, aber wahrscheinlich nur wegen der letzteren Straftaten. 1576 wird in Wiener Neustadt eine Frau peinlich verhört, weil sie beschuldigt war, an einer Stange mit drei weißen Strichen gemolken zu haben[210]. Sie gestand nichts. Eine andere Frau, die flüchtig ist, hat ihren Ehemann mit einem verzauberten Hemd getötet. Ebendort verbrennt man am 27. Jänner 1576 — Näheres unbekannt — einen Zauberer, und im nächsten Jahre wird ein aus Salzburg zugereister Mann wegen Wahrsagen gefoltert.

III. Das 16. Jahrhundert ist für unser Gebiet das Zeitalter des Kampfes um die kirchliche Reformation. Durch ihn sind die Geister zeitweise so gefesselt worden, daß die religiöse Frage überwertig wurde und alles andere zurückdrängte. Ob dies auch auf die Zahl der Verfolgungen wegen Zauberei eingewirkt hat oder ob die bis zum Anfang des 17. Jahrhunderts — bis zum Siege der Gegenreformation — währende relative Seltenheit nachweisbarer größerer Zaubereiprozesse auf andere Ursachen zurückgeführt werden muß, wird sich wohl kaum jemals mit Sicherheit entscheiden lassen.

Fest steht nur, daß die evangelischen Bekenntnisse dem Hexenglauben gegenüber grundsätzlich dieselbe Einstellung hatten als der Katholizismus[211]. Ja, wenn man bedenkt, daß die Härte und Unerbittlichkeit des protestantischen Denkens die unlösbare Verbundenheit von Zauberwerk und Teufelsgenossenschaft viel schärfer erkennen mußte[212] als die immerhin zu praktischen Kompromissen neigende katholische Denkweise, so ergibt sich daraus eine Erweiterung der begrifflichen Grundlagen des Zaubereiverbrechens insofern, als eine Zurückdrängung der bisher als relativ harmlos empfundenen Formen der althergebrachten Zauberei zum Vorteile des todeswürdigen, weil den Teufelsbund voraussetzenden Zaubers erfolgte.

---

[210] Eine der zahlreichen Formen des Fernzaubers! HWB. s. v. Fernzauber (Beth), Hexe (Weiser-Aall).
[211] Riezler S. 127 f., 160.
[212] Gustav Freytag, Der deutsche Teufel usw. S. 346 ff.

V. Wir können diese unvergleichlich schärfere protestantische und norddeutsch-sachliche Auffassung der Zauberei an der schon oben genannten Persönlichkeit des steirischen Landprofosen Jakob Bithner, des gewesenen Soldaten und evangelischen Theologen von Jena, deutlich wahrnehmen. Zwar herrschte der Zauberglaube, wie wir gesehen haben, schon weithin an der steirischen Sprachgrenze in der Drau und Mur. Bithner aber fahndete auf seinen Streifen in diesem Gebiet besonders nach dem zauberischen Gesindel, verhaftete und lieferte viele Verdächtige den Landgerichten ein, wobei er es allerdings erleben mußte, daß diese sich weigerten, die Verhafteten anzunehmen, oder sie bald wieder entließen.

Im Marburger Urgichtenprotokoll von 1578[213] ist mit unbekanntem Ausgange ein Strafverfahren gegen einen Schwindler namens Lorenz überliefert, der mit verschiedenen merkwürdigen Dingen handelt und gegen Geld erlogene Zauberkünste lehrt. So verkauft er der Frau des Richters von Windischgraz einen Krystall- oder Donnerstein, den er vom Freimann Meister Görgen von Laibach erhandelt hat, unter der Vorspiegelung, man könne damit in die Zukunft schauen. Auch den vielgesuchten Glückstalisman des Henkerstrickes[214] besitzt und verhandelt er. Er kennt und lehrt die Kunst, wie man Glück beim Buhlen hat, nicht bestohlen, nicht gefangen wird, wie man das Verderben des Fleisches verhindert und als Gastwirt gute Geschäfte macht. Auch hat er sich für den Diener des Landprofosen ausgegeben und in dieser angemaßten Eigenschaft „Frauen gebunden und geschützt", d. h. sich dafür bezahlen lassen, daß er sie nicht als Zauberinnen verfolge. So hat ihm in Pettau eine „wissentliche Zauberin" 4 R gegeben, damit er sie nicht dem Landprofosen anzeige.

Aus einem Berichte Bithners vom 2. Feber 1581[215] ergibt sich, daß am 30. Juni 1579 in Cilli drei Frauen wegen Verursachung eines schweren Frostes im selben Jahr verbrannt worden sind. Eine der Gerichteten, die Gertraud Fabiankha, hat in ihrer Urgicht verschiedene Frauen, darunter die Krallin, der Zauberei bezichtigt. Bezüglich dieser macht Bithner die resignierte Bemerkung: „hat viel Gulden, würd sich wol auskhauffen". In Schönstein hat er einen Handel

---

[213] SLA. Hschr. 3331.
[214] HWB. s. v. Galgen (Müller-Bergström)
[215] SLA. Landprofosenakten.

zwischen Georg Rambschüssel und einer Bürgerin wegen Zauberei geschlichtet, offenbar eine ehrenrührige Nachrede. In St. Oswald bei Cilli ist von ihm angeordnet worden, daß die Zauberin Barbara Junk, die bisher in Verwahrung der Herrschaft Cilli gesessen ist, zum Verwalter geschafft werde, damit dieser an Stelle der offenbar zögernden Herrschaftsobrigkeit „mit Handlung" gegen sie vorgehe. Die Junk ist — nach den beiliegenden Indizien zu schließen — eine weitberühmte Krystallseherin, zu der die Leute förmlich wallfahrten. Außerdem hat sie einen Schatz heben wollen, wozu ihr der Apotheker und der Schlosser von Cilli geholfen haben. Der Apotheker hat ihre vierzehnjährige Tochter mit einer Zaubersalbe bestrichen, woraus diese im Nagel ihres Daumens einen Geldtopf gesehen hat, den ein schwarzes Männlein mit den Krallen umklammerte. Auch soll sie einen Teufel haben, der ihr sagt, was die Leute Böses über sie reden. Diese Umstände zeigen abermals deutlich, wie die alte Maleficiumvorstellung mit der Teufelsbundlehre vermischt wird.

Bithner suchte sich, da sein Profosenamt ursprünglich nur gegen die Landplage der gartenden Knechte — d. h. der marodierenden Landsknechte — gerichtet war, eine Erweiterung seines Wirkungskreises auf sonstige Landstreicher zu verschaffen, wobei er auch die Zauberer im Auge hatte. In der Tat erstattet die steirische Landschaft unterm 20. Jänner 1580[216] einen Bericht, in welchem sie dieser Erweiterung mit der Begründung zustimmt, „daß nit allein die gartunden Landtskhnecht, sondern andere schädliche Personen, welche salvo honore mit diebstal, zauberey und dergleich lastern beflekht und sich dem muessiggang gantz und gar ergeben haben, hin und wider im lande herumb ziehen". Zum ersten Mal erscheint hier die gedankliche Verbindung von Zauberei und Landstreichertum ausgesprochen, die später der Zaubereiverfolgung eine besondere Note verliehen und zu den größten Prozessen geführt hat, die wir in den Alpenländern kennen.

VI. Bithners energisches Einschreiten führt zu großen, mehrere Jahre sich hinziehenden Hexenverfolgungen mit dem Mittelpunkt Marburg. Den Anfang dieser zusammenhängenden, über mehrere Landgerichte sich erstreckenden Prozesse scheint die unter schaudervollen Umständen vollzogene Lebendverbrennung der Barbara

---

[216] Landprof. Akt. Schub. 1.

Striglin in Arnfels am 30. Mai 1580 gemacht zu haben[217]. In dem vom 7. Mai an dauernden Prozesse tritt die Teufelsbundvorstellung stark in den Vordergrund, obwohl die Striglin trotz der Folter nur wenig zugestand. Sie scheint in der Umgebung im bösen Rufe einer Hexe gestanden zu haben; man beschuldigte sie des Gewittermachens, Milchstehlens, der Kunst, sich in verschiedene Tiere (Geiß, Veldin-Stute), ja sogar in ein Schab Stroh verwandeln zu können. Auch einen Teufel sollte sie geboren haben; ein Knecht erzählte, die schwangere Striglin habe sich in ein Zimmer gesperrt, worin alsbald ein großer Lärm entstand. Schließlich flog aus dem Fenster ein „grausamer" (= gräßlicher) Rabe, die Striglin aber lag einer Toten gleich in der Stube mit einer großen offenen Wunde an der linken Seite ihres Leibes. Sie selbst gestand nur, von einem Hexentanz auf der Menschowetztratten gehört zu haben; dabeigewesen set sie nicht. Bithner schildert auch die Ereignisse bei ihrer Verbrennung. Gegen eine Stunde sah man sie lebend in den Flammen und zu zweien Malen — als Vogel und als Kröte[218] — suchte sie zu entfliehen. Die Leiche der Gerichteten zeigte dann dieselben Wunden, wie die vom Freimann erschlagene und in das Feuer zurückgeworfene Kröte.

Die Striglin hat eine Reihe von Frauen der Hexerei verdächtigt. Die Kumblitschin und die Stampferin hat Bithner dem Pfleger zu Schmirnberg eingeliefert, der sie aber gegen Bürgschaft laufen ließ. Der unermüdliche Bithner verhaftet sie aufs neue und liefert sie, dann die Barbara Russin und die Frau des Christoph Scharwinickh nach Marburg ans Stadtgericht. Dort habe man — berichtet Bithner mißbilligend — die Russin gefoltert, aber nichts gefunden und daher alle wieder auf freien Fuß gesetzt.

In Marburg saßen bereits einige Frauen unter Hexereiverdacht, von denen zwei, die Ursula und die Dorothea Markho, von Bithner als Mitschuldige der Striglin bezeichnet werden. Aus dem Urgich-

---

[217] Bericht Bithners an den Landeshauptmann Georg von Herberstein vom 14. Juni 1580 über seine Streifung in der Marburger Gegend. SLA. Fasz. 492 Heft 60 Pol. Akt. Teilweise abgedruckt bei Zahn, Misz., S. 179, und Byloff, Volkskundl., S. 14 und 16. Daselbst auch Verweise aus die volkskundliche Literatur über die Hinrichtungsvorgänge.

[218] Die Kröte erscheint hier ganz im Sinn einer weitverbreiteten alten Vorstellung als Seelentier; die Seele der Zauberin sucht in Krötengestalt der sonst drohenden Vernichtung zu entrinnen. Vgl. E. H. Meyer S. 80; Frazer S. 264 ff.; Wuttke S. 117; Hovorka-Kronfeld I S. 260 ff.

tenprotokoll von 1580[219] ergibt sich, daß in diesem Jahre in Marburg mehrere „malefizische Weibspersonen" wegen Zauberei hingerichtet worden sind. Es sind dies die Aniza Baderin, die Dorothea und die Marina Pettek, die am 5. Oktober 1580 in der Drau ertränkt werden, die Elisabeth Hottowiczin, die Dorothea Kwentzkhin und die Gera Ferlinzin, diese drei zum Lebendigverbrennen verurteilt. Außerdem sind in Untersuchung die eines Giftmordes geständige Barbara Kramplerin, deren Schicksal unbekannt ist, und die schon erwähnte Barbara Russin, die schließlich mit einem halben Schilling (zwölf Stockschläge) abgestraft wird.[220] Die Getränkten haben den Teufelsbund geleugnet und nur Vergiftungen, Gewitter- und Krankheitszauber gestanden. Den Stupp, den die Marina Pettek ihren Feinden untergestreut hat, hat sie von einer „berühmten" Zauberin in Remschnik holen lassen. Die drei Verbrannten haben — dies die Erklärung für die härtere Strafe — den Teufelsbund, die Teufelsbuhlschaft und den Hexenflug auf einem Roß hinter dem Bösen neben dem Zubereiten von Gifttränken und Milchentziehen gestanden.

Volkskundlich bemerkenswert ist, daß die Hottowiczin den Teufel auf der Wegscheide in Gestalt eines glühenden Schabs (= Strohbüschel) gesehen hat, wodurch der Zusammenhang des neuen teuflischen Wesens mit dem uralten volklichen Vorstellungsgebiet vom „Schrattel" und vom „Glühschwanz" dargetan ist[221]. Die Barbara Russin kennt als Diebszauber das Schlaflicht, das beim Einbrechen unsichtbar macht (nicht, wie sonst, die Inwohner in Schlaf versenkt). Es besteht aus einer Sterbekerze, deren Docht aus dem Faden gemacht ist, mit dem man einen Toten in das Leichentuch genäht hat. Dazu muß man sprechen: „So wenig der Tote mich vor dem jüngsten Tag sehen kann, so wenig mag mich der N. sehen". Es ist

---

[219] SLA. Hdschr. 3331
[220] Bithner schreibt in einem Berichte vom 30. Juli 1580, daß er Mitte Juli dieses Jahres drei Hexen denen von Marburg überantwortet habe, eine Weibsperson, eine windische Zauberin zunächst bei Jahring in Herrn Christoph Wintershoffers Bergrecht gesessen, und eine fürnehme Zauberin, die Kramplin. Unterwegs zwischen Neustift und Marburg habe er auf Zauberer und Zauberinnen gefragt, „die überall ausgetreten sein, das khaum glaublich ist". Ob er damit nicht die harmlosen Springer meint? (Oben S.15 ff.) Allerdings müßte man dann, was möglich ist, den Anfang dieser Sekte in der Marburger Gegend etwa um zehn Jahre rückverlegen.
[221] Geramb a.a. O.; HWB. s. v. glühend, Drache (Freudenthal und Mackensen).

merkwürdig, daß die slovenische Bäuerin diesen ausgesprochenen, noch heute geübten Verbrecheraberglauben kennt[222].

Der Striglinprozeß weist ein Nachspiel auf, das für den Geist, in dem Volk und Strafjustiz befangen waren, bezeichnend ist[223]. Die Nachbarschaft plünderte nach der Verhaftung der Striglin trotz des Vorhandenseins von Kindern deren Haus und Bithner selbst hat, trotzdem ihm das Sportulieren streng verboten war, durch seine Leute deren Vieh wegtreiben und erkaufen lassen und den Erlös für sich behalten. Er muß dann auf Beschwerde des Pfarrers von Eibiswald 18 R an die Kinder herausgeben[224].

Die Marburger Prozesse sind mit den erwähnten Hinrichtungen noch nicht zu Ende. Bithner hat noch 1580 die Ehefrau des Hans Perschon zu Jahring wegen Anhexen von Krankheiten und Verursachen von Mißwachs nach Marburg geliefert und beklagt sich zwei Jahre später bitter darüber, daß man sie — wie er meint durch Bestechung — zur Purgation (Reinigungseid oder Unschuldsbeweis ?) zugelassen habe[225]. Und aus einem Berichte Bithners vom 13. Juni 1581[226] ergibt sich, daß in Marburg die Barbara Pronoberin ob Zauberei verhaftet ist und in ihrem Geständnisse den Amtmann Gockh in Gamlitz belastet hat, dieser sei ein Krystallschauer und gehe mit Zauberei um. Bithner ist dieser Beschuldigung nachgegangen, hat dem Gockh den Krystall abgenommen, aber festgestellt, daß er zwar ein Arzt weiten Rufes für Menschen und Tiere sei, aber ohne Zauberei.

Aus der Urgicht der Margareta Schusterin und der Barbara Sabotnickhin aus 1584 und 1585[227] läßt sich entnehmen, daß das fressende Gift, das durch die Verhaftung der Striglin in Wirksamkeit gesetzt war, nicht nur in Marburg durch mehr als vier Jahre fort-

---

[222] Das Verbrechertum späterer Zeiten bis in die Gegenwart verwendet für das Schlaflicht ebenfalls den Leichenzauber durch Hände oder Fett ermordeter Kinder. Vgl. Byloff, Zauberjacklprozeß, S. 410 und die dort angeführte Literatur: Wuttke S. 134; Hovorka-Kronfeld II 537; HWB. s. v. Dieb, Diebstahl (Müller-Bergström).
[223] Rechtfertigung Bithners vom 21. Juni 1581 (Landprof. Akten).
[224] Gleichermaßen bezeichnend für die Vogelfreiheit der Hexe in der Volksmeinung und das trotz strengster Verbote immer wiederkehrende Sportulieren durch die Behörden.
[225] Landprof. Akten 1582. Beschwerde Bithners vom 14. November 1582.
[226] Landprof. Akten 1581.
[227] SLA. Sond. Arch. Marburg. Orig. Pap. Hschr. mit Reg. Bez. Nr. 344.

wirkte, sondern sich auch auf die benachbarten Landgerichte Wurmberg und Gutenhag ausgebreitet hatte. In Wurmberg hat die Helene Trinckhlin Zauberei gestanden und die Barbara Sabotnikin und die Margareta Schusterin als „Gespielinnen", die erste als die „fürnehmste Meisterin" angegeben. Diese beiden werden nun in Marburg der Folter unterworfen. Die Sabotnikin leugnet starr, während die anfangs gleichfalls leugnende Schusterin später sehr gesprächig wird und eine größere Anzahl von Personen (über zehn) als Teilnehmerinnen am Hexenflug in Gestalt von weißen Habichten vom Baum Wintergrün[228] weg zur Wegscheide bei Wurmberg, am Sabbat und am Wettermachen- und Führen, sowie am Krankheitszauber durch Unterstreuen benennt. Die dadurch in Marburg, Wurmberg und Gutenhag ausgelösten Untersuchungen haben über ein Jahr gedauert, so daß es erst im Juli 1585 zu den abschließenden Verhören kommt, bei denen der Sabotnikin die Schusterin, der geständige Koloman Plösch und ihr eigener Mann, der ebenfalls die Angaben der Schusterin zugestanden hat, gegenübergestellt werden: sie bleibt aber bei ihrem Leugnen. Damit bricht der Akt ab; sicher aber hat der Prozeß dem größten Teil der Beschuldigten das Leben gekostet. Geradezu typisch zeigt sich hier die Ansteckungswirkung der Sabbatvorstellung. Die Untersuchung wird durch die stets vermehrten Namen angeblicher Sabbatbesucher, die die Folter erpreßt, immer größer, und immer mehr steigt die Zahl der Blutopfer. Nach bescheidener Schätzung haben diese Arnfelser, Marburger, Wurmberger und Gutenhager Prozesse über zwanzig Personen, wahrscheinlich aber mehr, das Leben gekostet.

VII. Bithner hat zu Anfang der Achtziger Jahre auch an anderen Orten, an die ihn seine Dienstreisen führten, Zaubereiprozesse eingeleitet. So hat er zu Jahresbeginn 1581 die Ligister Hexe Barbara Schererin verhaftet und in das Landgericht Wildon geliefert[229]. Sie war offenbar eine böse Nachbarin, die ihre Umgebung behelligte und unter deren Haß zu leiden hatte. Bithner nennt sie „eine prötzig alte vettl", die sogar seinem Steckenknecht gedroht hat, daß er im Zimmer durch von ihr gemachten Hagel erschlagen werden könne.

---

[228] Efeu (Hedera helix Linn). Vgl. Marzell S. 118. Vielleicht auch Mistel (Viscum album Linn.). Ebendort S. 118. Vgl. auch HWB. s. v. Efeu (Marzell). Die Mistel, die uralte Zauberpflanze, heißt in Österreich bezeichnenderweise Drudenfuß. Vgl. auch Grimm II S. 1008 ff.

[229] SLA. Landprof. Akten 1581. Bericht vom 5. Feber d. I.

Der Pfarrer von St. Johann ob Mooskirchen hat öffentlich von der Kanzel gegen sie gepredigt und eine Geldsammlung angeregt, damit dieser Landschaden, dieses „portentum" weggeschafft werde. Krystallschau, Wiederbringen weggekommener Sachen und fortgelaufener Menschen — sogar der Prior von Wildon hat seine weggelaufene Wirtschafterin durch sie zauberisch zurückholen lassen, ebenso die Frau von Saurau eine weggelaufene Dirne — zauberische Tötung von Mensch und Vieh, Krankheitanhexen, Siebdrehen[230] werden ihr angelastet. Und damit auch der Teufelsbund nicht fehle: sie steht im Verdachte, zwei Teufel zu haben; einen davon hat sie in einen Ameisenhaufen vergraben, und es besteht Gefahr, daß er frei wird, wenn die „Ambsen" das Wachs, mit dem die bergende Flasche verschlossen ist, weggefressen haben[231]. Auch hier wissen wir den Ausgang nicht.

Dagegen hat Bithner im selben Jahre mit dem Dieb und Zauberer Jakob Goggler aus Gottschee, dessen Zauber darin besteht, daß er seine Fesseln sprengen kann, wenn er dreimal über eine Türschwelle gegangen, Unglück gehabt; er lieferte ihn nach Stainz ein, wo er vom Schaffer des Propstes grob zurückgewiesen wurde. Goggler hat dann seine Kunst geübt und ist tatsächlich durchgegangen[232].

Mit einer merkwürdigen Persönlichkeit eines verbrecherischen Landstreichers trifft Bithner im Juli 1581 in St. Georgen ober Judenburg zusammen. Kaspar Erhart, der sich im oberen Murboden herumtreibt und durch große Geldausgaben verdächtig macht, gesteht dem Landprofosen, er sei mit dem Teufel im Bunde, habe ihm mit Blut seine Seele verschrieben; wenn er Geld brauche, so gehe er bei Neumond zum nächsten Kreuzweg und bekomme dort vom Teufel so viel, daß er reichlich auskomme. Der Teufel habe ein schiefes Gesicht, erscheine als Roß oder Sau, aber auch als Mensch im langen Mantel mit gespaltenen Füßen, wie bei einem Vieh. Bithner hat diesen Teufelsbündler, der das Märlein offenbar nur deshalb erson-

---

[230] Wuttke S. 255; Grimm II 928.
[231] Man vgl. damit die arabischen Erzählungen (z. B. in Tausendundeine Nacht), woselbst die in die Flasche verschlossenen und durch fürwitzige Öffnung freiwerdenden Geister häufig vorkommen.
[232] Die Formen des Fesselsprengens sind sehr mannigfach. Vgl. Wuttke S. 110 (Wünschelrute), 139 (Diebsdaumen), 138 (Totensinger) usw. Goggler scheint ein sogenannter Entfesselungskünstler gewesen zu sein, wie sie heute in Varietées zu sehen sind und schwindelhafterweise auch in spiritistischen Sitzungen auftreten.

nen hatte, um sein verbrecherisch erworbenes Geld erklären zu können, in das Stubenbergsche Landgericht auf die Frauenburg geliefert, wo ein uns im Ausgange unbekannter Zaubereiprozeß durchgeführt worden ist.

Im oberen Murboden hat Bithner weiters am 12. Feber 1582[233] den berüchtigten Zauberer Schreckhmüllner, Untertanen des Herrn Wilhalm von Windischgrätz, auf Anzeige einer zu Schöder inliegenden Zauberin verhaftet und nach Murau gestellt. Man hat sie dem Schreckhmüllner gegenübergestellt, worauf er gütlich und peinlich bekennt, daß sie mit ihm, seinem Weib, der Mesnerin zu Oberwölz und einem Weib zu Scheifling geflogen sei und Wetter gemacht habe. Die Schreckhmüllnerin habe überdies ein Kind getötet, gekocht und gebraten. „Es werden dergestalt vnerherte zauberey fürkhomen, als in Steyr jemals gehört worden." Aber die Schreckhmüllnerin sei schon nach Graz unterwegs, um sich über Bithner zu beschweren; er hoffe aber, man werde sie abweisen oder einziehen, jedenfalls nicht, wie das letzte Mal, gegen Geld ledig lassen.

1584 traf Bithner in Admont einen Fahrenden, der sich als Planetenleser ausgab und ein ganzes Zauberinventar (Planetenbücher mit Teufelsbildern, Schatzhebebücher, Wundsegen, Zauberspiegel, Springwurzeln) bei sich trug[234]. Was ihm außer der durch Bithner geschehenen Abnahme seiner Geräte geschehen ist, wissen wir nicht.

Man muß, um die Bedeutung Bithners für die steirische Hexenverfolgung richtig zu würdigen, zwei Umstände beachten. Er hat, wie wir sehen, überall den Teufelsbund in den Vordergrund gestellt und damit den zögernden Landgerichten, deren Inspektor er gewissermaßen war, die Verfolgungsgrundlage gegeben. Er hat auch weiters, wie seine zahlreichen Beschwerden beweisen, bei vielen Gelegenheiten den Widerstand der Gerichtsobrigkeiten gegen Zaubereiprozesse erst brechen müssen. Er hat also sowohl für die Verfolgung überhaupt, wie für ihren Inhalt, d. h. für die Teufelsbundvorstellung, mächtigen und auch für die Folgezeit bestimmenden Einfluß auf die Praxis geübt.

VIII. 1580 wird im Burgfried Khünburg (Egg) im kärntnerischen Gailtal Philipp Rospacher wegen Schatzheben mit Gefängnis be-

---

[233] SLA. Prof. Akten. Bericht Bithners vom 15. Feber 1582.
[234] SLA. Prof. Akten 1584. Auszugsweise gedruckt bei Zahn, Miszellen 439.

straft, muß Urfehde schwören und seine Bücher und sonstigen Zaubersachen herausgeben[235]. 1581 liegt in Obdach bei Judenburg die Anna Pleihärschlin in Verhaft, weil sie verschiedene, tatsächlich eingetroffene Verwünschungen gegen ihre Nachbarn ausgestoßen hat[236]. Sie behauptet zwar, nur zu Gott um Erfüllung ihrer Wünsche gebetet zu haben[237]; allein der um ein Gutachten angegangene Judenburger Stadtrichter meint, diese Ausrede sei unglaubwürdig, die Inzicht daher zur peinlichen Frage ausreichend.

IX. Nach der Mitteilung des bayrischen Hoftheologen Johann Baptist Fickler in seiner ungedruckten Schrift: Judicium generale de poenis maleficarum, magorum et sortilegorum utriusque sexcus[238] sind etwas vor 1582 im Erzstift Salzburg Zaubereiprozesse vorgekommen. Besonders beachtenswert ist die Nachricht, daß vor wenigen Jahren der Pfarrer von Bramberg bei Mittersill wegen Mißbrauchs der Messe zu Zauberzwecken hingerichtet worden sei. Fickler tadelt dies, da ein Kleriker wegen Zauberei nur exkommuniziert werden dürfe; die Exkommunikation sei respectu animae die schwerste aller Strafen. Die Akten über diesen Prozeß sind im Salzburger Landesregierungsarchiv[239] erhalten und von Ernst von Pachmann veröffentlicht worden.

Ursache des Prozesses waren schwere Gewitter, die in der Mittersiller Gegend durch mehrere Jahre hindurch die Felder verwüsteten. Die Bauern bezichtigten als Urheberin die siebzigjährige Köchin Eva Neidegger des Pfarrers Rupert Rambsauer von Bramberg, „ein bös, grimmig, rächigs[240] mensch, das die meist weil zürnschelt[241] und fluech" — das wohlbekannte Konterfei der Dorfhexe. Gegen den Pfarrer selbst bestand ursprünglich kein Verdacht, wohl aber gegen seinen Kaplan Christophorus Müller, der entflohen zu sein scheint. Die Neideggerin wurde schon im Dezember 1573 in

---

[235] AKGV. Khünegger Arch. Wutte S. 47.
[236] SLA. Sond. Arch. Judenburg. Auszugsweise gedruckt bei Byloff, Zauberei, S. 376 ff.
[237] Das entspricht dem noch heute geübten, in der strafrechtlichen Versuchslehre als Beispiel viel verwendeten Ab- oder Totbeten, den Mordmessen usw.
[238] Münchner Staatsbibl. Riezler S. 194. Über Fickler Allg. deutsche Bibl. 6. Bd. S. 775 ff (Föringer).
[239] 1576 Nr. 36 „Ain Akt den Pfarrer zu Bramberg Christoph (sic!) Rambsauer, seine et cons. der Zauberey halber justiziert betreffend".
[240] = rachsüchtig
[241] = zornig sein

Schloß Mittersill in Haft gelegt, jedoch auf Eindringen ihres Dienstherrn gegen Gestellungsbürgschaft wieder entlassen. Als aber im Juni 1574 ein neuerliches schweres Hagelwetter den Oberpinzgau verheerte, rotteten sich die Bauern von Kaprun, Zell und Mittersill zu Hollersbach zusammen und erzwangen die neuerliche Haftnahme der Neideggerin und ihrer Verwandten Barbara Gaisbichlerin. Im Laufe des langwierigen Verfahrens wurden über fünfzig Zeugen vernommen, die den Verdacht des Wettermachens auch auf den siebzigjährigen Pfarrer selbst lenkten, der sich berühmt habe, er könne Wetter machen, und einmal sogar zwei Zechgenossen einen Hagel im Zimmer vorgezaubert haben sollte. Der Neideggerin wurde überdies nachgesagt, daß sie beim Pfarrhause zahlreiche Schlangen als sogenannte Hauswürmer halte[242]. Die Daumstöcke brachten sie zum Geständnis des Wettermachens, aber auch zu Beschuldigungen gegen andere Frauen, darunter die Sternseherin aus Brixen, und gegen den Pfarrer selbst. Dieser leugnete und erklärte alle Beschuldigungen als Unsinn und böswillige Erfindung gehässiger Nachbarn. Endlich verfügte der Erzbischof Johann Jakob Khuen von Belasy, daß Rambsauer vor ein geistliches Gericht unter dem Vorsitze des Bischofs Christoph II. Schatl von Chiemsee zu stellen sei. Dieses degradierte und überlieferte ihn der weltlichen Gewalt. Am 13. März 1575 verurteilte die Schranne von Mittersill ihn und die Neideggerin zum Feuertod, welche Strafe sofort vollzogen wurde; die Gaisbichlerin verblieb einstweilen in gerichtlicher Verwahrung. Was mit ihr und verschiedenen anderen Personen ferner geschehen ist, die die Neideggerin angegeben hatte, berichten die Akten nicht mehr.

Der Prozeß ist ohne die Grundlage des Teufelsbundes geführt worden; diese Vorstellung hatte sich im Pinzgau noch nicht durchgesetzt. Die Erscheinung, daß sich ein Hexenprozeß gegen einen Pfarrer und seine Köchin wendet, wird uns noch mehrfach beschäftigen. Der Grund für diese im ersten Augenblicke befremdliche Sache ist ein mehrfacher. Zuerst steht die „Medizinmann"-Vorstellung[243], die seit Urzeiten überlieferte Anschauung, daß der

---

[242] Auch heutzutage noch üblich! Wuttke S. 51, 115. Die Hausschlange gilt als glücksbringend, wird mit Milch gefüttert und sorgfältig geschützt. Vgl. auch Hovorka-Kronfeld I 382.

[243] Auch der Freimann, die Hebamme, der Abdecker können in den volkskundlichen Medizinmannbegriff einbezogen werden. Vgl. Wuttke S. 778.

Priester mit übernatürlichen Mächten im Bunde stehe und mit deren Hilfe ebenso ausnahmsweise Schaden stiften könne, als er gewöhnlich von ihnen Segen erflehe. Die mannigfachen Wettergebete und Wettermessen, die in der Kirche gebräuchlich sind, mögen dem primitiven Denken auch die Umkehrungsmöglichkeit vor Augen gerückt haben. Tatsache ist, daß noch heute manchenorts der Pfarrer als Wetterlenker gilt und daß man sich aus diesem Grunde hütet, ihn zu erzürnen[244]. Die Ausdehnung auf die Pfarrersköchin ist zwangsläufig und entspricht der Einschätzung, die sie im Volke genießt. Ihre Stellung ist aus mehrfachen Gründen viel beneidet; erweist sie sich noch als hoffärtig und unliebenswürdig, so entwickelt sich jener verhängnisvolle Haß der Pfarrkinder, der sich in Zaubereibeschuldigungen auswirkt.

Vor dem Salzburger Hofgericht ereignet sich 1582 ein Zaubereiprozeß, der wiederum wegen der Person des Hauptbeschuldigten, des erzbischöflichen Rates und Konsistorialassessors Dr. Martin Pegger, lat. Pegius[245] besondere Beachtung verdient. Dieser, ein aus Billichgraz gebürtiger Krainer, war ein vielseitiger Gelehrter, vor allem ein fruchtbarer juristischer Schriftsteller, von dem einzelne Abhandlungen noch im 18. Jahrhundert nachgedruckt worden sind, aber auch Sprachenkenner, Mathematiker und Astrolog[246]. Er fiel Intrigen seiner Kollegen, darunter auch wahrscheinlich Ficklers, zum Opfer und wurde unter dem Verdachte, sein Richteramt mißbraucht zu haben, verhaftet. Da gleichzeitig ein „Unhold, der kurz vorher des Hexenwerks halber verprennt worden", unter der Tortur des Pegius Hausfrau der Hexerei bezichtigt hatte, wurde auch sie eingesperrt[247] und in der Wohnung eine Hausdurchsuchung veranstaltet, bei der verdächtige Schriften in die Hände des Hofrates fielen. Diese Aufzeichnungen sind sehr merkwürdig; sie enthalten eine reiche Sammlung mannigfachen Zeitaberglaubens und namentlich

---

[244] Lippert S. 468, 579; Sartori II 11; HWB. s. v. Geistlicher, Pfarrer, Priester (Jungwirth), Gewitter (Stegemann).

[245] Über ihn Franz Martin im Geleitblatt zum deutschen Juristentag 1928 in Salzburg; allg. deutsche Biographie 5. Bd. S. 775 ff. (Günther); Jöcher, Allg. Gelehrtenlexikon III S. 1344 ff., V S. 1787.

[246] Eines seiner astrologischen Werke ist 1924 (!) bei O. Barth, München (Klassiker der Astrologie Bd. 1) nachgedruckt worden.

[247] Es wird berichtet, daß sie bei ihrer Verhaftung vor den beiden hiezu abgeordneten Hofräten durch Zahlenmantik die bereits erfolgte Verhaftung ihres Mannes erriet.

eine wertvolle Vorstellung mythischer im Volke lebender Anschauungen, so insbesondere zahlreiche Bergsagen vom Untersberg[248], dem St. Laurenzenberg in Krain (?), dem Krainberg (bei Gmünd?), dem Katschberg im Lungau, dem Harzberg bei Hildesheim, dem Amos- und Turnerberg in Deutschland, dem Wunderberg bei Schwaz und dem Glücksberg zwischen Landshut und Freising. Die Bergentrückten sind Frau Venus, die Königin von Saba, die biblische Herodias mit einem zahlreichen Gefolge von Bergmännchen und Bergfrauen. Obwohl Pegius in diesen Schriften auch anführt, daß seine Frau selbst im Untersberg gewesen sei und daß die Herodias sie sogar in ihrem Hause am Fischmarkt in Salzburg besucht habe, gelang es nicht, das Ehepaar zum Geständnis zu bringen. Sie blieben aber bis zu ihrem Tode auf Hohensalzburg in Haft; erst nach zehn Jahren hatte es ein Ende. Pegius wurde in geweihter Erde bestattet, seine Frau „tamquam feminae malae famae" außerhalb des Friedhofes.

X. Am 27. September 1583 wird in Wien an der gewöhnlichen Richtstätte die Elisabeth Plainacher, die Großmutter der Anna Schiltenbaurin[249], die ihrer Enkelin eine Legion Teufel angehext haben sollte, als Zauberin verbrannt; einen Monat früher wird die Besessene selbst vom Wiener Bischof exorzisiert[250].

Der Plainacherprozeß, nach Angabe Schlagers der letzte Zaubereiprozeß Wiens mit einem Todesurteil, ist vollständig auf der kirchlich-inquisitorischen Grundlage ausgebaut. Bund und Buhlschaft mit dem Teufel, der in Gestalt eines Zwirnknäuels erscheint, Flug auf den Ötscher, Hexentanz, Gewittermachen, Hostienschändung, Haltung von Teufeln in Gläsern kommen langsam unter dem Drucke der Tortur zum Vorschein. An einem der Verhöre beteiligt sich auch der Wiener Bischof. Die Plainacher war, wie sich aus den Akten

---

[248] Vgl. Wilhelm Erben, Untersbergstudien, Mitt. der Ges. für Salzb. Land. K. Bd. 54 (1914); Herzog Wilhelm, Untersbergsage, Ver. d. hist. Sem. d. Univ. Graz VI (1929).

[249] Auch Schlotterbäurin.

[250] Bernhard Raupach S. 41 f. Die Akten gedruckt bei Schlager N. .F. 2. Bd. S. 33 ff. Die Teufelsaustreibung, an der sich auch die Wiener Jesuiten beteiligten, war Gegenstand einer viel erörterten Predigt des berühmten Redners des Jesuitenordens P. Georg Scherer, die er 1583 in Wien hielt (R. P. Georgii Scherers Opera S. 179-196). Bei Bernhard Duhr, Stellung der Jesuiten, S. 25 ff., auszugsweise wiedergegeben. Daselbst auch Angaben über die Literatur.

ergibt, eine geistesschwache oder geisteskranke Person; der Stadtrichter Hütteldorfer hatte deswegen den Antrag gestellt, sie in eine Versorgungsanstalt zu bringen, war aber nicht durchgedrungen.

1588 sind in Wiener Neustadt Hexenprozesse vorgekommen[251].

Nach dem Berichte des Wiener Korrespondenten des Fuggerschen Handlungshauses in Augsburg sind in Wien 1588 zwei Weiber und ein Bauer in Haft, weil sie Ungeziefer gerufen haben sollen, das in Weingärten und Feldern viel Schaden gemacht hat[252]. Schon früher — 1583 — verhörte man in Wiener Neustadt eine Frau von Hattmannsdorf, weil sie das Vieh von Nachbarn krank gemacht habe. Ebendort wird 1589 ein Mordtäter und Zauberer (Giftmord?) „mit zangen gebrennt, geradbrecht und gespießt".

XI. In Hartberg in der Oststeiermark wird am 2. Juli 1583 des alten Wayer zu Hopsau Ehewirtin vom Landgericht wegen Maleficium auf Fürbitte zu 32 R Geldstrafe verurteilt. Sie hatte die Überreste der zu Ostern geweihten Lebensmittel über dreier Herren Grund getragen und in einem Krug an einen Baum gehängt, um zu verhindern, daß ihre Hühner von Füchsen geholt würden[253]. Am 3. Mai 1589 ebendort wird die Schlosserin um Geld und mit Stadtverweisung bestraft, weil sie die große Sau ihres Besitznachfolgers durch Zauber getötet haben sollte[254].

Der älteste Zaubereiprozeß, über den uns das für die Zeit von 1534 bis 1762 nach Kürsingers[255] Angaben vollständige Malefizbuch der Landgerichtsherrschaft Moosham in Lungau[256] unterrichtet, stammt aus 1584 und betrifft den Sebastian Schwaiger und den minderbelasteten Georg Huber; ersterer wird auf dem Passeggen, dem Mooshamer Hochgerichtshügel, gerichtet, letzterer auf den Pranger gestellt und landesverwiesen. Die Beschuldigung lautet auf Diebstahl und Zauberei. Ebendort und unter derselben Anklage hat

---

[251] Mayer Jos. II 139.
[252] Schlager N. F. 2. Bd. S. 48 ff.
[253] Simmler S. 322 f. Die Überreste des Ostermahles (des alten heidnischen Opferessens) haben Schutzwirkung. HWB. s. v. Huhn (Jacoby). Der Fuchs ist übrigens ein Vegetationsgeist und erhält als Opfer die Überreste des Festmahls an den hohen Feiertagen. HWB. s. v. Fuchs (Reuckert).
[254] Simmler S. 323.
[255] Kürsinger S. 501 ff.
[256] Jetzt verschwunden.

man 1588 den Tischler Hans Hängl und sein Weib aus Ramingstein gerichtet.

XII. In Lienz im Tiroler Pustertal ist im Mai 1588 der achtzigjährige Andreas Kamerlander wegen Zauberei gütlich und peinlich befragt worden[257]. Ein schwerer Alkoholiker, Gewalttätigkeitsverbrecher und Lump mit nicht weniger als siebenundzwanzig Vorstrafen wegen Raufen und Huren ist er ein unverbesserlicher Landstreicher. Er kann wahrsagen, Vieh und Menschen „vermeinen und verschreien", Krankheiten heilen — u. a. die bei jungen und alten Leuten vorkommenden „Pillmusen" (Mundfäule?)[258] — verlorenes Gut wieder schaffen, Ehebrecher vertreiben; er trägt auch verdächtigerweise ständig einen „ungehärten" (haarigen) Schweinsfuß[259] im Busen. Daneben hat er — allerdings erst unter dem Drucke der Folter — zugegeben, daß er mit dem Geiste Satanas einen Bund gemacht habe und in Gesellschaft mehrerer anderer Leute auf einer Ofenschüssel mit dem Bösen voraus zum „Lasterkirchtag" im Gewitter geflogen sei. Auch bekennt er einen Zauber, den er Saugen von Vieh und Mensch nennt. Man spuckt ein Stück Vieh an; dieses fällt um und wird dann von den Unholden an den sogenannten Hungerlöchern besaugt, wobei der Saugende Blut trinkt. Das Vieh geht später ein. Auch Menschen, namentlich Frauen beim Tanz oder während der gemeinsamen Ruhe nach dem Kirschenpflücken, will er an der Brust besaugt haben. Eine neue Variante des uns aus Tiroler Prozessen bereits bekannten Vieh- und Menschenfressens! An der Hinrichtung des versoffenen Vagabunden ist kein Zweifel.

Im Jahre 1588 beschwert sich in Deutsch-Landsberg (Weststeiermark) der neugewählte Markttrichter Mathias Waldner darüber, daß Paul Puecher über ihn gesagt habe, der Richter sei über den Wald hergeflogen. Das brauche er sich nicht bieten zu lassen; denn „ain zaubrer und wetterfuehrer gots lesttrer und teufflsdiener sein solliche leut". Die Sache endet mit einer Abbitte und vierundzwanzigstündiger Einhaltung im Turm[260].

---

[257] SA. Innsbruck Hdschr. 1478.
[258] Das Wort deutet wahrscheinlich auf den Bilwis hin, der in seiner frühesten Gestalt ein menschenfeindlicher Naturdämon ist und durch seine Geschosse Krankheiten verbreitet (bei Hans Sachs „pilmitzen in der nasen").
[259] Vermutlich ein Apotropaion!
[260] SLA. Sond. Arch. Deutsch-Landsberg Ger. Prot. 1588.

Unterm 20. Mai 1589 berichtet wiederum Landprofos Bithner über seine Streife im Cillier Land. Er habe nicht viel gerichtet; doch hätten viele für gut angesehen, daß er gekommen sei, damit den Zauberern Furcht eingejagt werde[261]. Zweierlei hat sich also bereits durchgesetzt: die Hexenfurcht der Bevölkerung und die Furcht vor Bithner als grimmen Hexenverfolger.

XIII. Ein merkwürdiger, in die Geschichte der Gegenreformation in Steiermark hineinspielender Fall einer Zaubereibeschuldigung, der viel Schreiberei verursacht hat, ereignete sich 1590 in der Stadt Oberwölz im oberen Murboden Steiermarks. Der neu eingesetzte katholische Pfarrer Martin Lindmayr hatte sich in seinem Rekatholisierungseifer unvorsichtig zu wiederholten Malen von der Kanzel vernehmen lassen, wenn die Pfarrkinder nicht von ihrer ketzerischen Religion abstehen wollten, wolle er mit ihnen solche Possen machen, daß sie ihr Lebtag daran denken würden. Als nun tatsächlich wiederholte Ungewitter die Ernte schädigten und der Pfarrer auch für das Jahr 1590 verkündete, daß die Bauern die Getreidesäcke nicht füllen würden, beschuldigten diese ihren Pfarrer des Gewitterzaubers, verprügelten und verjagten ihn und führten einen allerdings beim Grazer Hof ergebnislosen Rechtsstreit gegen ihn[262]. Bithner, dem die ihm als Evangelischen unangenehme Aufgabe zufiel, die Oberwölzer Empörer zu verhaften, meldet in seinem Berichte darüber vom 16. Juli 1590 auch noch über den von ihm verhafteten Bettler Thomas in der Einöd bei Neumarkt, den die Bauern von Zeitschach und Mariahof des Wettermachens, des Eingrabens von Zaubermitteln bei ihren Häusern und des Rutengehens (er sucht mit „weis haselen" Ruten, deren er ein großes Bündel bei sich trägt[263]) beschuldigen zwei Monate später (1. September 1590) berichtet er von verschiedenen zauberischen Personen in Straß, Spielfeld und Jahring, die vor ihm geflohen sind.

Der älteste Zaubereiprozeß des Zisterzienserstiftes Reun bei Gratwein vom Jahre 1589[264] betrifft den fast hundertjährigen[265] Hans

---

[261] Allerdings ist es nicht unmöglich, daß die Zauberer die Springer gewesen sind.
[262] Loserth, Huldigungsstreit, II 39, 85, 90. Die Akten gedruckt bei demselben, Akten und Korrespondenzen, S. 1, 13 ff. Der Bericht Bithners Prof. Akten 1590.
[263] GWB. s. v. Hasel (Marzell).
[264] ASR. Auszugsweise gedr. bei Byloff, Zauberei S. 377 ff.

Trölpl, der des Krankheitszaubers, der zauberischen Tötung, des Viehverderbens, des Reifschickens und des zauberischen Wiederbringens von durchgegangenen Menschen und verlorenen Sachen bezichtigt wird. Die Teufelsbundvorstellung ist auch hier vertreten; er selbst gesteht, zwei Gläser zu besitzen, in die zusammen neun Teufel eingesperrt seien. Sein Schicksal melden uns die Akten nicht.

XIV. 1591 führen die benachbarten Landgerichte Biberstein und Gmünd in Kärnten einen zusammenhängenden Zaubereiprozeß gegen die Margareta, des Bauern Mertl an der Lapien Ehewirtin, die Kunigund und wahrscheinlich noch mehrere andere unbekannt gebliebene Frauen[266]. Damit in Verbindung steht der im selben Jahre vom Landgericht des Benediktinerstiftes St. Lambrecht in Steiermark durchgeführte Zaubereiprozeß gegen Kunigund Punz aus Metnitz, Gehilfin der Lindlweberin, wegen Wettermachen[267]. Sie wird ertränkt. Die Margareta hat Weitermachen und Teufelsbund- und Buhlschaft zugegeben, die Kunigund ist des Wettermachens bezichtigt. Der Ausgang ist unbekannt; doch ist mindestens die Margareta sicher hingerichtet worden.

Der Prozeß ist deshalb bemerkenswert, weil in ihm die berühmte reiche Standesherrin und frühere Villacher Bürgerstochter Anna Neuman von Wasserleonburg[268] beschuldigt wird, mehrere Frauen, die Blandl, die Gredl und die obgenannte Kunigund Punz, gegen Geld zum Weitermachen angestiftet zu haben, um dadurch das preisdrückende Mehr des Getreides zur Steigerung des Wertes der eigenen Getreidevorräte zu beseitigen. Diese Beschuldigung wiederholt sich in einem späteren Gmünder Prozeß von 1603 und ist vielleicht begründet gewesen; jedoch scheute man sich, gegen die einflußreiche Frau, deren riesiges Vermögen die Grundlage des Aufstieges der fürstlichen Familie Schwarzenberg gebildet hat, vorzugehen. Daß die Neumanin im schlimmen Rufe einer Hexe stand, ergibt sich auch daraus, daß sie in Weißkirchen bei Judenburg 1594 vom Ratsbürger Mört Schmörkhenwierfl des Wetterzaubers bezich-

---

[265] Die Altersangaben sind in älteren Strafakten gewöhnlich übertrieben, weil die Nachprüfung durch die Matriken fehlt.
[266] Abgeh. bei Jaksch S.7 ff.; Wutte S. 43 ff.
[267] Hauser S. 19; Wutte S. 48.
[268] Über sie Beckh-Widmanstetter, Grabstätten, S. 96 ff. DieZaubereibeschuldigung ist im Zusammenhange dargestellt bei Byloff, Bl. f. HK., 6. Jahrg. S. 89 ff.

tigt wurde, worüber dann ein im Ausgange unbekannter Ehrenbeleidigungsprozeß entbrennt[269].

Nach einem im bischöflich Gurker Archiv erliegenden, von mir nicht eingesehenen Akt ist 1591 beim Landgericht Grades (Kärnten) eine Zauberin aus Neumarkt prozessiert worden[270].

XV. Am 24. Mai 1594 wird in Kitzbühel die Ursula Zanggerin, Ehefrau des Paul Riedl aus Mittersill, lebendig verbrannt[271]. Maleficium und Teufelsbundvorstellung sind eng gemischt: Hexensabbat auf dem Wilden Kaiser, bei welchem der Teufel namens Pelzeepoeckh die Zanggerin feierlich heiratet, Vieh- und Milchzauber, Krankheitenanhexen, Wettermachen usw. Ihre Lehrerin war nach ihren Angaben die berühmte, weithin im Salzburger Land bekannte Haupthexe Barbara Stöckpannerin in Wagrein.

Um die Wende des 16. Jahrhunderts sind mehrere Zaubereiprozesse im Fürstentum Brixen überliefert[272]. 1592 wird vor dem Stadtgericht in Brunneck die Barbara Hinterhoferin, „ain liederlich und unruebig weib", wegen Verdachtes des Wetter- und Milchzaubers gütlich und peinlich verhört. Es ergibt sich, daß sie nur einen Abwehrzauber gegen ihr angetanes Milchverderben geübt hat, indem sie Glocken[273] und Glockenseile der Dorfkirche mit Butter beschmierte. Sie war hierbei der Meinung, daß jeder Glockenstreich, der geschehe, das Herz der Milchverderberin treffe. Man hat sie wegen Beweismangel freigelassen.

Ein weiterer Zaubereiprozeß findet 1595 in Heunfels bei Sillian im Pustertale statt. Er richtet sich gegen den Rotschneider und Wirt Christoph Gostner und findet seine Erledigung in Brixen[274]. Herausgewachsen aus einem Ehrenbeleidigungsstreite ist in diesem reinen Maleficienprozesse eine Fülle volkstümlichen Aberglaubens zutage

---

[269] SLA. Sond. Arch. Markt Weißkirchen Schub. 80 Hft. 162.
[270] Wutte S. 45.
[271] Akten im Innsbrucker Ferd. Bibl. Dipauliana Nr. 292. Bearbeitet von J. G. Obrist, Tiroler Bote 1892, S.1860, 1866, 1867. Erwähnt von Rapp S. 58 ff.; Soldan-Heppe I 535.
[272] Hartmann Ammann, Brixener Prozesse, S. 75, 144, 227 ff.
[273] Ähnliches HWB. s. v. Glocke (Perkmann). Glocke und Glockenstsrang sind Schutz- und Abwehrmittel gegen Dämonen, Krankheiten und Hexen.
[274] Hartmann Ammann, Brixener Prozesse, S. 82, 144, 227 ff. Bei Byloff, Volkskundl., S. 16 ff. ist das wichtigste volkskundliche Material des Prozesses zusammengestellt.

gefördert worden. Gostner, ein scheinbar sehr vielseitig betriebsamer Mann, hat ein ganzes Inventar an Zaubergeräten und zahlreiche Zauberbücher, Segen- und Gebetsformeln besessen; der beschlagnahmende Landrichter hat dies in fünfundsechzig Postnummern seines Protokolles zusammengestellt. Gostner übte auch die Heilkunst, kannte Abwehrzauber verschiedenster Gattung und wußte für jede Not einen guten Rat. Daß er Böses gestiftet habe, konnte ihm nicht bewiesen werden, weshalb er mit einer Geldstrafe davonkam.

Im selben Jahre wird im Landgerichte des Stiftes Spital am Pirn (Oberösterreich) Johann Christoph Podenigg von Neusiz, der sich auch für einen Priester ausgegeben hat, wegen Zauberei „aus Gnade" enthauptet und der Körper bestattet (nicht verbrannt)[275].

Ebenfalls im selben Jahre erhält in Hartberg[276] in der Oststeiermark Stefan Poßl wegen Tragen eines „Zauberpinkls"[277] 10 R. Geldstrafe.

1595 beklagt sich wieder einmal unser Jakob Bithner über die schleppende Justiz beim Stadtgericht Marburg[278]. Im Marburger Landgerichtsbezirk seien sehr viele Zauberer, doch werden sie nicht weniger; denn wenn er deren etliche einziehe, läßt man sie um Geld wieder aus.

Nach dem Ingedenkprotokoll des Landgerichtes Kremsmünster[279] ist dort am 7. Feber 1597 Ursula Huebmerin, eine Webersfrau aus Wels, wegen Zauberei und Ehebruch beim Aichertor enthauptet und an der Kirchenmauer bestattet worden. Strafe und Begräbnisart deuten auf gewöhnliches Maleficium.

1597 werden in Bludenz in Vorarlberg am 5. Juli[280] fünf Bäuerinnen, die Maria Manallin und Katharina Burkhart aus Montafon, die Petronella Gorttrin aus Nenzingen und die beiden Schwestern Elsbeth und Barbara Dünserin aus Braz vom weitberühmten Scharfrichter Meister Christoph Hiert aus Biberach[281], einer Autorität im

---

[275] Strnadt S. 228.
[276] Simmler S. 322 ff.
[277] Fetisch, der „Medizin" der Indianer Nordamerikas entsprechend.
[278] SLA. Prof. Akten 1596.
[279] Strnadt S. 205.
[280] Zum Teil abgedruckt bei Beck S. 345.
[281] An den riesigen Werdenfelser Prozessen (Garmisch, Partenkirchen, Mittenwald) von 1589 bis 1591, nimmt ebenfalls der Scharfrichter von Biberach teil — offenbar derselbe Christoph Hiert. Riezler S. 177. Daß Scharfrichter als

Hexenwesen, insbesondere in der Erkennung des stigma diabolicum, des vom Teufel auf den Körper seiner Anhänger gedruckten Hexenmales, mit Unterstützung des Bregenzer Scharfrichters Meister Jakob kunstreich auf Leitern geschmiedet und zu Pulver und Asche verbrannt. Drei Frauen wurden trotz Tortur unschuldig befunden und mußten entlassen werden.

In diesem Prozeß kommt das Schematische, das uns später überall begegnet, ebenso deutlich zum Ausdruck wie die Ansteckungsgefahr durch die Sabbatvorstellung. Ursprünglich sind es nur zwei Unholde, die verhaftet werden; in kürzester Zeit ist ihre Zahl auf acht angewachsen. Verbindung mit den Teufeln Belzebub und Bolderlinn[282], Flug mit der Hexensalbe auf den „Reittanz" (= Sabbat) am Rothorn und am Heuberg, Hagel-, Frost-, Milchzauber — dieser aber erst in zweiter Linie, das erste ist der Teufelsbund — fallen ihnen zur Last. Die Tortur ist unmenschlich; die „Amtsraittung" bucht besondere Ausgaben für die Labung der armen Frauen, die durch die Folter ganz „zerstreckt" worden sind. Die Kosten dieses Prozesses mit 503 R. 13 kr. sind außerordentlich hoch, eine Erscheinung, die vielfach wiederkehrt und die Annahme rechtfertigt, daß für die Richter, Seelsorger, Bewachungs- und Vollstreckungspersonen derartige Veranlassungen eine erstrebte Zubuße zu ihrem Einkommen bildeten. Am Malefiztage, d. h. dem Tage der Urteilsvollstreckung, mußten vierundvierzig Personen vom Gerichte verpflegt werden!

1598 wieder in Vorarlberg in den Gemeinden Tornbeuren (= Dornbirn), Ranckweil und Sulz findet eine große „Hexeninvigilierung" statt, in deren Zuge mehrere Hinrichtungen erfolgen. Dagegen erhob sich aber mit Ungehorsam und Widersetzlichkeit, ja sogar mit „Rumor" und „Aufstand" die Bevölkerung. Es ergeht daher ein Mandat Kaiser Rudolfs II. vom 23. November 1598[283], bei Vermeidung von Gefängnis und Ausweisung den Widerstand auszugeben.

Sachverständige für das Teufelszeichen überragenden Einfluß gewinnen können, beweist u. a. die Stellung, die in den furchtbaren Schongauer Prozessen 1589 bis 1592 (mit ca. 63 Todesopfern!) Meister Jörg Abriel, der Nachrichter von Schongau und zeitweise „der einflußreichste Mann im Herzogtum" einnahm. (Riezler S. 172 ff.)

[282] Wahrscheinlich Holderlin (von Hollunder, Grimm II 888). Einer der vielen Pflanzennamen des Teufels!
[283] SA. Innsbruck Ambraser Akten V 120.

In Verbindung damit steht wahrscheinlich der Erlaß der Innsbrucker Regierung vom 4. Jänner 1599 an Vogt, Hubmeister und Beamte zu Feldkirch, den Spielmann Christian Riezler zu Wazenegg zu verhaften und peinlich zu examinieren. Dieser steht nämlich im Verdachte, den vor einiger Zeit verbrannten vier Hexen von Weschpenpühl bei zwei Hexentänzen mit dem bösen Feinde aufgespielt zu haben[284].

Um 1600 (nach Schriftbefund) hat man in Aufsee im steirischen Salzkammergut den Landsknecht Thomas Hager gütlich und peinlich verhört[285], weil er mit seinem Jungen Hans Barbara den Bauern falsche „Erdmändl" (Alraunwurzeln[286]) verkaufte, wobei nach bekanntem Gaunerbrauche beide als sich nicht kennend aufgetreten sind. Das Urteil fehlt.

XVI. In den Jahren 1599 und 1600 — der Zeit des Höhepunktes des Kampfes zwischen Katholizismus und Protestantismus — geschahen in Graz aufsehenerregende Teufelsaustreibungen, aus denen sich Schlüsse auf die herrschend gewordene Teufelsgläubigkeit ziehen lassen[287]. 1599 treibt eine geistliche Kommission, bestehend aus Jesuiten und Franziskanern unter Führung des erzherzoglichen Hofkaplanes Paul Knorr von Rosenrodt der Hausbesitzerin Maria Eichhorn einen Teufel aus; der genannte Hofkaplan selbst berichtet, daß er das Zimmer, in dem die Kranke lag, manchmal „voll Teufel in großer und kleiner Gestalt in grüner, gelber oder feuriger Farbe" sah und daß es im Hause blitzte und krachte, während es im Freien klar war[288]. Viel umständlicher und weitgreifender war die darauf folgende Teufelsaustreibung an dem armen „Katherle", der dreiundzwanzigjährigen, aber seit frühester Jugend schwer psychopathischen Katharina Herbst im selben Jahre. Auch hier amtet eine geistliche Kommission unter Führung des Stadtpfarrers Laurenz

---

[284] SA. Innsbruck Kop. Büch. Walgew (?) X fol. 2. Zitiert nach Riezler S. 180 Anm. 1.
[285] SLA. Sond. Arch. Aussee Schub. 193.
[286] Die echte Mandragora war selten und sehr teuer; daher sind die von den Fahrenden gehandelten durchwegs falsch. Verfälschung gewöhnlich mit Zaunrübe (Bryonia dioeca Linn.) Vgl. Marzell S. 330.
[287] Schuster S. 627 ff. Die Darstellung fußt auf der Hdschr. des Exorzisten Paul Knorr von Rosenrodt im Grazer Ordinariatsarchiv. Die Teufelsaustreibung an Heinrich von Mesyn ist eingehend dargestellt bei Byloff, Teufelsbündler.
[288] Dies ist eine Art Salonwettermacherei, die in Zaubereiprozessen nicht selten erwähnt wird. Auch mit der Variante, daß es in einer Zimmerecke gewittert, während in der anderen die helle Sonne scheint.

Sonnabender, später Knorrs von Rosenrodt. Aber auch Erzherzog Ferdinand, der spätere Träger der Kaiserkrone, mit dem Hofe, der päpstliche Nuntius und der Gegenreformationsbischof Martin Brenner nahmen sich der Sache an, ebenso die Jesuiten der Universität. Um ein Haar wäre aus der Sache ein Zaubereiprozeß gegen den Arzt Michael Schießl in Vasoldsberg bei Graz, der das Mädchen behandelt hatte, geworden; denn man erzählte sich von ihm, er halte drei Teufel in einer Flasche eingesperrt, könne ansprechen und Wetter beschwören. Nur der vernünftigen Entscheidung des Bischofs, der dem Arzte gebot, solches künftighin zu lassen, ist es zu verdanken, daß man sich über den Bauernarzt beruhigte. In Graz und in Straßgang sowie in der hochgelegenen Wallfahrtskirche des Florianiberges bei diesem Dorf fanden zahlreiche Beschwörungen durch Monate hindurch statt; an ihnen nahm auch der Bruder Ferdinands, Erzherzog Leopold, der postulierte Bischof von Passau, auf Grund seiner niederen Weihen als Exorzist teil. Die Beschwörungen verursachten der Kranken schwere Krämpfe; die Teufel, die in ihr steckten, erschienen in Gestalt glitzernder schwarzer Käfer auf ihrer Zunge; einmal gelang es sogar, einen dieser Insektenteufel zu fangen und zu verbrennen. Ein anderer Teufel bat um die Erlaubnis, dem lutherischen Prädikanten von Eisenerz in den Bauch fahren zu dürfen. Endlich gelang am Neujahrstage 1600 die endgültige Erlösung. Die Sache war im Ausgange ein Glücksfall für das Katherle; denn der Hof übernahm ihre weitere Versorgung.

Dies veranlaßte einen angeblich adeligen Studenten evangelischen Glaubens an der Grazer Universität, der sich Heinrich von Mesyn nannte, im unmittelbaren zeitlichen Anschlusse zu einer grotesken Konvertierungskomödie. Er bekannte den Jesuiten, daß er sich dem Teufel mit einer Bluturkunde ausgeliefert habe. Nun setzen — wieder unter Einflußnahme des Hofes — geistliche Bemühungen der Jesuiten und Knorrs, der das Hauptverdienst für sich in Anspruch nimmt, ein, um dem Teufel diese Urkunde abzujagen. Die Art und Weise, wie der Schwindler schließlich die Urkunde tatsächlich zum Vorschein bringt — der Teufel hatte sie ihm angeblich nachts im Jesuitenkonvent zurückgestellt — und vor allem die eisenfeste Dummgläubigkeit, mit der Jesuiten und Hof blindlings und ohne Kritik alle seine handgreiflichen Lügen hinnehmen, ist höchst komisch. Heinrich von Mesyn belehrt sich zum Katholizismus, und die Teufelverschreibung wird am 18. Juni 1600 vom Grazer Stadtpfarrer feierlich vor einer großen Menschenmenge in der Kirche an dem Altare verbrannt[289].

Solche Teufelsaustreibungen waren im 17. und 18. Jahrhundert in den Alpenländern häufig[290]; sie sind Fleisch vom Fleische der Zaubereiprozesse, da sie auf der gleichen Grundlage des Teufelsglaubens beruhen, und haben die gerichtlichen Verfolgungen zeitlich überlebt, weil die praktischen Wirkungen verhältnismäßig harmlos sind. Der Fall Mesyn, der einem Großen auf dem Gebiete der Hexenliteratur, dem Jesuiten, Grazer Universitätsprofessor und eminent gelehrten lumen mundi Martin Delrio[291], dessen disquisitiones magicae an Verbreitung und Einfluß dem Hexenhammer nahekommen, bedeutsam genug erschien, um ihn in sein Standardwerk aufzunehmen[292], lehrt uns insbesondere, daß in der Grazer Hofgesellschaft im Jahre 1600 die Meinung von der Ungeheuerlichkeit des Teufelsbundes als eines Verbrechens des weltlichen Rechtes noch keineswegs voll entwickelt war und daß der drei oder vier Jahrzehnte jüngere Haß gegen die sektenmäßig auftretenden teufelsbündlerischen Weltzerstörer noch nicht bestand. Der Hof hätte es sonst unmöglich wagen dürfen, einen geständigen Teufelsdiener — auch wenn er sich bekehrte — öffentlich in Schutz zu nehmen, zu retten und zu unterstützen.

---

[289] Als weiterer Beleg für die Einstellung des Grazer Hofes zur Frage der Zauberei — jenes Hofes, der durch die Vermählung Erzherzog Ferdinands, des nachmaligen Kaisers, mit Maria Unna von Bayern, der Schwester Maximilians, des ärgsten Hexenverfolgers unter den bayrischen Fürsten, eine besondere Steigerung in der Richtung borniertesten Zauberglaubens erfahren hatte — diene die Legende von der Bezauberung des Erzherzogs Mathias durch seine Freundin Susanna Wachter, über die Maria Anna in einem Schreiben aus Graz an ihren Vater berichtet und die Gegenstand längerer Verhandlungen mit Bischof Khlesl gewesen ist. In einem Kloster brenne Tag und Nacht ein Licht — sagt die Briefschreiberin —; solange dieses nicht gelöscht sei, sei Mathias unlösbar an seine „Vettel" gebunden. Von München sendete man daraufhin den Rat Viepeck nach Graz, der hier „solche specialissima, welche der Federn nicht zu vertrauen" erfuhr. Stieve, Wittelsbacher Briefe VII 746 ff., auch in der Einleitung S. 682 ff.; Riezler S. 196 ff.

[290] Namentlich die Jahresberichte, die litterae annuae des Jesuitenkollegiums in Graz, bringen häufig Nachrichten über Teufelsaustreibungen. Vgl. die Nachweise bei Schuster S. 627 ff. Vgl. auch 1590 die Teufelsaustreibung an einer Edelfrau in der Schottenkirche zu Wien. Schlager S. 33 ff.

[291] Über ihn (sehr objektiv!) sein Ordensbruder Bernhard Duhr, Stellung der Jesuiten, S. 39 ff.; Bursian in der allg. deutsch. Biogr. 5. Bd. S. 44.

[292] Disquisitiones magicae, lib. 6.

Delrio hat übrigens von Graz aus auch in die Praxis der Hexenprozesse direkt eingegriffen. So erstattet er 1602 neben anderen Sachverständigen ein juristisches und theologisches Gutachten zum Münchner abscheulichen Zaubereiprozesse gegen die Landstreicherfamilie Gamperle, in dem er die Zulässigkeit der peinlichen Frage bejaht, und läßt später noch ein zweites und drittes Gutachten folgen[293].

XVII. Beim Stadtgericht Gmünd in Oberkärnten ist 1600 Magdalena Waichler als Zauberin eingezogen und im Rathause gütlich vernommen worden[294]. Ursache des Verfahrens war die Hingabe der kurz zuvor hingerichteten Zauberin Elsbet Weisz. Außer der Kunst, dem Vieh „aufzusprechen" (Gegenbeschwörung gegen das „Vermeinen"), wofür sie eine schöne, noch stark heidnisch klingende Segenformel anführt, hat sie nichts Erhebliches zugegeben. Beachtenswert ist die gehässige Aussage eines als Zeugen vernommenen Bauern.

Beim selben Gerichte werden 1603 Luzia Reineggerin und Hans Träxler wegen Wettermachen, Umgang mit dem Teufel und Luftfahrt hingerichtet[295]. Der letztere behauptete, wie die Frauen des Bibersteiner Prozesses von 1591, von Frau Anna Neuman von Wasserleonburg zum Wettermachen angestiftet worden zu sein.

1601 ist beim Landgericht Straßburg in Kärnten die Ursula Leitner wegen Wettermachen auf den Pranger gestellt, mit Ruten gezüchtigt und landesverwiesen worden[296].

Aus dem Jahre 1603 haben wir Andeutungen über einen Zaubereiprozeß in Gaunersdorf (Niederösterreich, Viertel unter dem Mannhartsberg) gegen die Witwe und Kastenamtsuntertanin Barbara Prunnerin[297]. Sie war offenbar die Dorfhexe, die von fünf Nachbarn geübter und angedrohter Zauberei bezichtigt wurde. Der Kammerprokurator Dr. Wolfgang Schwander äußert sich gutachtlich, man solle die Prunnerin ins Stadtgericht Wien liefern, dort nochmals gütlich vernehmen und dann über die Zulässigkeit der peinlichen

---

[293] Vgl. Karl Albert Regner, Arch. Zschr. VI S. 244 ff.; Riezler S. 198 ff., 213 ff.
[294] AKGV. Gmünder Arch. Fasz. XXXVIII Nr. 137. Beh. bei Wutte S. 44, Byloff, Volkskundl., S. 18 ff.
[295] Wutte S. 45; Jaksch, Car. I 1894, S. 9-15.
[296] Hauser S. 20; Wutte S. 57.
[297] Wien. Hofkammerakten, Ber. n. ö. Kammerprof. Dr. Wolfgang Schwander (24. X. 1602 Nr. 1412).

Frage entscheiden. Der Bericht befaßt sich auch mit einem Ehrenbeleidigungsstreit, der in Gaunersdorf gegen Mat. Augustin wegen erhobener Zaubereibeschuldigungen anhängig ist.

1601 und 1603 waren im Kriminalhause in der Himmelpfortgasse in Wien zwei Zauberinnen in Untersuchung. Beide finden ein tragisches Ende. Die eine springt aus Verzweiflung selbstmörderisch in den Brunnen des Gefangenenhauses, während die zweite unter der grimmigen Tortur stirbt[298].

In diesem Zusammenhange mag auch ein außerhalb unseres Forschungsgebietes liegender, aber wegen der räumlichen Nähe beachtenswerter Zaubereiprozeß in der damals ungarischen Stadt Preßburg erwähnt werden[299]. Nach dem „Urgichtbuch" dieser Stadt, das die in dieser Stadt vorgekommenen Kriminalfälle von 1584 bis 1610 enthält, sind 1602 an der gewöhnlichen Richtstatt vor dem Stadttore zwei Frauen, die Agatha Toott Borlobaschin und die Elisabeth, des Dionys Nagsanny Hausfrau von Muckendorf, wegen Zauberei lebendig verbrannt worden. Die unter der Folter bestätigten Anschuldigungen sind Vergiftung, Krankheitszauber, Hexenflug mit der aus einer Kindesleiche erzeugten Salbe (auf einer „Reiter"), Verkehr mit dem Teufel Kielman (Koloman?), Milchzauber usw. Die mehrfachen Nennungen von Mitschuldigen deuten darauf hin, daß dieser Prozeß einen größeren Umfang gehabt hat[300].

1605 gesteht die Anna Reisacherin gütlich vor dem Marktrichter von Gratwein bei Graz, das bei ihr gefundene Totenbein habe sie

---

[298] Schlager N. F. 2. Bd. S. 33 ff. Vielleicht mit der Gaunersdorfer Zauberin wesensgleich!

[299] Veröffentlicht und besprochen von Richard Horna, Příspěvky k dějinám procesů s čarodějnicemi v západním Slovensku (Sbírka přednášek a rozprav extense university Komenského v Bratislavě, Bd. 23, Hft. 1). Auch deutsch erschienen: „Zwei Hexenprozesse in Preßburg" (Bratislava 1933).

[300] Die ungarische Gesetzgebung der frühen Zeit ordnete für Zauberei erst im zweiten Rückfall Auslieferung an den weltlichen Richter an; vorher unterliegt sie nur der Kitchenstrafe (Codex juris Hungariei tom. I pag. 170, S. Stephani regis decretorum lib. II, cap. 31). König Koloman (1095-1114) verbot sogar die Zaubereiprozesse überhaupt, weil es keine Zauberei gebe (Codex juris Hungariei tom. I pag. 149, Colomani regis decretorum lib. 1 cap. 57: „De strigis. De strigis vero, quae non sunt, nullu questio fiat.") Vgl. darüber und über das Vorkommen von Hexenverfolgungen in Ungarn Horna a. a. O.

den Schweinen in den Trank gelegt, um dadurch schöne Schweine zu ziehen, einer der vielen Fälle des Totenzaubers[301].

XVIII. Aus der Zeit von 1601 bis 1604 sind beim Landgerichte des Benediktinerstiftes St. Lambrecht bei Neumarkt in Steiermark ganz auf dem neuen Hexenglauben beruhende Zaubereiprozesse erhalten[302]. Den Anfang macht ein Landstreicher Namens Dionys, der auch zwei Raubmorde auf dem Gewissen hat und gesteht, zusammen mit einer Gefährtin, der Bärbl, und ihrer Tochter, im Umherziehen zahlreiche Gewitter gemacht zu haben, wobei er auf einem zottigen Rosse in Widdergröße durch die Luft flog. Auch er hat mit Totenknochen gezaubert und seiner Gefährtin einen auf einen Zettel geschriebenen Schloßsegen mit Brot zu essen gegeben, worauf das Schloß, das sie angriff, von selbst aufsprang; er beteuert, den Erfolg dieses Zaubers selbst probiert zu haben. Er wurde am 5. August 1602 lebendig verbrannt; das wegen der Morde verwirkte Rädern vor der Veraschung schenkte man ihm aus Barmherzigkeit.

Der Prozeß setzt sich gegen die zehn- bis zwölfjährige Tochter der erwähnten Bärbl, die Greschl, fort. Diese bestätigt mit allerlei phantastischen Ausschmückungen das zauberische Gebahren ihrer Mutter und des Dionys mit Wettermachen, Fliegen, Tanzen mit dem Bösen im Pargasser Wald, sowie Zauber verschiedenster Art. Sie gibt auch sechs angebliche Teilnehmerinnen an diesen Tänzen aus der ferneren Umgebung an, so daß weitere Ausdehnung des Prozesses zu vermuten steht. Man hat nicht das Herz gehabt, das verkommene Landstreicherkind zu töten, obwohl, wie wir später sehen werden, auch zarteste Jugend vor dem Feuertod nicht schützte. Die Greschl wurde vielmehr milde genug für die Unterbringung in einem Nonnenkloster in Aussicht genommen, damit sie ihrer boshaften Mutter nicht wieder in die Hände komme, und einstweilen mit Arbeit beschäftigt.

1604 wurde der alte Landstreicher Hansel von der Metnitz wegen Verkehr mit dem Bösen und Gewittermachen mit dem Schwerte gerichtet und der Körper verbrannt. Er war schon zwei Jahre vorher in Haft gewesen, aber gegen Urfehde, die er dann brach, entlassen worden[303].

---

[301] ASR. Auszugsweise gedruckt bei Byloff, Zauberei, S. 386.
[302] Abgedruckt bei Zahn, Steierm. Geschichtsbl., 3. Jahrg. S. 129 ff.
[303] Zahn (s. Anm. 115) S. 134.

Wahrscheinlich gingen diese St. Lambrechter Prozesse auf die Initiative des damaligen Hofrichters Ludwig Wurmb zurück, der im Verfahren den Vorsitz führte. Wahrscheinlich haben auch noch mehr Prozesse stattgefunden. Immerhin können wir noch 1610 einen Zaubereiprozeß mit Wurmb als Richter gegen Mutter und Sohn, die zweiundsiebzigjährige verwitwete Schneiderin Margareta Lechner und ihren Sohn Anderl, der auch dem Judenburger Pfarrer Meßgewänder gestohlen hat und zur Zeit der Prozessierung der Mutter schon hingerichtet zu sein scheint, nachweisen[304]. Sie ist nach ihrer eigenen Angabe Meisterin in der Erzeugung von giftigem Stupp, den sie den Leuten unterstreut und dadurch bewirkt, daß diese „erkranken, abdorren, krumm und lahm werden". Sagar die Frau des Hofrichters Wurmb hat sie so geschädigt. Auch mit dem Bösen namens Kasperl hat sie lange Buhlschaft getrieben und von ihm einen anderen Teufel, in Glas[305] gebannt, erhalten, der sie in ihrem Nebenberufe als Zauberärztin berät. Am 15. Juli 1610 wird sie lebendig verbrannt.

Endlich finden wir 1614 in St. Lambrecht — allerdings schon unter dem Vorsitz eines anderen Hofrichters — einen Prozeß gegen den angeblich achtundneunzigjährigen Wettermacher Marx Schöpfer, der am 18. August 1614 mit dem Schwerte gerichtet, der Körper hernach verbrannt wird[306]. Er ist sein Leben lang Senner gewesen und kennt verschiedene mit der Viehhaltung und Milchwirtschaft im Zusammenhang stehende abergläubische Kunststücke. Das Zaubern hat er von einer alten „Brentlerin" (Almhirtin) gelernt, die auf der Frauenburg bei Unzmarkt schon als Hexe verbrannt worden ist. Der Teufel führt bei ihm den merkwürdigen Namen „Schwienkhl Mayr Khälbl"[307].

Die St. Lambrechter Prozesse zeigen einheitliche Beschaffenheit. Ihr hauptsächlichster Tatbestand ist Wettermachen gemischt mit kirchlich-inquisitorischen Teufelsvorstellungen. Es war offenbar Wurmb, der diese Praxis in St. Lambrecht eingeführt hat. Wir werden noch wiederholt Gelegenheit haben, den Einfluß der Persönlich-

---

[304] SLA. Sond. Arch. St. Lambrecht.
[305] Über Flaschengeister, Hausgeister, Glasteufel HWB. s. v. Flaschengeist (Mengis)
[306] Zahn (oben Anm. 115).
[307] Schwinkl im steir. Dial. = der schwingende Teil des Dreschflegels (Unger-Khull S. 566). Kalbeln, kälbeln = scherzen, schäkern (Schmeller I S. 1238).

keit des Richters auf die Gestaltung und den Umfang der Verfolgung kennen zu lernen.

XIX. Im Gerichte des oststeirischen Marktes Vorau, der zum Besitze des gleichnamigen Chorherrnstiftes gehörte, ereigneten sich im ersten Dezennium des 17. Jahrhunderts verschiedene Händel wegen Zauberei. 1604 steht der Lederer Peter Kropfhäntzel vor Gericht, weil er wegen schlechten Geschäftsganges einen Totenkopf aus dem Friedhof geholt und als Glückstalisman in seiner Werkstatt aufgestellt hat. Es ergeht nur eine Geldstrafe, da nach der milden Auffassung der Richter die Tat nicht zauberisch, sondern „ex simplicitate et casus ignorantia" geschehen sei[308].

1605 wird Merth Sank am Kreuzbühel in der Varinger Pfarre wegen zauberischen Tötens des Viehes seines Nachbars Bartl zu 50 R. Geldstrafe und einem halben Jahr Gefängnis verurteilt. Der Beschuldigte hat nach seiner Verantwortung nur gerechte Wiedervergeltung geübt; denn er hatte den Bartl im Verdachte, ihm selbst sieben Stück Rindvieh umgebracht zu haben. Er hat daher auf den Rat eines ländlichen Zauberkundigen eines der gefallenen Stücke in einen Ameisenhaufen vergraben und war der festen Überzeugung, dadurch seinem Feinde den Viehschaden zugefügt zu haben[309]. Ein nicht häufiger Fall! Der Zauberer gibt die Tat zu und ist von ihrer Wirksamkeit überzeugt.

1606 schickte der Gotteshausuntertan Lipp am Berg mit dem Osterfleisch auch Krötenfüße zur gebräuchigen Osterweihe in der Meinung, dadurch ein hochwirksames Heilmittel gegen Krankheiten zu gewinnen[310]. Die Richter berücksichtigten die Einfalt und den guten Ruf des Mannes und ließen es bei einer Geldstrafe bewenden[311].

XX. Aus dem Jahre 1604 haben wir Andeutungen dafür, daß in diesem Jahre in der Stadt Rovereto in Welschtirol eine große Hexenverfolgung gegen Angehörige des dortigen Stadtpatriziates im

---

[308] SAV. Gerichtsprot. fol. 101.
[309] Über ähnliche Fälle von Ameisenzauber HWB. s. v. Ameise (Stemplinger).
[310] Über Krötenfleisch als Heilmittel Hovorka-Kronfeld I S. 260 ff. und Wuttke S. 408.
[311] 1625 liest im Hause desselben Lipp am Berg in der Faschingszeit ein angeheiterter Schuster eine gotteslästerliche Spottmesse. Darauf werden alle sechs Beteiligten aus der Pfarre abgeschafft (Prot. fol. 102).

Gange war[312]. Der Verwalter von Rovereith berichtet unterm 16. Oktober und 20. November 1604 an den Landesfürsten Erzherzog Maximilian über die „incantationes" der Hexen. Vier Personen aus der Stadt, darunter Josef Friz, Bernhardus Vigolanus und Michael Lauraner sind bereits verurteilt worden. Die Prozessierung der zauberischen Weiber, insbesondere der Susanna Frizza, Frau des Pero Gandino, widerrät er, weil sie den vornehmsten Geschlechtern der Stadt angehören. Verfolgungen der Stadtbevölkerung gehören in den österreichischen Alpenländern zu den Seltenheiten.

Aus einem leider unvollständigen Akte des fürstlichen Hofarchivs Brixen[313] erfahren wir von einem schauerlichen Zaubereiprozeß des Landgerichtes Heunfels bei Sillian gegen den Dieb, Mörder und Zauberer Blasius Putzhueber aus Windisch-Matrei von 1605. Wir kennen nur das Urteil. Putzhueber soll wegen der Diebstähle einen Strang um den Hals zum Hochgerichte tragen, wegen „seiner gebrauchten Mörderei" vier Stöße mit dem Rad — aber ohne den sogenannten Gesellenstoß, d. h. den tödlichen Stoß — erhalten, endlich wegen seiner vielfältigen Zaubereien und Kirchenfrevel auf das Rad geflochten und mit dem Rade lebendig verbrannt werden. Eine wahre Wollustorgie der Grausamkeit! Das Hofgericht Brixen hat „aus Gnade" den Gesellenstoß angeordnet, so daß der Brand nur an der Leiche vollzogen worden ist. Nicht weniger als dreizehn Personen, über deren Schicksal Unklarheit herrscht, sind in den Prozeß verwickelt und außerdem findet sich noch die schwerwiegende Bemerkung, daß von den sieben anderen „Gespanen" vier zu Lienz, zwei zu Toblach und einer zu St. Lorenzen (wo?) hingerichtet worden seien. Putzhueber war ein Landstreicher, den der Heunfelser Landrichter Sigmund Mor persönlich auf der Straße getroffen und verhaftet hatte.

Zu verweisen ist noch auf den Zivilprozeß zwischen Georg Walter aus Lentzenebne der Pfarre Fließ und der Ehefrau des Thomas Schwartzl aus 1608 vor dem Herrschaftsgericht in Landeck (Tirol, Oberinntal)[314]. Es handelt sich um den Vorwurf der Zauberei gegen die Schwartzlin, der zur Ehrenbeleidigungsklage Anstoß gibt. Vor-

---

[312] SA. Innsbruck ält. Kameralakten Nr. 444, 447.
[313] Hartmann Ammann, Brixener Proz., XI. S. 237 ff.
[314] SA. Innsbruck, Prozeßakten Nr. 1355.

handen sind umfangreiche Satzschriften, die sich auf den Wahrheitsbeweis beziehen. Der Ausgang fehlt.

Nach der Klagenfurter Reimchronik[315] ist 1607 in Klagenfurt die Anna Maria eingezogen worden, weil sie ihre Seele dem Teufel versprochen hatte und mit dem „Kronengebet" (Coronagebet), einem viel verbreiteten, nach Ende des 18. Jahrhunderts sehr beliebten Schatzgebet[316], Schwindel zum Nachteile der Bauern trieb. Sie war eine Abenteuerin, die u. a. in Männerkleidern den Türkenkrieg mitgemacht hatte, wurde peinlich verhört und bekannte, daß ihr der Teufel zum Pfand die rechte Zehe ausgerissen habe. Man hat sie schließlich mit Ruten gestrichen.

1608 läuft in Aussee ein Verfahren gegen den Augsburger Arzt Hans Diemut, der wegen abergläubischen Schatzgrabens eine Leibesstrafe erhält und deswegen einen Urfehdebrief ausstellen muß[317].

1609 gesteht auf der Frauenburg im oberen Murtal bei Unzmarkt der gartierende Soldat Bastl Föst im peinlichen Verhör[318], daß er zum Zwecke des Festmachens Johannessamen und Totenmoos[319] in seinen Körper einzuheilen versucht habe.

Daß ähnliche Künste nicht ungefährlich waren, beweist ein Strafprozeß aus demselben Jahre des Landgerichtes des Klosters Kremsmünster (Oberösterreich[320]), wonach Gabriel Grubmayr, ein Wahrsager und Planetenleser, deshalb und wegen vieler Diebstähle mit dem Strange gerichtet worden ist.

XXI. Die Hexenbrände in Vorarlberg leben 1609 wieder auf[321]. In diesem Jahre sind in Bregenz allein sechzehn Personen hingerichtet worden, darunter Melcher Schueller von Ammenegg, ein „Viehsegner", die Margareta Stauderin, Martin Talers Hausfrau, die Agnes Hermännin, des Manns Weib, die Margareta Knitterlin, eine schwere Hysterikerin, die Anna Faunßlerin, die Elisabet Stamlerin,

---

[315] In der Ausgabe von Khull. Über den vermutlichen Verfasser K. Torggler.
[316] Die heil. Corona wird als „Erbschatzmeisterin über die verborgenen Schätze" angerufen. Vgl. HWB. s. v. Coronagebet (Jacoby).
[317] SLA. Sond.-Arch. Aussee Schub. 193.
[318] SLA. Sond.-Arch. Stubenberg 76. Fasz. Byloff, Volkskundl., S. 20.
[319] = Farnkrautsamen und Moos von Totenschädeln (namentlich von Gerichteten). Über die Zauberkraft des Johannessamens Zingerle, Johannessegen, S. 214.
[320] Strnadt S. 206.
[321] Allgäuer XII, S. 61 ff.; Vonbun, Beitr., S. 87. Die Akten erliegen im Stadtarchiv Bregenz.

das Annale von Ach und die Ursula Reinerin. Auffallend ist hierbei die große Bedeutung, die im „Ländle" das Segensprechen besitzt. Nicht nur, daß die Bezichtigten selbst Kenntnis des „Segnens", d. h. des Sprechens von Zauberformeln zur Heilung menschlicher und tierischer Krankheiten verraten, die Akten vermitteln uns auch die Nachricht von weitberühmten Berufssegensprechern, wie des Baltus von Buch, des Lipp von Schwarzbach u. a. Die Sabbat- und Teufelsvorstellung ist voll entwickelt.

Mit diesen Prozessen und solchen aus dem Jahre 1610, die gleichfalls in Bregenz stattgefunden haben, stehen in Verbindung drei Gutachten[322], die von Dr. Karl Kübler, gräflich Embsischen Rat und Obervogt, einem Dr. Diethelm Alinus und einem Christoph Schalckh über die Frage erstattet worden sind, ob der Nachlaß von „etlichen unlängst in Bregenz hingerichteten Hexen" eingezogen werden dürfe. Die oberösterreichische Regierung schlägt am 11. März 1611 vor, der Landesfürst möge den Amtsleuten anheimstellen, nach Ermessen zu handeln und nach der Zahl der Kinder den halben, dritten oder vierten Teil des Nachlasses wegen Zauberei hingerichteter Personen einzuziehen.

Die Verfolgungen in Vorarlberg scheinen, obwohl wir nicht für alle Aktenbelege haben, überhaupt nicht aufgehört zu haben. 1615 liegen Akten über neuerliche Prozessierungen in Bregenz vor, gegen die Anna Gaisbächin aus Lautrach, die mit zwei vom Teufel „zugerichteten" Katzen ausfährt, gegen den Jakob Bierenbomer, der mit Leichenwasser ein großes Gewitter verursacht hat, gegen die schwer gefolterte Margareta Schneiderin, gegen Jakob Halder, die Agnes Thoblerin von Wolfurt, die trotz ihrer Hexerei eine fromme Frau ist und Wallfahrten nach Maria-Einsiedeln veranlaßt, gegen Jerg Schertler und die Geschwister Margareta und Elsa Würthin. Die Häufigkeit der Zaubereiprozesse in Vorarlberg hat sich auf die Sagenwelt des Landes ausgewirkt[323]. Nach dieser ist der Zamang in Montafon der berühmteste Hexentanzplatz; auch sammeln sich die Hexen bei der Wildkirche der Kanisfluh, auf der Annaalpe und so weiter. Zahlreiche Hexen aus dem Elsaß besuchen diese Tanzplätze. Milch- und Wetterzauber ist Gegenstand der Sage. Namentlich der

---

[322] SA. Innsbruck Ambraser Akten V 120.
[323] Vonbun, Sagen (herausgeg. von Sander), S. 148 bis 162.

Zug, daß das in die Wetterwolke geschleuderte Messer in der Hexe stecken bleibt, deutet auf uralte dämonistische Vorstellungen.

XXII. 1611 erwischt der steirische Landprofos Wolf Glöderl in Ehrenhausen (an der Sprachgrenze bei Leibnitz) die als Zauberin berüchtigte Lenggo (Helena) Frauheimbin und liefert sie an das Stadtgericht Marburg[324]. Sie erklärt sich im gütlichen Verhör selbst des Todes schuldig, da sie zwei Menschen zauberisch getötet und einen Nachbarn mit dem Saft einer schwarzen Beere (Tollkirsche?)[325] sinnlos gemacht habe. Ein sehr charakteristischer Anfang eines Zaubereiprozesses, der aber unerwartet mit der Entlassung der Beschuldigten endet.

1611 findet ferner der Messe lesende Priester der Spitalskirche in Aussee unter dem Altartuch ein verdächtiges Säckchen[326]. Es stellt sich heraus, daß der Mühljunge Mathias Schalckh dieses Säckchen, das „Blutkraut"[327] und einen Leinwandlappen mit dem ersten Menstrualblut einer Jungfrau[328] enthielt, mit Unterstützung des Meßners unter das Tuch praktiziert hat. Nach drei darüber gelesenen Messen hätte er sich damit nach seiner Überzeugung fest machen können. Sein Aberglaube wird mit Gefängnis und drei Talern Sühnegeld an das Gotteshaus bestraft.

1612 berichtet der Stubenbergsche Landgerichtsverwalter Josef Haidenreich von Schloß Gutenberg bei Weiz in der Oststeiermark[329], daß er die „Wettermacherin und Ausfahrerin" Sabina Kalcherin peinlich verhört habe. Diese habe den Schneider Hans Nistlberger am Kulm bei Weiz als Sabbatsteilnehmer bezichtigt. Haidenreich verlangt daher vom Landprofosen die Verhaftung des Schneiders. Aus einem späteren Akte des Stadtarchivs Hartberg von 1629[330] entnehmen wir, daß die Kalcherin noch 1612 in Gutenberg mit dem Feuer vertilgt worden ist, ebenso deren Mutter Ursula, des

---

[324] SLA. Prof. Akt. 1611.
[325] Atropa Belladonna Linn., ein volkskundlich sehr bekanntes Mittel zum Liebeszauber. Hovorka-Kronfeld II 176.
[326] SLA. Sond.-Arch. Aussee; Byloff, Zauberei, S. 386 ff.
[327] Benennung für verschiedene Pflanzen; hier wahrscheinlich das Schöllkraut (Chelidonium maius Linn.). Vgl. Marzell, Alte Heilkräuter, S. 25 ff.
[328] Ein volkskundlich viel verwendetes Heil- und Zaubermittel! Wuttke S. 345, 365 b ff., Hovorka-Kronfeld II 147, 171 u. a. Als Mittel zum Festmachen sehr bekannt [HWB. s. v. festmachen (Beth)].
[329] SLA. Prof. Akten 1612.
[330] Simmler S. 323.

Koloman Queckh am Kulm Ehewirtin, in Hartberg. Nistlberger muß damals freigekommen sein. Aber 1629 — also nach siebzehn Jahren! — ist er neuerdings im Schloß Ober-Fladnitz bei Weiz (jetzt Schloß Thannhausen) wegen Zauberei in Haft, diesmal nicht nur wegen der alten Geschichte, sondern auch wegen Wettermacherei und Ausfliegen mit zwei vor etlichen Jahren in Neydtberg (Herbersteinsches Schloß Neuberg bei Hartberg) verbrannten Hexen, der alten Plaß Maurerin, Herrn Freißmuths am Külbel gewesener Untertanin, und ihrer Tochter. Auch diesmal hat seine Überweisung Schwierigkeiten verursacht, weil die beiden Frauen angeblich ihre Beschuldigungen zurückgezogen haben. Die Erscheinung, daß alte Zaubereiprozesse nach vielen Jahren trotz erfolgter Einstellung wieder aufleben, weil das Gerücht nicht verstummen will, ist nicht selten zu beobachten.

Im selben Jahre 1612 wird der Bettler und Landstreicher Jonas Schwitz mit seinem Eheweibe vom Landgericht Villanders in Südtirol wegen vermuteten Wettermachens prozessiert[331]. Zahlreiche vernommene Zeugen vermögen nichts von Belang anzugeben, so daß die beiden schließlich gegen Urfehde aus der Haft entlassen werden.

1612 ist auch in Luttenberg ein Ehrenbeleidigungsprozeß zwischen der Mällegin und dem Andreas Zügans und seinem Weib wegen des Vorwurfs der Zauberei im Gange. Beide Teile werden summarisch an die Eisen geschlagen, bis sie sich ausgeglichen haben[332]. Über einen 1613 beim Landgerichte eines steirischen geistlichen Stiftes durchgeführten Zaubereiprozeß gegen einen Stiftsuntertanen und ehemaligen Viertelrichter Hans Rainer (wahrscheinlich verstellter Name) sind wir durch Gräff unterrichtet[333]. Rainer wurde von einem neidischen Nachbarn wegen Milch- und Feldzauber, Krankheitenanhexen, aber auch wegen Verkehr mit dem Teufel und Ausfahren angezeigt. Seinem Verteidiger gelang es nach einem langen Beweisverfahren, bei dem es sich u. a. herausstellte, daß das schwarze Mandl mit den glühenden Augen, das man bei Rainer gesehen hatte, die gelehrige Hauskatze gewesen war, das Verfahren

---

[331] SA. Innsbruck. Hdschr. 2073. Es ist dies einer der viel zahlreicheren Hexenprozesse des Nonstales von 1612 bis 1615. Vgl. Panizza VII 85 und Maffei.
[332] SLA. Sond.-Arch. Markt Luttenberg Schub. 22 Hft. 67. Erwähnt bei Gubo S. 146.
[333] Gräff S. 214 ff.

zur Einstellung zu bringen. Dieses lebte aber wieder auf,[334] als der Anzeiger kurz darauf unter Krämpfen starb; Rainer wurde gefoltert, gestand und wurde verbrannt.

Für 1613 ist weiters aus einem Berichte der oberösterreichischen Regierung an den Landesfürsten zu ersehen, daß in Tirol zwei Personen H. und W. wegen Zauberei verhaftet werden sollen[335].

Ein nicht uninteressanter Zivilrechtsfall, der die Zaubergläubigkeit der Zeit kennzeichnet, ist 1615 in Kufstein in Tirol zwischen Josef Teißlpacher, Bürger und Seiler zu Hall, und Christian Manmoser aus Wörgl anhängig[336]. Ersterer hat von letzterem einen „Geist" oder ein „Geldmandl", d. i. den wohlbekannten Alraun um hundert Gulden gekauft[337]. Nachträglich fühlt sich aber Teißlbacher betrogen und verlangt sein Geld zurück. Die Entscheidung ist leider nicht bekannt.

1615 finden wir auch beim Landgerichte Straßburg in Kärnten ein Strafverfahren gegen die im Landgerichte Albegg verhaftete Zauberärztin Magdalena Fäninger[338]. Sie wird auf Befehl des Landeshauptmannes entlassen.

XXIII. Im Jahre 1615 wird nach einem langen Zuständigkeitsstreit wieder ein Landstreicher und Bettler, der junge Wolfgang Zellwieser aus Gastein, vom Landgericht Lienz[339] wegen Gottesleugnung, Schnee- und Windmachen, Teilnahme an drei Raubmorden und einiger Diebstähle zuerst gerädert und dann verbrannt. Die Lehrmeisterin im Zaubern, die Sennin Christina, die die Kunst verstand, durch Eingraben von Gegenständen im Sommer knietiefen Schnee zu machen, ist nach seinen Angaben schon früher in Mittersill in Salzburg hingerichtet worden. Zellwieser hat dem Teufel in der Gestalt, „wie er gemalt wird", Gefolgschaft gelobt, Gott abgesagt und das Kreuzbild verunehrt.

1614 und 1615 wüten Verfolgungen im Nonsberg, über die uns der den Beschuldigten beigegebene Amtsverteidiger Dr. Lorenz

---

[334] Ein fast typischer, häufig vorkommender Fall!
[335] SA. Innsbruck Ambraser Akten V 120.
[336] SA. Innsbruck Proc. Akten Nr.1492.
[337] Solche Käufe waren häufig. Vgl. HWB. s. v. Alraun. Durch das Verkaufen übertrug man auch die teuflischen Beziehungen auf den Käufer und wurde selbst verantwortungsfrei.
[338] Hauser S. 20; Wutte S. 57.
[339] Hartmann Ammann S. 241 ff.

Torresani[340] einen Bericht hinterlassen hat. Nach ihm sind dort in den beiden Jahren von dem fürst-bischöflich tridentinischen Landrichter Dr. Gabriel Barbi und dem Pfarrer von St. Zeno Johannes von Ramponi sieben Frauen und drei Männer wegen Umgang mit dem Bösen und Hexentanz auf dem Berge Roveno, ebenso wegen Wettermachen und Giftsmord zum Brand verurteilt worden[341]. Weitere fünfzehn Verhaftete konnten trotz Tortur nicht überwiesen werden und wurden von der Instanz losgesprochen.

Im selben Jahre 1615 nimmt der steirische Landprofos zwei Fahrenden, dem Paul Muck und dem Hans Hofstetter, zwei ziemlich ähnliche Wolfsegen[342] ab, die in epischer Form den heiligen Petrus zum Schutze des Viehs vor Wolf, Bär und Zauberern anrufen. Vorgestellt wird hierbei das zauberische Viehzerreißen durch den Wer- und hauptsächlich durch den Bannwolf. Die kriminelle Bedeutung dieser Vorstellung wird uns später noch zu befassen haben.

XXIV. 1617 und 1618 ereignen sich in Hainburg bei Wien gewaltige Zaubereiverfolgungen mit zahlreichen Opfern[343]. Die Gesamtzahl dürfte allerdings durch die nicht ganz verläßliche Quelle übertrieben sein. 1617 sollen siebzehn Personen, 1618 deren achtzig verbrannt worden sein. Suttinger weiß aus 1618 nur von sechsundzwanzig hingerichteten Männern und Frauen zu erzählen und erwähnt die Folterung. Mitbelangt war auch Sigmund Sarrer, der gewesene Bürgermeister von Bruck an der Leitha, dessen endliches Schicksal wir aber nicht kennen. Es scheint sich u. a. um eine der nicht seltenen Ungezieferzaubereien (Mäusemachen, Heuschreckenschicken usw.) in allerdings ganz origineller Form gehandelt zu haben; die Zauberer sollen fünfundvierzig Scheffel mit Flöhen nach Wien geschickt haben!

In diesen beiden Jahren sind auch nach Rapp und Pfaundler im Fleimser und Primörtale des Fürstbistums Trient und im Tale Evas oder Fassa des Fürstbistums Brixen umständliche Hexenprozesse vorgekommen.

---

[340] Pfaundler S. 24 ff; Dipauli S. 272 bis 288; Maffei S. 37.
[341] Beim dritten Brande (10. April 1615) ist Leonardo Perizalli, Kanzler von Castel Fondo, „vir alias in hac regione magnae authoritatis et de ditioribus", verascht worden. Sein bedeutendes Vermögen wurde, weil er erblos war, eingezogen.
[342] Zahn, Miszellen S. 440 ff.; Byloff, Volkskundl. S. 22.
[343] Janssen-Pastor S. 619 ff.; Soldan-Heppe I 533; Suttinger S. 819.

XXV. 1616 war beim Landgericht des Zisterzienserstiftes Reun bei Graz ein Prozeß gegen den Bauer und Schneider Paul Krientzer und seine Tochter Dorothea anhängig[344], der mit der Einstellung des Verfahrens endete. Zufolge einer Beschimpfung mit Zauberer kam es 1624 zu einer neuen Anzeige dreier Nachbarn gegen Krientzer, in der dieser des Gewittermachens, „Mehltauführens", zauberischen Milchstehlens, Baumabdorrens usw. beschuldigt wurde. Das umständliche Beweisverfahren ergibt nichts Belastendes, so daß durch einen „Abschied" von fünf Rechtsverständigen die Inzichten als für die peinliche Frage nicht genügend erklärt werden. Die Ankläger trifft eine sehr erhebliche Kostenersatzpflicht.

Der Zauberglaube ist öfters — allerdings weniger oft, als man bei der verlockenden Gelegenheit meinen sollte — dazu benützt worden, um sich in einem Strafverfahren eine schwer widerlegliche Ausrede zu schaffen. Als Beispiel hiefür möge ein Ausseer Fall von 1620[345] dienen, der eine „Kindervertuerin", d. h. eine Kindesmörderin betrifft, die ihr Kind durch Unterlassung der Inanspruchnahme des notwendigen Geburtsbeistandes tötet. Die Salzdörrerstochter Barbara Preslin erzählt, daß ihr nachts beim Heimgehen ein kohlschwarzer Hund begegnet sei, der nicht von ihr ließ, ihr in die Herberge folgte und sich schließlich sogar in ihr Bett legte. Sie konnte darauf das Vaterunser nicht vollenden, sei ganz unvernünftig geworden und wisse daher von Kind und Geburt überhaupt nichts. Ob der Richter diese Verteidigung beachtlich fand, wissen wir nicht.

Ähnlich ist 1622 in Bregenz[346] die Verantwortung des geständigen Diebes Michel Kerkhlin, der behauptet, daß ihm die Anfechtung zum Stehlen deshalb gekommen sei, weil er auf der Wache vor dem Palast in Hohenembs zwei Nüsse verzehrt hatte. Daß man den Teufel mit Speisen hinunterschluckt, kommt in Teufelsaustreibungsgeschichten und Zaubereiprozessen öfters vor[347].

Die drohende Weltgefahr des Hexenwesens veranlaßt die Staatsgewalt stellenweise zu polizeilichen Maßregeln. 1623 verordnet der große Erzbischof Paris Lodron von Salzburg das obligatorische Glockenläuten in der Johannisnacht „vom Eingang des Feierabends

---

[344] ASR. Byloff, Zauberei, S. 387 ff.
[345] SLA. Sond.-Arch. Aussee.
[346] Allgäuer S. 66.
[347] Eine parodistische Analogie zum Sakrament der Kommunion!

bis morgen früh zu Anfang des Tags" mit der ausdrücklichen Begründung, es sei mehr als zuviel bekannt, „daß an dem Feierabend und in der Nacht des heiligen Johannes allerhand abergläubische und teuflische Handlungen, Zaubereien, Incantationen, daraus zuweilen auch hochschädliche Ungewitter und anderes Übel erfolgt, verübt zu werden pflegen"[348]. Die geweihten Glocken hätten die Kraft, solches Satansregiment zu verhindern[349]. Erst 1782 ist dieses Hexenläuten abgeschafft worden.

In Kurtatsch im Etschtal währt vom 1. September 1625 bis 6. Feber 1626 ein Hexenprozeß gegen Barbara Köllin aus Obersenn[350]. Am letzteren Tage wird sie vom Meraner Scharfrichter an der gewöhnlichen Gerichtsstatt zu Preitpach enthauptet und der Körper zu Pulver und Asche verbrannt. Sie hatte nach ihrem Geständnisse aus in den Rauchnächten geschlagenem Holz Ratten und Mäuse gemacht, verstand das Milchbohren aus einer Lärche mit einem vom Teufel geliehenen Bohrer, hatte Hexentänze besucht, Kellerfahrten mitgemacht, mit dem Teufel gebuhlt und Hostien geschändet.

Am 20. März 1626 berichtet der Richter von Taufers an den Landeshauptmann an der Tisch über die aus seinem Gerichtsbezirk verbannten Personen[351]. Darunter befindet sich ein gewisser Georg Sigmony wegen Gründung einer Schatzbetergemeinde und allerlei Aberglauben. Es ergibt sich, daß derselbe Sigmony wegen der gleichen Straftaten in Toblach zur Schwertstrafe verurteilt, aber begnadigt worden ist.

Die Reformationskommissarien der Gegenreformation in Innerösterreich werden durch eine Erinnerung der innerösterreichischen Regierung[352] an alle Bischöfe, Erzpriester und Vikarien Innerösterreichs auch mit der Zauberei befaßt; sie sollen die Handhabung der Generalien betreffend Zauberei, ärgerlichen Konkubinat, Gotteslästerung usw. überwachen. Die Zusammenstellung läßt vermuten,

---

[348] Dürlinger S. 144.
[349] Ein Apotropaion gegen die Gefahren der Johannesnacht, das auch sonst verbreitet war, z. B. in Rottenburg, wo ebenfalls von neun Uhr abends bis morgen mit allen Glocken zusammengeläutet wurde. Auch das Peitschenknallen und Schießen in der Johannesnacht ist Lärm zur Hexenabwehr. HWB. s. v. Johannes der Täufer (Sartori).
[350] SA. Innsbruck Ambraser Akten V 120.
[351] SA. Innsbruck, Leopoldinum Kasten A Nr. 254.
[352] LRA. Graz Cop. 1626 XII 138.

daß es sich bei der Zauberei nur um Wahrsagen, Planetenlesen usw. handelte[353].

XXVI. 1626 findet sich die Hinrichtung der alten Steinwandnerin wegen Zauberei in Schloß Steyr[354]. Sie war zum Scheiterhaufen verurteilt, wurde aber „erbeten" und in der Freyssing geköpft.

Ebendort — aber vom Stadtgerichte — wird 1629 der „Müllner zwischen den Brucken" prozessiert[355]. Er hat einen Hollunderzweig, woran ein junger Bienenschwarm zum erstenmal geschwärmt hat, ober der Mühltüre aufgesteckt, um besseres „Malter" zu bekommen[356]. Dieser harmlose, ungemein weit verbreitete Glückszauber wird mit der enormen Geldstrafe von 50 Reichstalern geahndet. Und im selben Jahre fängt man in der Stadt Steyr einen Krystallseher[357], bei dem Radspeichen von einem Richtrad, Farrensamen, verschiedene Wurzeln zur Zauberei, Kettenglieder und Alraunwurzeln gefunden werden. Nach seinen Angaben hat er diese Sachen von einem Scharfrichter übernommen; mit den Alraunwurzeln hat er durch Anhängen an die Kranken die Fraisen[358] erfolgreich behandelt.

Aus einer Beschwerde von vier Ehegatten verhafteter Zauberer und Hexen aus Kurtatsch im Etschtal an den Landesfürsten Erzherzog Leopold vom 19. September 1628 und der darauf erstatteten Rechtfertigung der oberösterreichischen Regierung[359] erfahren wir, daß in Kurtatsch schon seit einem Jahre fünf Personen wegen Hexerei in Haft sind, die noch nicht abgeurteilt werden konnten, weil die

---

[353] Auch Loserth, Akten usw., 60. Bd. S. 969 Nr. 2818 erwähnt ein Hofdekret vom 6. Mai 1625, das sich in seltsamem Zusammenhange mit Generalien behufs Abstellung der Laster der Zauberei und der Kopulationen und Kindstaufen der Landleute außer Land befaßt.
[354] Zettl, Chronik, 28. Lief. S. 78.
[355] Ebendort S. 103.
[356] Vgl. Byloff, Volkskundl., S. 43. Über diesen Glückszauber Hovorka-Kronfeld I 62. Zahlreiches Material über den Glückszweig im HWB. s. v. Biene (Hoffmann-Krayer).
[357] Zettl S. 110
[358] Zahllose volksmedizinische Behandlungsarten haben sich für diese Krankheit ausgebildet. Hovorka-Kronfeld II S. 674 ff.
[359] SA. Innsbruck Leopoldinum Lit. C Nr. 67. Vgl. auch Panizza VII 87, der eine größere Verfolgung anzunehmen scheint. Ebenso auch — ohne Angabe von Einzelheiten — Ambrosi S. 134 ff., der für den Trentino den Höhepunkt der Hexenverfolgung in die Anfangsjahre der Regierung des Fürstbischofs Karl Emanuel Madruzz — seit 1630 — stellt und das Aufflackern der Prozesse mit der damals herrschenden Pest in Zusammenhang bringt.

bestellten Richter Dr. Johann Andreas Guarinoni und Dr. Johann Baptist Träxl bisher saumselig gewesen sind.

1628 und 1629[360] sitzt zuerst im „Kreiterhaus" (Gerichtsgebäude)[361] in Innsbruck und dann im Landgerichte Sonnenburg die siebzigjährige Ursula Schleisserin wegen zahlreicher Fälle von Krankheitanhexen in Haft. Der Stumpfsinn der zahlreichen vernommenen Zeugen, die angeblich behext worden sind, überschreitet das übliche Maß um ein Beträchtliches; besonders bezeichnend ist das rein assoziative Denken, mit dessen Hilfe aus harmlosen Dingen Bezauberungen konstruiert werden. Ihr peinliches Verhör führt auch zum Geständnisse der Teufelsbuhlschaft; doch ist dieses, wie aus dem Gutachten des Dr. Johann Anton Losius (Losy) hervorgeht, später widerrufen worden. Der Gutachter schlägt vor, die Beschuldigte, damit sie keinen weiteren Schaden stiften könne, lebenslänglich auf Schloß Veltenberg in Haft zu halten. Im Akte ist nebenbei erwähnt, daß schon vor Jahren in Innsbruck eine Hebamme wegen Zauberei in Haft gewesen ist.

XXVII. Ein höchst bemerkenswerter Ehrenbeleidigungsprozeß wegen des Vorwurfes der Zauberei, der mehrere zeitliche Abschnitte umfaßt, wird 1629 in Bregenz von der Barbara Büchlin gegen drei Harder Bürger geführt[362]. Diese war seit jeher im Rufe der Zauberei und ist schon früher einmal vor Gericht gestanden, aber entlassen worden. Der Tratsch wollte nicht ruhen und, als ihr eigener zehnjähriger Pflegesohn Matheis Closer sie — von böswilligen Nachbarn beeinflußt — des Bockreitens und des Hexentanzes an einem Birnbaum[363] beschuldigte, sah sie sich genötigt, gegen drei Verleumder klagend aufzutreten. Schließlich erwiesen sich die Beschuldigungen als ganz haltlos, da Closer seine Behauptungen vor Gericht zurücknahm und als Kindergerede erklärte. Aber noch 1640 muß sie sich neuerdings „wegen auf sie gethanen bekhantnussen" verantworten, scheint aber auch diesmal davongekommen zu sein.

---

[360] SA. Innsbruck Ambraser Akten V 120.
[361] Name wahrscheinlich von einer Familie Kreuter, der das Haus früher gehörte. Vgl. Schönherr S. 1249 Anm.**.
[362] Allgäuer S. 67.
[363] Ein seltener Fall! Der Birnbaum gilt sonst als Hexenvertreibend. HWB. s. v. Birnbaum (Marzell).

Auch 1630 finden wir in Bregenz einen Rechtsfall[364], der zwar kein Zaubereiprozeß ist, aber ohne die Hexenvorstellung unmöglich gewesen wäre. Der geisteskranke Thoman Müller hat seine fünfzehnjährige Tochter Katharina, die ebenfalls geisteskrank war und Umgang mit dem Teufel zugestand, in grauenvoller Weise totgemartert, um sie vom Teufel zu befreien. Müller wurde samt seiner Frau wegen dieser Tötung eingezogen, oftmals gefoltert, schließlich aber als unzurechnungsfähig entlassen.

Der letzte Akt der innerösterreichischen Gegenreformation, die Austreibung des evangelischen Adels im Jahre 1628, verursacht einerseits in Verbindung mit der verschärften Religions- und Moralpolizei ein strengeres Auftreten der landesfürstlichen Behörden gegen das in ständiger Vermehrung vorgestellte Laster der Zauberei; anderseits scheint man in Einzelfällen mit der Zaubereibeschuldigung gearbeitet zu haben, um besonders hartnäckige Evangelische mürbe zu machen. So spielt 1631/32 in Graz und Radkersburg ein im Ausgange aktenmäßig unbekannter, schließlich wohl im Sande verlaufener Zaubereiprozeß gegen die Frau Benigna Khevenhüller, geborene von Herbersdorf und einige ihrer Dienstleute[365]. Ihre Mägde bezichtigen sie des Umganges mit dem Teufel, des Liebeszaubers, um sich ihres Liebhabers zu versichern, des Kinderfressens usw. Das Verfahren ist wenigstens gegen den Mitbeschuldigten Schiffko Grill ohne Tortur eingestellt worden; was mit der mitbeschuldigten Magd Elisabeth Irenbergerin geschah, ist uns unbekannt. Die Khevenhüllerin hatte allerdings die Aufmerksamkeit des Hofes unliebsam durch antikatholische Propaganda auf sich gelenkt; sie hatte sich unterstanden, am Katharinentag, als die Leute vom Gottesdienste kamen, zur Unehre der katholischen Religion den Mist ausführen zu lassen, und am Andreastage Steuern eingehoben und dadurch den Kirchgang verzögert.

---

[364] Allgäuer S. 69 ff.
[365] Acht Aktenstücke dieses Prozesses (Verhörsprotokoll, Gesuche, Rechtsgutachten usw.) erscheinen unter Nr. 657 im Versteigerungskataloge der H. Gilhoser u. Ranschburg A.-G. Luzern über die Versteigerung vom 14. und 15. Juni 1932. Angaben über den Inhalt im „Adler" (Monatsbl. der her. gen. Ges. „Adler") Juni 1932 Nr. 618 (XI. Bd. Nr. 18) S. 183 von Lanjus. Ein kais. Befehl vom 14. April 1631 in derselben Sache bei Loserth, Akten usw. 60. Bd. S. 875 Nr. 2617 (Or. im SLA).

1631 wird im Rathaus von Althofen in Kärnten[366] ein Prozeß gegen Hansl Winkler wegen Wettermachen, Leichenschändung usw. durchgeführt. Er selbst ist damals entlassen worden, hat aber zwanzig andere Zauberer angegeben, von denen drei, und zwar der Anderl Thrumbl und der Wolfreiter Veitl — dieser wahrscheinlich ein Wolfbanner — in Althofen, der Müllner in Murau in Steiermark, gerichtet worden sind. Im selben Jahre wird auch beim Landgericht Grades in Kärnten[367] ein Prozeß gegen Bartl Grasser wegen Umgang mit dem Teufel, Wettermachen und Fliegen durch die Luft geführt.

Aus einzelnen Andeutungen in Landrechtsakten[368] läßt sich feststellen, daß im Landgericht Obersladnitz (Thannhausen) bei Weiz in Steiermark 1631 ein „beschriener Zauberer" in Haft saß.

Erwähnt sei an dieser Stelle, weil auf österreichischem Boden spielend, die spaßhafte, aber überaus bezeichnende Geschichte[369], die sich beim Tode des berühmten Jesuiten und Theologen Adam Tanner, der selbst den Gegnern der damals herrschenden Praxis der Hexenprozesse mit Vorbehalt beigezählt werden kann[370], ereignete. Tanner starb am 25. März 1632 im Dorfe Unken im salzburgischen Pinzgau. Unter seinen mitgeführten Habseligkeiten fanden die Bauern ein Mikroskop mit einem eingeschlossenen Floh, ein Geschenk des Ingolstädter Astronomen und Jesuiten Scheiner. Die Bauern hielten den Floh für einen „Glasteufel" und widersetzten sich dem kirchlichen Begräbnisse, bis der Pfarrer durch Öffnung des Instrumentes den Irrtum aufklärte.

Nach der Landgerichtsraitung des Stiftes Reun bei Graz[371] hat 1633 der Weber von Gratwein wegen Zauberei eine Geldstrafe von 6 R erhalten — also ein geringfügiger Fall! Ebenso geringfügig ist wahrscheinlich 1634 ebendort der Prozeß gegen die Ursula Gringingerin abgelaufen, die Zaubermittel verkauft hatte und daher examiniert wurde.

XXVIII. Am 14. Feber 1635 vernimmt der landesfürstliche Forstmeister im steirischen Ennstal L. Tropper in Aussee gütlich den

---

[366] Hauser S. 120 ff.; Wutte S. 41.
[367] Hauser S. 22.
[368] SLA. Abt. II, Schranne und Landrecht, Tannhausen 2.
[369] Riezler S. 259.
[370] Rapp S. 65 ff.
[371] Byloff, Zauberei, S. 34.

bayrischen Landstreicher und Gelegenheitsarbeiter Blasius Pürhinger[372], den die kaiserlichen Forstknechte auf freier Landstraße unter dem Verdachte der Wolfbannerei aufgehoben haben. Dieser gesteht auch das „Wölfeschicken" und erzählt, er habe am St. Märtentag drei Wölfe von Salzburg her nach Steiermark geschickt. Sein Herr, der ihn die Kunst gelehrt, sage zu den ausgeschickten Wölfen: „Gehets hin in aller 1000 teuffel namen, das engkh kain kugl schadt". Er nennt auch einen noch nicht gefangenen Genossen Mathes, der sich am Grundlsee und in Mitterdorf herumtreibt und die Kunst ebenfalls ausübt. Die Auflöseformel für den Wolfbann, die er angibt, beruft sich — wie der Wolfsegen selbst — auf den heiligen Petrus und seine Binde- und Lösegewalt. Sicher ist Pürhinger dem Landgericht ausgeliefert worden. Sein Schicksal ist unbekannt; der resignierte Ausruf bei seiner Verhaftung, jetzt sehe er seine Mutter nicht mehr, besagt aber genug.

1635 hat sich in den Landgerichten Radkersburg und Friedau ein Fall von Lynchjustiz gegen drei der Hexerei bezichtigte Frauen ereignet[373], die man im Markt Wernsee, bei Friedau und in Gorenzenberg bei Sauritsch als Opfer der Volkswut wahrscheinlich wegen eines Hagelschlages verbrannte. Die Regierung schreibt an den steirischen Landeshauptmann Karl Graf von Saurau, er möge die Landgerichtsherrn veranlassen, solche Ausschreitungen abzustellen und die Täter zu bestrafen. Aus späteren Vetreibungen ergibt sich, daß die Gerichte zögerten, in dieser heiklen Sache gegen die Führer der Bewegung einzuschreiten. Erst 1639 scheint der Prozeß in Fluß gekommen zu sein. Wir erfahren aus einem an die innerösterreichische Regierung erstatteten Gutachten vom 26. Jänner 1639 noch genauer, daß die Friedauer Hexe vor Pfingsten 1635 und jene von Gorenzenberg am 9. Juli 1635 „ohn uhrtl und recht gewalthättiger weis de facto verbrent und vertilgt worden". Gegen mindestens zwei Rudelsführer wird Todesstrafe, gegen die übrigen Beteiligten Aushauung am Pranger oder Geldstrafe beantragt.

1637 ereignet sich neuerdings der Fall, daß bei Marburg Martin Suchy von den wütenden Bauern nachts wegen schädlicher Zauberei

---

[372] SLA. Sond.-Arch. Aussee. Die Auflösung des Wolfbannes siehe bei Byloff, Volkskundl., S. 23. Daselbst auch Literatur über Wolfbannerei.
[373] LRA. Graz Ea. 1635—VII—24 und XII—14. Auch im SLA. sind Bezugsakten (Schub. 492 Zaub. Proz. Hft. 61).

erschlagen wird[374]. Als merkwürdiges Widerspiel gegen diese Unglücklichen, die der Verdacht des Hagelmachens einem grausigen Tode ohne Richterspruch auslieferte, begegnen uns zeitlich und örtlich nicht weit entfernt 1635 und 1637[375] in der östlichen Mittelsteiermark zwei „Wetterbanner oder Wetterhüter", nämlich der Philipp bei Hochstraden und Jagerberg und ein zweiter unbekannten Namens in Wolfsberg im Schwarzautale. Der Landprofos Lorenz Maaß, der diesen zwei Verdächtigen im Auftrage der innerösterreichischen Regierung nachspürt, kann sie nicht erreichen, weil sie die Bauern — wohl aus Furcht vor ihrer Rache — warnen und in ihrer Flucht unterstützen. Auch förmliche Abgaben von Weizen, Most und Geld werden ihnen „wie Abgöttern" geleistet.

XXIX. 1639 findet im Landgerichte Straßburg in Kärnten[376] der zweite Prozeß gegen den Bettelbuben Hansl Winkler wegen Zauberei in Gesellschaft des längst gerichteten Anderl Thrumbl statt. Diesmal wird er ausgepeitscht und des Landes verwiesen.

Im selben Jahre ist das kühn aufragende Schloß Karneid bei Bozen Schauplatz schrecklicher Zaubereiprozesse gegen Bewohner des Eggentales[377]. Schon 1638 war dort ein Zauberer gerichtet worden. Am 11. Juni 1639 beginnt unter der Leitung des Gerichtsverwalters Hans Reiter das Verfahren gegen die über sechzig Jahre alte Witwe Dorothea („Turl") Gerberin und ihre Tochter Maria aus Deutschnofen. Die letztere — offenbar geistesschwach — hatte herumerzählt, sie könne Mäuse machen; ihre Mutter habe sie das gelehrt, ebenso auch das Gabelfahren und das Tanzen am Schlern und am Hischgl. Sie könne auch Milch aus der Hand oder aus einem Ofenstiel melken. Bei ihrem gütlichen Verhör gab sie alles das zu und noch mehr: sie buhle am Sabbat mit dem Teufel namens Luzäsi (= Luzifer), mache auch Wetter und habe am Sabbat noch zahlreiche andere Frauen gesehen. Die leugnende Mutter wird gefoltert, nachdem man sie am ganzen Leibe beschoren und nach dem Teufelszeichen gesucht hat. Die Tochter muß zusehen, während die Mutter mit einem Gewicht beschwert aufgezogen wird; sie bemerkt hierzu, der Mutter geschehe es recht! Da diese noch immer nicht gesteht, stellt man sie

---

[374] SLA.
[375] SLA. Prof. Akten 1636 und 1637.
[376] Wutte S. 57.
[377] SA. Innsbruck Leopoldinum Lit. C Nr. 67.

drei Vaterunser lang auf die heiße Platte, kühlt ihr dann die verbrannten Füße mit rohem „Ruebkraut"[378] und wiederholt die Brandfolter[379]. Ebenfalls umsonst! Erst acht Tage später nach neuer Bedrohung gibt sie nach und gesteht ihre Zugehörigkeit zum Hexenvolk. Ihre Schilderung vom Sabbatzeremoniell ist, wie bei dem Großteil der Südtiroler Prozesse, sehr farbig. Der Teufel sitzt wie ein König oder ein großer Edelmann vor und läßt sich von den zahlreichen Anwesenden die Reverenz machen. Sie nennt eine Menge Leute, die dort hinkommen, u. a. auch Geistliche, den Pfarrer von Deutschnofen und den welschen Pfarrer von Evas, die sich verabredet hätten, am Schlern ein schweres Wetter zu machen. Der Pfarrer von Deutschnofen taufe alle Kinder in Teufelsnamen[380].

Am 27. Juli 1639 erging das Urteil; die Tochter wurde geköpft, ihr Leichnam verbrannt, die Mutter, das beklagenswerte Opfer eines geisteskranken oder boshaften Kindes, mit angehängtem Pulversack lebendig verbrannt. Der Prozeß setzt sich noch gegen die drei Geschwister Georg, Barbara und Juliana Kholler, die in Welschnofen mit Tagwerkerei ihr Leben fristen, fort. Sie sind von der Gerberin als „zauber- und hexische leut" angegeben worden, leugnen aber sämtlich, obwohl ihnen diese am Hinrichtungstage ihre Beschuldigung ins Gesicht sagt. Die Folter setzt mit ungeheurer Grausamkeit ein: wiederholtes Aufziehen mit Beschwerstein, viertägige Schlafentziehungsfolter. Endlich gestehen die beiden Frauen und nennen abermals zahlreiche Gefährtinnen aus Pardatsch, Cavalese im Fleimstal, Leifers und Kastelruth. Schon im nächsten Verhör wird alles widerrufen. Es kommt nun auch zu der Brandfolter durch die heiße Platte, im Akt charakteristischerweise als Gottesurteil judicium candentis ferri[381] genannt. Die Frauen stehen ein Vaterunser und ein Avemaria lang[382] auf der Platte, aber nur mit dem Erfolge, daß sie den Ruf: „Die verdammten Mäuler!" (= der Anzeigerinnen!) ausstoßen. Schließlich werden alle bei Todesstrafe aus dem Gericht

---

[378] = gesäuerte weiße Rüben (Schmeller II 12).
[379] Richtiger könnte man hier von einem Brandordal sprechen.
[380] Ein öfter vorkommender Vorwurf gegen Geistliche. Vgl. z. B. unten S. 114.
[381] Über die Beziehungen zwischen Folter und Gottesurteil siehe HWB. s. v. Gottesurteil (Müller-Bergström).
[382] Wenn diese Gebete nicht nur zur Bezeichnung einer Zeitspanne dienen, sondern — wie zu vermuten — tatsächlich gesprochen worden sind, so ergibt sich daraus die Gottesurteilsvorstellung mit besonderer Deutlichkeit.

verwiesen. Die Barbara war einige Tage vorher durch Aushebung der Eisentür aus dem Kerker entwichen.

Ebenfalls 1639 ereignet sich beim Landgerichte Rotenfels bei Oberwölz im obersteirischen Murtal[383] ein merkwürdiger Zaubereiprozeß gegen Andre Geglburger insgemein Kochgruber. Dieser gesteht gütlich Verkehr mit dem in Gestalt eines schwarzen Mandls erschienenen Teufel und Luftfahrt mit der Hexensalbe, aber keine zauberische Schädigung. Als Fluggenossen bezichtigt er seine eigene Schwester Elisabet, die Frau des Rotenfelser Totengräbers Klement Mayrhofer, und diesen selbst. Die erstere gesteht ebenfalls, gibt Geschlechtsverkehr mit dem Teufel zu und belastet u. a. ihren eigenen Vater schwer. Die beiden Geschwister scheinen, wie man aus ihren Aussagen entnehmen kann, idiotisch gewesen zu sein. Alle Bezichtigten und überdies Jakob Stoll, der Mesner von St. Jakob am Kammersberg, werden gefoltert; doch ist es bezüglich des Ehepaares Mayrhofer und des Stoll sicher zu einem Freispruch gekommen. Wenigstens bestätigt der Bannrichter Michael Nidermayr am 1. September 1639 dem Klement Mayrhofer, daß er zu Unrecht der Zauberei beschuldigt worden sei; ein Oberwölzer Schreiber habe ihn „ohne Vernunft und Recht" verhört. Noch 1640 verlangt ein Herr von Schwarzenberg vom Pfandinhaber von Rotenfels Abtrag des durch die Landgerichts- und Burgfriedsbeamten den unschuldig verfolgten und gemarterten drei angeblichen Zauberern zugefügten Schadens. Welches Schicksal den Urheber der ganzen Beschuldigung ereilt hat, ist aus den Akten nicht zu ersehen.

XXX. 1640 ist in Bregenz[384] aus einer Ehrenbeleidigungsklage ein Hexenprozeß gegen den Kläger Christian Dörler und seinen achtzehnjährigen Sohn Gorius geworden. Kindertratsch des letzteren vor acht Jahren über Hexenritt und Hexensabbat führt zur Folter, bei der jedoch der Vater standhaft bleibt. Das Verfahren scheint schließlich eingestellt worden zu sein.

1639 ist in der Herrschaft Weinburg[385] bei Mureck in Mittelsteiermark eine „zauberische Weibsperson" hingerichtet worden. Die innerösterreichische Regierung tadelt es 1641, daß man hierbei angeblich zwei Mitschuldige, nämlich einen „Wetterhüter, so mit ihr in

---

[383] SLA. Sond.-Arch. Rotenfels Schub. 97.
[384] Allgäuer S. 70 ff.
[385] Abgedr. bei Zahn, Gesch. Bl., III 3. u. 4. Heft.

Lüften geflogen sein solle" und „eine andere Mannsperson, so einen Buben ums Leben gebracht", um Geld freigelassen habe, und beauftragt den Landeshauptmann mit Erhebungen darüber.

Aus 1641 erfahren wir indirekt den seltenen Fall, daß beim Stadtgericht Graz[386] eine Zauberin einliegt, die vor Jahren den Simon Höttner mittels eingegrabener dreier Speile ums Leben gebracht haben soll. Auch im nächsten Jahre 1642 lassen sich die Akten über Wettermacher in Graz vernehmen; die Regierung befiehlt dem Stadtrichter unterm 29. August 1642[387], auf solche strenge Achtung zu haben, „maßen dan dergleichen personen erst neulichen tagen zur zeit des vorübergangnen iüngsten wethers bei denen 3 creuzen in weißen khleidern[388] gesehen worden sein". Die drei Kreuze dürften dem Kalvarienberg entsprechen. 1642 war offenbar ein Gewitterjahr.

1642 ereignet sich auch beim Landgericht Hartneidstein in Kärnten[389] ein merkwürdiger, offenbar im Stadium des Zuständigkeitsstreites steckengebliebener Rechtsfall gegen die St. Pauler Stiftsuntertanin Vogy in St. Ulrich. Diese war vom Mesner bezichtigt worden, die Kirchenglocken bezaubert zu haben. Der Hofrichter von St. Paul erhob jedoch scharfe Einsprache gegen die Verfolgung der Vogy durch ein nicht zuständiges Gericht; außerdem hatte der Bischof von Lavant selbst die Glocken besichtigt und als nicht tadelhaft befunden. Es ist also offenbar aus der Sache nichts herausgekommen.

164S schreibt der Richter von Schenögg (Schöneck im Südtiroler Rienztal) an den Richter der Herrschaft Rodenegg wegen eines Wettermachers, des Meranser Grayl[390], über den nichts Näheres bekannt ist.

Im selben Jahre wird in Bischoflack in Krain ein sehr interessanter Prozeß gegen den Kircheneinbrecher Lovre Reßnoschnickh geführt[391], der nicht streng zu den Zaubereiprozessen gehört, immerhin aber mit ihnen verwandt ist. Nach seinem Geständnis hat der Be-

---

[386] SLA. Fasz. 492 Heft 61.
[387] LRA. Graz Cop. 1642—VIII—26.
[388] Die alte kultische Gewandung!
[389] AKGV. Samm. Arch. Fasz. Hexen. Wutte S. 47.
[390] SA. Innsbruck Pestarch. XXVIII. 496.
[391] Dimitz, Kulturhist., S. 73 ff.

schuldigte mit seinen Diebsgenossen geweihte Hostien entwendet und an Görzer Juden um schweres Geld verkauft[392]. Ob eine durch die Folter erpreßte Lüge vorliegt, ist nicht festzustellen; die Angaben über die Person des Käufers gehen sehr ins Einzelne. Auch 1654 kommt ein Hostiendiebstahl vor; die Hostie soll als Mittel zur Geburtsbeförderung dienen. Der Ausgang ist in beiden Fällen unbekannt.

XXXI. 1644 endlich ereilt in Althofen in Kärnten beim dritten Prozeß den Bettelbuben Hansl Winkler sein Schicksal[393]. Seit seinen früheren gerichtlichen Erlebnissen hat er als landstreichender Gauner hinzugelernt, kennt das Schlaflicht, weiß, daß man zu seiner Gewinnung schwangere Frauen ausschneiden muß usw. Er wird wegen Wettermachen, Leichenschändung, Teilnahme am Hexentanz auf der Grebenzen bei Neumarkt und Zauberflug gerichtet. Eine Teilnehmerin, die Liendlin am Kogl, wird wahrscheinlich auch verbrannt[394]. In Verbindung damit steht 1644 ein Zaubereiprozeß gegen Jakob Galle ebendort[395] und ferner der Prozeß gegen die von Winkler angegebenen Genossen Pankraz Sumer und Jakob Stürzenbaum wegen Wettermachen und Leichenschändung vom selben Jahre. Der letztere, der vollständig idiotisch war, wurde entlassen, Sumer hingerichtet[396].

1644 verhandelt ferner das Stadtgericht Brixen gegen Hexen aus dem Fassatal[397]. Wir erfahren aus der Urgicht der Juliana de Pozza, daß schon früher in Brixen die Hexe Domenega de Zanet oder Steffenona gerichtet worden ist, während ihre Gefährtin Juliana de Zanion im Gefängnisse von Evas verkommen ist. Hexenflug auf den Berg Vaiol (die Vajolett-Türme?), Verehrung des Teufels Belzebuckh, der grüngekleidet wie ein großer Herr auf einem Thronsessel sitzt, Buhlschaft mit ihm, Hostienschändung, Gewitterzauber und Viehverzehren in der bekannten Südtiroler Art, wobei das Tier ausgesaugt wird und dann zugrunde geht, sind der Tatbestand. Die Ju-

---

[392] Vgl. über ähnliche Beschuldigungen HWB. s. v. Hostie. Die Hostienschändung (gewöhnlich nicht zu Zauherzwecken, sondern aus Haß gegen den Christengott) ist seit dem Mittelalter der gegen die Juden erhobene Hauptvorwurf [HWB. s. v. Jude (Jacoby)].
[393] Hauser, Car. 1881, S. 121. Siehe oben SS. 75 u. 77.
[394] Wutte S. 41.
[395] Ebendort.
[396] Ebendort S. 65.
[397] Zingerle, Beitr., S. 181—189. Vgl. auch Panizza VI 87.

liana de Pozza ist zum Abhauen der rechten Hand und zum lebenden Brand verurteilt, aber vom Fürstbischof Johann VII. Platzgummer begnadigt worden. Welche Strafe sie wirklich erlitten hat, wissen wir nicht; offenbar bezog sich die Begnadigung nur auf die Art der Todesstrafe.

Am 8. Mai 1644 wird beim Landgericht Weißenegg in Kärnten[398] die Keuschlerin Margareta Plaßnitzer mit dem Schwerte gerichtet und verbrannt. Sie hatte ihren ersten Mann mit „Mausstupp" (Arsenik) vergiftet, wurde jedoch auch des Vieh- und Krankheitszaubers und des Wettermachens beschuldigt. Veranlassung des Prozesses war ein Eheversprechen, das ein Nachbarssohn, der Schneider Georg Rewald, ihrer Tochter gegeben hatte und von dessen Vater nicht geduldet wurde. Es erfolgte die Anzeige wegen Bezauberung des Schneiders mit Hilfe einer Rübe, die er einmal im Hause seiner Braut gegessen hatte. Das Verfahren bringt eine Menge volkskundlich merkwürdiger Umstände zutage und führt zu schwerer Folterung der Plaßnitzer, die jedoch außer dem Giftmord nichts gesteht.

XXXII. 1645 wird auf Schloß und Burgfried Rodenegg[399] (bei Franzensfeste, Tirol) der Prozeß gegen Tirols bekanntesten Zauberer, den etwa fünfzigjährigen Landstreicher und Bettler Matheis Perger aus Pfefferberg, der sich selbst „Lauterfrösser" nennt (offenbar der ihm angehängte Gaunername[400]), durchgeführt. Mit diesem Namen schreckt man in Tirol noch heute die unfolgsamen Kinder; so sehr ist die Sage in die Phantasie des Volkes eingedrungen[401]. Wir besitzen den umfänglichen Prozeßakt, der vom 12. Mai bis zum 26. Oktober 1645 reicht; das Urteil ist jedoch nicht vorhanden. Die Sage berichtet, man habe ihn verbrannt und in einem kupfernen Kessel zur Richtstatt geführt. Beides kann richtig sein; der Kupferkessel wurde, wie wir aus anderen Prozessen wissen, deshalb verwendet, um zu verhindern, daß der Gefolterte — wie der Riese Antäus der griechischen Mythologie — durch Berührung mit der Erde neue Kräfte sammle[402].

---

[398] Schloßarch. Wolfsberg Kast. II Fasz. 13 Nr. 922. Wutte S. 60 ff.
[399] Zingerle, Lauterfresserproz.; Akten im SA. Innsbruck Kunstsachen II 491.
[400] Der Name will besagen, daß sein Träger nur Lauteres (im Tir. Sprachgebr. = Flüssiges) aß. Daraus dürfte abzuleiten sein, daß Perger keine oder nur schlechte Zähne hatte. Vgl. Schöpf s. v. lauter.
[401] Heyl S. 173 ff.
[402] HWB. s. v. Kessel (Geramb); Soldan-Heppe I 333.

Perger handelte mit Büchern, Fernrohren, Wurzeln, unter ihnen selbstverständlich auch Alraunwurzeln, hatte astrologische Kenntnisse und war ein richtiger Tausendsassa, der eine Menge Künste verstand, mit denen er sich bei den Bauern beliebt, aber auch gefürchtet machte. Die Folter vermochte ihm, trotzdem immer mehr Gewichte beim Aufziehen angehängt wurden, kein Geständnis des Teufelsbundes zu entlocken; erst als man die zermürbende Schlaflosigkeitsfolter anwendete, begann er zu gestehen: den Bund mit einem weiblichen Teufel namens Belial[403], den Besuch der Hexentänze am Schlern, die Verwandlung in einen Bären, als welcher er zahlreiches Vieh zerriß[404], Hagel-, Frost- und Krankheitszauber, sowie zahlreiche andere Kenntnisse und Fertigkeiten, die von großem volkskundlichen Werte sind. Nach Aufhören der Folter widerrief er den Teufelsbund und alle gestandene Zauberei; da brachte man glühende Eisenplatten herbei und drohte ihn auf sie zu stellen. Alsbald bestätigte er nun seine früheren Eingaben. Der Eindruck der Drohung war aber so stark, daß er nachmittags einen Selbstmordversuch in der Reiche unternahm, wobei er nur mit vieler Mühe durch den Gerichtsdiener gerettet werden konnte. Natürlich wurde Perger auch um seine Genossen befragt und gab zahlreiche Namen an, deren Träger zum Teil ebenfalls in Untersuchung gezogen wurden.

Auf diese Weise kommt es 1646/47 vor dem Stadtgerichte Klausen in Tirol[405] gegen den etwa sechzigjährigen Landstreicher und Spielmann Urban Penn, nach seiner Kunst des Hackbrettschlagens insgemein Hackbrettler genannt, zum Prozeß. Er kennt den Lauterfresser, ebenso zwei andere der Zauberei beschuldigte Genossen der Landstraße, den Lebenführer und den Hosenhänger. Im Kerker ist er sehr ungebärdig, flucht fortwährend und bittet den Teufel, er möge doch kommen und ihn an die Wand werfen, wie den Dr. Faustus[406]. Er gesteht unter der Folter, das große Wetter in Villnöß am St. Mar-

---

[403] Satansname soviel wie Nichtsnutz. HWB. s. v. Belial (Jacoby).
[404] Das ist meines Wissens die einzige Bärenverwandlung in den Alpenländern im Gegensatz zu den zahlreichen Wolfsverwandlungen. Der Bär ist volkskundlich ein verwandelter Mensch [vgl. die A. A. Bär und Bärenhäuter, Berserker im HWB. (Peuckert, H. Neumann, Müller-Bergström)]. Vgl. auch Schrader RL. s. v. Bär; Keller, Tiere S. 106 ff.; derselbe, Ant. Tierwelt I S. 175 ff.; Grimm II S. 918.
[405] SA. Innsbruck Hdschr. Nr. 1477.
[406] Man beachte, daß dieser Tiroler Landstreicher die Faustsage genau kennt! Ein Beweis für die Volkstümlichkeit des Fauststoffes!

garetenabend 1645 gemacht zu haben, sowie langjährigen Verkehr mit einer „Drut"[407]. Der Akt ist unvollständig und endet mit einem Verhör vom 21. Jänner 1647, nach dem noch weitere Erkundigungen eingezogen werden sollen. An seiner Hinrichtung ist kein Zweifel.

Ebenso haben wir 1646 in Rodenegg[408] den schrecklichen Prozeß gegen den Genossen des Lauterfresser, den Landstreicher Bartlme Oberkofler aus Mittersill, der nach seiner Lieblingsredensart: „Also müsse man das Leben führen" den Gaunernamen: „Lebenführer" hat. Er war, wie zahlreiche Zeugen bestätigen, als Wettermacher berüchtigt und beging auf seinen Bettelpfaden Unverschämtheiten und Zudringlichkeiten. Zuerst leugnete er; als man ihn aber vierzig Stunden auf dem „Schragen" oder „Esel" sitzen ließ und einen Wächter danebenstellte, der ihm bei jedem Einnicken einen Hieb mit der Haselrute geben mußte (hier tortura vigilii genannt), gestand auch er den Verkehr mit dem Geist Belial[409], den er den Geist der Unkeuschheit nennt, Wettermachen, Hexentanz und Hostienschändung. Nach Aufhören der Folter widerruft er sein Geständnis als durch Schmerzen erpreßt, worauf er aufgezogen wird. Der Foltermißbrauch ist furchtbar, doch gesteht er nichts mehr und wird nun des Landes verwiesen. Im Prozesse sind über hundert Zeugen vernommen worden. Noch sechzehn Jahre später — 1662 — haben wir Nachrichten, daß man dem Lebenführer immer wieder nachspürte.

Der Lauterfresserprozeß muß übrigens weit mehr Opfer gefordert haben, als sich aus den unvollständigen Akten ergibt; die Zahl der von ihm und dem Hackbrettler benannten Sabbatsteilnehmer aus dem Sarntal ist groß und hat den rührigen Richter Michael Schgraffer von Rodenegg sicher zur Fortsetzung seiner Tätigkeit veranlaßt.

XXXIII. 1646 hat man beim Landgericht Althofen[410] in Kärnten mit einem einfältigen Bettelbuben namens Zacharias Feichter viel Mühe gehabt. Er gab bei wiederholten Verhören an, daß er mit einer bei ihm gefundenen Salbe, die er auf seinen Stock streiche, fliegen könne und auf den Zirbitzkogel müsse, wo auch seine Gespann-

---

[407] Darunter muß nicht eine Hexe verstanden sein. Die „Drut" der heutigen Südtiroler Sage ist ein Nachtgespenst, das die Schlafenden drückt. Heyl S. 288, 430 ff.
[408] SA. Innsbruck Kunstsach. II 30.
[409] Oben S. 81 Anm.[408].
[410] AKGV. Samm. Arch. Fasz. Hexen. Wutte S. 41.

schaft sei. Man belastete ihn an Händen und Füßen mit Ketten, um sein Davonfliegen zu verhindern; doch befahl schließlich der Landeshauptmann die Entlassung des Schwachsinnigen.

Ebenso ist 1646 in Eberstein oder Althofen[411] in Kärnten der berüchtigte Zauberer Krumphändl, dessen Name noch 1658 in einem Paternioner Hexenprozeß erscheint, verhaftet gewesen und wahrscheinlich hingerichtet worden. Der Zweifel über den Ort stammt daher, daß uns der Ausgang eines Zuständigkeitsstreites zwischen den Landgerichten Eberstein und Althofen unbekannt ist.

1646 und 1647 ist abermals in Althofen[412] ein Zaubereiprozeß gegen Karl Gröblacher, Georg Krug und Georg Taplicz wegen Wettermachen und Luftfahrt. Gröblacher starb im Kerker wahrscheinlich unter der Einwirkung der Folter, Taplicz wurde hingerichtet, obwohl er schwerkrank war. Was mit Krug geschah, wissen wir nicht.

Im November 1646 beginnt im damals gräflich Lodronschen Landgericht Castellano[413] (am rechten Etschufer bei Rovereto) — einer der Gerichtsherren war der berühmte Salzburger Erzbischof Paris Lodron — auf Grund der Angaben einer in einen Hexenprozeß von Castelnuovo verfangenen Hexe, Maria Salvatori mit dem Beinamen Mercuria, die schon vor Beendigung des Prozesses hingerichtet worden ist, ein Prozeß gegen neun Frauen aus Villa und Castellano, der am 14. April 1647 mit einem Bluturteil endet. An diesem Tage werden Domenica Camelli, Lucia Cavedena, Domenica Gratiadei, Catterina Baroni genannt la Fitola und Zenevra Chemol vom Meraner Scharfrichter geköpft und verbrannt; die mitbeteiligte Maddalena Andrei, genannt la Filosofa, ist bereits am 9. März 1647 im Kerker tot aufgefunden worden (wahrscheinlich wegen der Folterwirkung); die siebzehnjährige Benvenuta Gratiadei scheint — obgleich auch zum Tode verurteilt — wegen ihrer Jugend begnadigt worden zu sein. Drei zum Tode verurteilte, die Isabetta Gratiadei, ihre Tochter Polonia und die Valentina Andrei, waren geflüchtet und wurden in contumaciam verurteilt und geächtet.

Alle hatten — zum Teil nach schwerer Folter — Sabbatbesuch, Teufelsbuhlschaft, Hostienschändung und Krankheitszauber an

---

[411] Ebendort. Wutte S. 43 ff.
[412] Wutte S. 41 ff. Hauser Car. I 1881 S. 124 ff.
[413] Dandolo S. 180 ff.

Mensch und Vieh gestanden. Das Verfahren ist sehr sorgfältig; sämtliche Beschuldigte erhalten vom Gericht Amtsverteidiger, deren Einreden mutig sind und von großer Belesenheit in der Hexenliteratur zeugen. Auch zwei Ärzte werden als Sachverständige vernommen; sie haben das Teufelsstigma zu beurteilen, dessen natürliche Entstehung sie zugeben, und bezweifeln die Möglichkeit geschlechtlicher Beziehungen zwischen Mensch und Teufel, der als gefallener Engel keinen Körper habe; er könne sich hierzu höchstens des Körpers eines von ihm besessenen Menschen bedienen.

XXXIV. Durch einen Befehl der innerösterreichischen Regierung vom 6. Juni 1647[414] an den Landeshauptmann von Steiermark Karl Graf von Saurau wird ein Verfahren gegen zwei im Rufe der Hexerei stehende Frauen eingeleitet, die sogenannte Hexe Anna von Geisttal, die aber in Wirklichkeit Martha Mosseggerin heißt und dann vom Landgericht Ober-Voitsberg[415] am 9. Juli 1647 zur Enthauptung und Verbrennung des Körpers verurteilt worden ist, und eine Hexe aus Straß, die Anna Zerppin. Letztere ist angeblich durch eine am 10. September 1646 zu Straß gerichtete Zauberin als Hexe überwiesen worden, deshalb geflohen, soll aber jetzt zurückgekehrt und vom Landgericht ganz im stillen um eine hohe Geldsumme gestraft worden sein. Ihr weiteres Schicksal ist unbekannt. Sie scheint aber entronnen zu sein; denn aus Akten im Reuner Stiftsarchiv wissen wir, daß sie 1650 noch nicht prozessiert war; die Regierung wendet sich in diesem Jahre neuerlich an den Landeshauptmann um Auskunft.

Die Verfügung des Landeshauptmannes ergeht auf Grund einer an die Regierung gelangten Anzeige eines gewissen N. von Salis, der entweder Geistlicher oder Jurist gewesen sein muß[416]. Es gibt kaum etwas Erbärmlicheres als diese von Salis so genannte Denunciatio Fraterna; sie ist voll von Heuchelei und strotzt von gelehrten Zitaten, namentlich Delrios und Binsfelds. Der Anzeiger gibt zu, daß ihn die Sache nichts angehe; allein er sei trotzdem kein Denunziant, wobei er sich auf eine Stelle des römischen Kodex beruft (l. 3 i. f. C. de maleficis et mathematicis 9, 18): „Accusatorem autem

---

[414] LRA. Graz Ea. 1647—VI—12.
[415] Byloff, Zauberei, S. 395 ff.
[416] Die Schrift weist den ausgesprochenen Jesuitenduktus auf.

huiusmodi criminis non delatorem esse, sed dignum magis praemio arbitrantur". Er halte sich also einer Belohnung für würdig.

Die Martha Mosseggerin[417], nach ihrer Angabe 104 1/10 Jahre alt, wurde gütlich und peinlich mit dem Daumstock vernommen, wobei sich nur ergab, daß sie eine Kräuterhändlerin, Zauberärztin und Kennerin abergläubischer Segen und „Ansprechungen" war, die ebenso wie die bäuerlichen Kurpfuscher der Gegenwart großen Zulauf von Land und Stadt hatte[418]; der Teufelsbund wurde aber nicht gestanden und nicht erwiesen.

Im selben Jahre 1647[419] beauftragt die innerösterreichische Regierung den Stadtrichter von Graz, einen Zauberer, der sich dem Vernehmen nach auf dem Graben vor dem Paulustor bei der guldenen Kron aufhalte, eilfertig einzuziehen. Der Stadtrichter befolgt diesen Befehl und berichtet nach einigen Tagen, daß er den Verdächtigen, der Michael Gebiller heiße und Laborant (eines Apothekers?) sei, in einem Adelshaus im mittleren Sack aufgefunden und festgenommen habe. Die Regierung befiehlt hieraus, ihn gegen Gelöbnis der Wiederstellung zu entlassen.

XXXV. 1648 ist aus Oberradkersburg[420] an der steirischen Sprachgrenze eine Klage gegen den Kuhhirten Wastl Hoffer wegen Zauberei überliefert. Er wird beschuldigt, fremde Pferde mit einer toten „auckh" (auha = slov. Kröte) bezaubert zu haben. Das Zeugenverhör ergibt, daß der Hirte verschiedenen Leuten Totenbeine, Roßkot und Kröten gegeben hat. Der Ausgang ist unbekannt.

Ebendort[421] ist 1649 ein Weib namens Gera als Zauberin verbrannt worden. Aus dem allein erhaltenen Zeugenverhör ergeben sich verschiedene gefährliche Drohungen der Gera mit Abdorren, Viehtöten usw. und der Besitz von Zaubermitteln. Nach der Hinrichtung geht das Verfahren gegen die Genossinnen der Gera weiter. So finden wir 1650 ein Verhör gegen die Marina, des Peter Thüringer Ehewirtin, die ebenfalls durch zahlreiche Zeugen verdächtiger Re-

---

[417] ASR. Byloff S. 397.
[418] Ihre Diagnosen stellte sie mit einem Krystall. Die Krystallschau muß nicht immer purer Schwindel sein; das angestrengte Betrachten des glitzernden Krystalles führt zu Blendungserscheinungen, die Wahrnehmungen vortäuschen; vielleicht auch zur Autohypnose.
[419] LRA. Graz Ea. 1647—VII—28.
[420] SLA. Sond.-Arch. Ober-Radkersburg Schub. 20 Hft. 457.
[421] Ebendort.

den und Drohungen überwiesen wird. Sie vermochte dem Kerker zu entfliehen, ist aber wieder eingefangen worden und wahrscheinlich dem Henker verfallen.

Vermutlich gehört zur selben Gesellschaft auch die Witwe Ursula Gornikhin zu Sprizelsdorf, die 1650 zunächst nur wegen Wahrsagerei verfolgt wird[422], bei deren Vernehmung aber auch Krystallseherei zum Zwecke der Entdeckung eines Diebes herauskommt. Da sie selbst zugibt, es sei möglicherweise der Teufel gewesen, der ihr den Dieb gezeigt, so ist sie wohl wahrscheinlich hingerichtet worden. Und im Juli 1650 ist es die Stadtweinzerlin (Winzerin) Ellenka[423], die im Verhör zugibt, von einem gewissen Koroschetz ein „Pinkele" erhalten zu haben, das man nur ins Feuer zu werfen brauche, damit der, dem es vermeint sei, sterbe. In dieselbe Sache ist auch die Marina Löchin verwickelt, die der Ellenka ebenfalls einen solchen „Pinkl" gegeben hat, damit sie die Leute „nit so auffinden" (als Hexe entdecken?). Es ist also eine stattliche, mit innerer Dynamik sich entwickelnde Verfolgung, die sich hier abspielt.

Nach dem Gößer Gerichtsbuch[424] (Frauenkloster Göß bei Leoben) ist in Michldorf der Schweizer (Almhirt) Landtsmayr u. a. auch deshalb zu zwei Talern Geldstrafe und Verweisung aus dem Gößer Gebiet verurteilt worden, weil er den Kühen die Schweife abgeschnitten und zur Zauberei gebraucht hatte[425].

Endlich hat man 1649 in Bregenz einen Zaubereiprozeß unbekannten Ausganges gegen die Ottilia Nigglin geführt[426]. Sie wurde der Verzauberung von Mensch und Vieh und des verdächtigen nächtlichen Herumschweifens bezichtigt und stand überhaupt im Ruf einer Hexe; denn die Leute erschraken und bekreuzten sich bei ihrem Anblick.

1650 schließlich kommt es beim Stadtgericht Wolfsberg in Kärnten zu einem Zaubereiprozeß gegen Wastl Schramb[427], der wegen Wettermachen und Wolfbannen wahrscheinlich hingerichtet worden ist. Aus dem Akte erhellt, daß vor sechs oder sieben Jahren die

---

[422] Ebendort.
[423] Ebendort.
[424] SLA. Sond.-Arch. Göß S. 17 i. v.
[425] Wahrscheinlich Zauber durch Viehhaare (Wuttke S. 266, 438 ff. und an zahlreichen anderen Stellen).
[426] Allgäuer S. 71 ff.
[427] Wutte S. 65. Akten im Schloßarch. Wolfsberg.

Huettichbäuerin samt ihren zwei Kindern zu Weißenegg als Wettermacherin verbrannt worden ist. Der Prozeß greift auch nach Althofen über, weil einer der Mitbeschuldigten des Schramb, Thomas Schmaudl, nach der Hinrichtung des ersteren flüchtet, im Burgfried Wieting ergriffen und an das Landgericht Althofen ausgeliefert wird, wo er — er hatte unter schwerer Folter u. a. Wolfbannerei gestanden — jedenfalls auch den Tod erlitten hat.

II. Das klassische Zeitalter der großen Hexenverfolgungen (1650-1700)

I. Schon die bisherige Betrachtung hat uns das grausige Schreckbild umfänglicher, dank der Sabbatvorstellung von innen heraus wachsender Zaubereiprozesse gezeigt. Trotzdem steht die Verbreitungstendenz dieser Verfolgungen weit hinter jenen zurück, denen wir in der zweiten Hälfte des 17. Jahrhunderts begegnen. Auf diesem zeitlichen Höhepunkte der Zaubereiprozesse in den österreichischen Alpenländern wirken Volksglaube, Literatur und juristische Handfertigkeit der Praxis fast gleichmäßig zusammen.

Es war längst im Volke vergessen, daß ihm der Glaube an die weltvernichtende Zauberersekte mit ihren dem Teufelsdienste und sinnlichen Ausschweifungen dienenden Kontrollversammlungen ursprünglich wesensfremd war; kraft seiner eigenen Schwere der jahrhundertelangen Auflagerung war der Wahn in die tiefsten Tiefen des volklichen Glaubensbestandes hinabgedrungen und hatte sich dort unerschütterlich festgesetzt. Und als Gegenwirkung hierzu der Haß gegen die Zauberer, die man für alles, aber auch für alles Ungemach verantwortlich machte, das die Zeit brachte, mochten es nun Mißwachs, Hagelschläge, Frost oder Dürre, Ungeziefer, Pest, Seuchen und Krankheit jeglicher Urt, Türkenüberzüge und feindlicher Einbruch überhaupt sein. Ein solches vollständiges Kapitulieren der Vernunft vor dem Unsinn ist kaum in anderer Zeit der Kulturgeschichte der Menschheit bemerkbar; selbst die unerschrockensten Kämpfer gegen die Wirklichkeit der von den Opfern der Verfolgung unter Folterdruck zugegebenen Umstände, ein Johann Weier[428], ein

---

[428] „Der erste Deutsche, dem der unsterbliche Ruhm gebührt, in einer Druckschrift den Hexenwahn bekämpft zu haben." (Riezler S. 246. Es handelt sich um die 1563 erschienene Schrift „De praestigiis daemonum".) Vgl. auch C. Binz in der allg. deutschen Biographie 42. Bd. S. 266 ff.; Haeser II S. 218.

Friedrich von Spee[429], sind voll von Teufelsaberglauben, und auch naturwissenschaftlich eingestellte Männer — ich nenne unter vielen nur den Krainer Historiker und Geographen Valvasor[430] und den steirischen Arzt und Akademiker Adam von Lebenwaldt[431] — benutzen zur Erklärung unverständlichen Geschehens diesen primitiven Denkbehelf.

Die theologisch-juristische Literatur, nicht mehr den Gelehrten allein zugänglich, sondern durch deutsche Übersetzungen und Auszüge allgemeine Verbreitung beanspruchend — es genügt, auf die Namen P. Paul Laymann[432] und Christoph Frölich von Frölichsburg[433] hinzuweisen — betrachtet den Zauberglauben als ein gesichertes, über jeder Anzweiflung stehendes Ergebnis wissenschaftlicher Forschung und rühmt sich, das Verfahren in Zaubereisachen so

---

[429] In seiner 1630 anonym zu Rinteln erschienenen Schrift „Cautio criminalis", in der er seine Würzburger Beichtvatererfahrungen an zweihundert wegen Hexerei Verurteilten verwertete. Vgl. Riezler S. 247 ff.; Drewes Guido Maria in der allg. deutsch. Biogr. 35. Bd. S. 42 ff.; Duhr, Stellung der Jesuiten, S. 59 ff.

[430] Über ihn P. v. Radics in der allg. deutsch. Biogr. 39. Bd. S. 471 ff. und in seiner umfänglichen Monographie, namentl. S. 131-136. Der Umstand, daß der Mitarbeiter V.s an der „Ehre des Herzogtums Krain" Erasmus Francisci, der Verfasser des „Höllischen Proteus" war, mag an der Teufelsgläubigkeit und Kritiklosigkeit des Werkes in Zaubersachen viel Schuld tragen. Radics betont, V. sei gegenüber dem Teufels- und Hexenaberglauben höher gestanden. Über Francisci vgl. J. Franck in der allg. deutsch. Biogr. 7. Bd. S. 207.

[431] Biogr. von Peinlich. Vgl. auch Fossel. Über seine Stellung zum Zauberglauben namentlich Peinlich S. 41-57.

[432] In seiner zweibändigen Theologia moralis (München 1625; vgl. insbes. II sect. V tract. VI. de indiciis, cap. de sagis) und namentlich in dem Processus iuridicus contra sagas et veneficos (Köln 1629, deutsche Übers. durch Quirinus Botter im selben Jahre), ein Buch, das als Gegenschrift gegen seines Ordensgenossen Tanner Theologia scholastica gedacht war und neben dem Hexenhammer und Delrio zu den in den Prozeßschriften am meisten zitierten klassischen Werken der Hexenliteratur gehört. Über Laymann, „den wilden Fanatiker der Hexenverfolgung", der ein gebürtiger Innsbrucker war, vgl. Riezler S. 260 ff.; Rapp S. 82 ff.; Werner in der allg. deutschen Biogr. 18. Bd. S. 87, der sich zur Bemerkung versteigt, Laymanns Streben sei aus Milderung des Vorgehens in den Hexenprozessen gerichtet gewesen! DieBehauptung Bernhard Duhrs, Stellung der Jesuiten, S. 65 ff., daß der Processus iuridicus gar nicht von Laymann stamme, ist wenig überzeugend.

[433] Über ihn Wretschko S. 111; Landsberg III Nachtr. S. 91; Rapp S. 44 ff. Sein hier in Frage kommendes Hauptwerk ist sein Karolinakommentar (oft aufgelegt; hier nach der vierten Aufl. 1720 zitiert).

exakt ausgebildet zu haben, daß jeder Justizirrtum als ausgeschlossen gelten könne[434].

Und die Männer der Praxis endlich, die Juristen, die den Prozeß in endloser Wiederholung zu handhaben hatten, betrieben ihr Geschäft herzenskalt als Selbstverständlichkeit des Berufes[435]. Die zahllosen Foltergräuel, die sie zu schauen hatten, stumpften ihr Gefühl vollständig ab; der auf die Überweisung des Beschuldigten gehende Zug des Inquisitionsprozesses verleitete viele, von dem in ihre Hand gegebenen Erpressungswerkzeug der Folter unmäßigen und unmenschlichen Gebrauch zu machen; manche empfanden sogar an der Qual ihrer Opfer ein sadistisches Behagen[436]. Nicht zuletzt war es auch der Erwerbstrieb, der die karg besoldeten, wegen unregelmäßiger Gehaltszahlung in ständigen Schulden steckenden Richter bewog, die Verdienstmöglichkeiten zu verlängern, die bei

---

[434] Frölich II S. 21.

[435] Es sei hier auf ein aus etwas früherer Zeit (1637) stammendes Gutachten verwiesen, das der erzfürstliche Vormundschaftsrat und Kammerprokurator zu Innsbruck Dr. Volpert Mozel auf Ersuchen der Innsbrucker Regierung über das Zauberwesen verfasst hat (Hdschr. LRA. Innsbruck Causa Domini libr. XXVIII 1637—1641; Inhaltsangabe bei Rapp S. 39 ff.). Dessen Ausführungen sind ganz im Geist der Hexenliteratur gehalten; immerhin ist die Aufforderung zur Vorsicht bei Beurteilung der Indizien und die Einschränkung der Folter (nur dreimal, nicht länger als eine Stunde) anerkennenswert. Im übrigen gilt von den juristischen Praktikern Riezlers (S. 152) schon für die frühere Zeit geprägtes erschütterndes Wort: „Zu den Voraussetzungen des Greuels gehörte ein Richterstand, der im Zusammenhange mit der Rezeption eines fremden Rechtes das natürliche Rechtsgefühl verloren hatte und stumpfsinnig die Vernichtung des Rechtes durch die Legalität vollzog... Wo uns in den Hexenprozessen Einblick in die Haltung der Männer gewährt wird, welche die heilige Gerechtigkeit hüten und pflegen sollten, erfüllt sie uns fast stets mit Ekel und Entrüstung... Durch die Folter absurde Geständnisse zu erpressen, war Anfang und Ende ihrer Weisheit." Ähnlich die Ausführungen Duhrs, Stellung der Jesuiten, S. 14 ff.

[436] Die karolinische Gesetzgebung und die Gesetzeswerke, die auf ihr fußen, lassen die klare Festlegung der fast allein entscheidenden Voraussetzungen für die peinliche Frage ebenso sehr vermissen, wie die ihres zulässigen Umfanges. Auch die juristische Zeitliteratur ist in diesen Fragen nichts weniger als einig. So verblieb in diesen Schicksalsfragen für den Beschuldigten das richterliche Ermessen allein maßgebend. Die crimen exceptum-Theorie, nach welcher bei besonders schweren Straftaten alle Rücksichten auf Verfahrensgrundsätze, die den Schutz des Beschuldigten bezwecken, gegenüber dem Überweisungsbestreben in den Hintergrund zu treten haben, war nur eine bequeme Gewissensberuhigung, nicht Voraussetzung für die ohnehin bestehende richterliche Allmacht und Willkür.

einem Verbrechen und einem Verfahren gegeben waren, das die Entdeckung immer weiterer Beschuldigten ungemein erleichterte.

II. Nicht zu übersehen ist die Nachwirkung des großen deutschen Religionskrieges. Zwar sind die österreichischen Alpenländer direkt von ihm in wesentlich geringerem Maße betroffen worden als andere deutsche Gebiete. Allein die bekannte Erscheinung, daß nach großen Kriegen der menschliche Geist einen transszendenten Zug bekommt, der ihn für alles Übersinnliche aufnahmefähiger macht, galt nach 1648 für ganz Deutschland.

Zudem hat sich eine Folgewirkung des Krieges mit besonderer Stärke auf die Alpenländer erstreckt: das ungeheure Anschwellen des zunftmäßig organisierten Gauner-, Bettler- und Landstreichertums[437]. Diese Plage war nahezu unerträglich; die Landstraßen waren unsicherer denn je, und die einsam in ihren Höfen wohnenden Bauern den Brandschatzungen des Gesindels fast schutzlos ausgeliefert, das bei einer Verfolgung durch die sehr mangelhaften Sicherheitsbehörden rasch wieder seine Schlupfwinkel in Wald und Gebirge oder die rettende Landesgrenze erreichte. Auch für dieses große Übel machte man die Zauberei in größerem Umfange als bisher verantwortlich; die Zaubereiverfolgungen gewinnen in steigendem Maße den Charakter von Austilgungsprozessen gegen das selbst im finstersten Aberglauben versunkene Landstreichertum. Im Salzburger Zauberjackelprozeß werden wir schaudernd den Höhepunkt dieser Art Vernichtungskrieg gegen eine soziale Unterschicht erblicken.

Wir stehen nicht an, das gewaltige Einsteigen der Zaubereiverfolgungen in den siebziger und achtziger Jahren des 17. Jahrhunderts hauptsächlich auf die unabweisbar gewordene Notwendigkeit der Einschränkung der Gauner- und Landstreicherplage zurückzuführen. Daß die Bekämpfungsmaßnahmen sich so blutig gestalteten, war wiederum eine unvermeidliche Folge des Fehlens sozialer Schutz- und Fürsorgemaßnahmen, insbesondere aber des gänzlichen Nichtvorhandenseins von Strafvollzugsgefängnissen und Arbeitsanstalten[438].

---

[437] Vgl. hierzu Avé-Lallemant I S. 76 ff.: Hugo Hoegel S. 623 ff.
[438] Byloff, Blutgenossenschaft, S. 403, 428; Avé-Lallemant I S. 71 ff., II S. 255. Siehe auch unten S. 116.

III. Damit im Zusammenhange ist ein bisher nicht so stark hervorgetretener Zug der Verfolgung. Man prozessiert und veräschert nun auch Kinder, während früher zwar auch Kinderprozesse vorkamen, aber gewöhnlich nicht mit Hinrichtungen zu enden pflegten. Nun sind es in erster Linie die Kinder der Landstraße, mit denen man sonst nichts anzufangen wußte und die man daher um so lieber dem Freimann überantwortete, als man sich mit dem Gedanken tröstete, daß diese Brut zauberischer Eltern ohnehin dem Teufel verfallen sei.

Der Satz, daß die Bosheit die Strafmündigkeit ersetze (Malitia supplet aetatem)[439], half über die juristischen bedenken hinweg und fand nirgends unbestrittenere Anwendung als im Bereich einer Vorstellungsmasse, zu der auch die Lehre gehörte, daß zauberische Mütter und Hebammen die Kinder schon im Mutterleibe oder bei der Geburt dem Teufel zu weihen pflegten[440], daß ruchlose Geistliche im Namen des Teufels tauften usw. Der Geist des Barockzeitalters suchte und fand die Verwirklichung der sozialen Ziele des Strafrechts in skrupellosen Vertilgungs- und Unschädlichmachungsstrafen. Es gehört aber auch für die Juristengeneration dieses harten Zeitalters ein für uns unfaßliches Maß von Gefühlsroheit dazu, das richterliche Gewissen mit dem Leben zahlreicher Kinder zu belasten, deren Verantwortlichkeit ernstlich nicht behauptet werden kann.

IV. Ein weniger juristisch als volkskundlich und kulturhistorisch bemerkenswerter Zaubereiprozeß ereignet sich 1650 in Innsbruck[441] gegen den Dieb, Hochstapler, Bergwerkskundigen und Alchymisten Mathäus Niderjocher, insgemein Hoisl, aus Schwaz. Dieser hatte sich neben zahlreichen andern auch den Innsbrucker Physikus Dr. Kaspar Kammerlander zum Opfer seiner schwindelhaften Tätigkeit erkoren. Diesem brachte er — angeblich vom Stuhlkar in der wilden Gerlos — vermeintliches Golderz, das aber nach oft wiederholtem Muster mit Waschgold versetzt war und daher beim Einschmelzen schönes Dukatengold lieferte. Als sich dies bei späteren Erzproben

---

[439] Frölich I S. 309 ff., II S.73 ff.
[440] Mall. mal. II qu. 1, cap. 13. Die Hebamme ist übrigens auch im allgemeinen Gegenstand abergläubischer Vorstellungen. HWB. s. v. Hebamme (Hauswirth).
[441] Bespr. von Dr. D. Schönherr im Tiroler Boten 1873 Nr. 181—190. Akt im LRA. Innsbruck (Abt. Leap).

begreiflicherweise nicht wiederholte, redete sich Niderjocher darauf aus, daß ihm ein Geist den Auftrag gegeben habe, „die Bergwerke zu vertun", d. h. den Bergsegen zu sperren. Dies veranlaßte seine Einziehung und Verfolgung als Zauberer. Seine Richter waren die Herren Bertelli und Hipoliti, deren Namen in der Geschichte Tirols durch ihre Teilnahme am Prozesse gegen Dr. Wilhelm Biener, „den Kanzler von Tirol", bekannt geworden sind. Im Prozesse, bei dem die Zugfolter mit furchtbarer Strenge zur Anwendung gelangte, kommt u. a. heraus, daß Niderjocher eine Maus als spiritus familiaris hergerichtet und einigen Bauern gegen viel Geld in einem Glase verkauft hatte. Auch gestand er, mit einem andern zusammen den Versuch unternommen zu haben, einen weißen Haselwurm[442] auszugraben, damit er als Glückstalisman diene; sein Aufenthaltsort sei unter einem Haselstrauch, auf dem eine Mistel wachse. Den Teufelsbund leugnete er starr, so daß er, als die Folter erschöpft war, nur zur Auspeitschung und ewigen Verbannung verurteilt wurde.

Aus einem im Archiv der Stadt Fürstenfeld in der Oststeiermark erliegenden Kostenverzeichnis[443] des Banngerichtsschreibers Johann Gabriel Paanhalbm vom 30. März 1650 ersehen wir, daß in diesem Jahre in Fürstenfeld die Kunigund Kern mit dem Schwerte gerichtet, ihr Körper aber verbrannt wurde. Sie war höchstwahrscheinlich eine Hexe, was nicht nur aus der Strafe, sondern auch daraus zu vermuten ist, daß sie nicht weniger als zehnmal peinlich verhört wurde.

1651 werden beim Landgericht Puchheim in Oberösterreich zwei dem „Schörgengeschlechte"[444] Angehörige, d. h. Mitglieder einer verachteten Gerichtsdiener- und Folterbüttelfamilie, nämlich der sogenannte Singer Toferl und die Zäzilia Schleiferin, wegen Dieb-

---

[442] Die zauberische Schatzschlange! HWB. s. v. Schlange.
[443] SLA. Sond. Arch. Fürstenfeld Schub. 46, Heft 100.
[444] Die Bedeutung des Wortes Scherge im bayrisch-österreichischen Gebiet hat im Laufe der Entwicklung ein immer rascheres Absinken ins Verächtliche mitgemacht. Ursprünglich bedeutet Scherge eine angesehene höhere Gerichtsperson im Range gleich dem Richter und Amtmann. Vgl. den scarius des Fleimstales oben S. 34 Anm. 20. Schließlich ist der Scherge der Gerichtsdiener, Henkersknecht, ja der Henker selbst, und mit seiner Unehrlichkeit belastet. Vgl. Angstmann S. 50 ff., 79 ff. Die Schriftsprache schon des 16. Jahrhunderts setzt, wenn sie das Wort Scherge gebraucht, immer das entschuldigende salva venia hinzu. Scherge ist auch ein schweres Schimpfwort.

stahl und Schatzgraben mit einem Schilling (24 Stockstreiche) abgestraft und des Landes verwiesen[445].

1652 beim selben Landgericht ist eine ähnliche Verbrecherpersönlichkeit, der „Malerjung" Raimund Scherk, wegen Abfall vom Glauben, Gebrauch von Zaubermitteln und Diebstahl zum Nachteil des Freiherrn von Salburg trotz verwirkten Lebens im Gnadenwege zu sechs Jahren Eisenarbeit verurteilt worden[446].

1651 wird die Aniza Wurnikhin in Bischoflak in Krain wegen Zauberei und Abgötterei inquiriert und am 18. Mai 1652 ebendort die Aniza Wudlin zum Feuertode verurteilt[447].

Ebenfalls 1651 verhört der Hofrichter von Arnoldstein in Kärnten die Magdalena Schwan wegen Mißbrauch ungeweihter Hostien, die sie unter das Altartuch geschoben hatte, um drei Messen darüber lesen zu lassen. Sie war auch wegen Milchzauber und Viehbeschädigung in Haft. Das Ende ist unbekannt[448].

Im selben Jahre ist beim Landgericht Wolkenstein im steirischen Ennstal Christian Grueber aus Lassing wegen Wolfbannerei gerichtet worden[449]. Er hatte nach seinem Geständnisse drei Wölfe in seinen Diensten, kannte einen Raubtiersegen mit der Bindeformel des heiligen Petrus[450], dessen Gewalt er gegen vier Bären erprobt hatte, die ihm der einäugige Marx auf den Hals schickte, und konnte auch Feuer besprechen.

1652 ist in Straßburg in Kärnten Mathias Dobritscher wegen Zauberei verurteilt worden[451]. Die Akten sind verloren. Aus demselben Jahre ist uns auch im Stiftsarchiv in Reun ein Kostenverzeichnis des in Hexensachen viel verwendeten steirischen Bannrichters Dr. Barth erhalten, aus dem sich ergibt, daß die Zauberin Walburga

---

[445] Strnadt S. 197.
[446] Ebendort.
[447] Dimitz, Mitt. 1862, S. 73 ff.
[448] Wutte S. 43.
[449] Wichner S. 211; Ilwof, Hexenwesen, S. 247.
[450] „St. Peter mit dem heyligen himmelsschließl versperr dem holzhundt [= Wolf, HWB. s. v. Holzhund (H. Neumann)] und dem wilden braitschedl [= Bär, ebenso Breitstirn (otso) bei den Finnen, HWB. s. v. Bär (Peuckert), vgl. auch Lebenwaldt S. 25, 26] zant und trampen (= Tatzen) und dem lux zant und schlund". Die Umschreibungen der Tiernamen sind Euphemismen. HWB. s. v. Euphemismus (Beth).
[451] Wutte S. 57.

Moriz-Bärtlin dreimal gefoltert und schließlich abgeurteilt worden ist[452]. Ein Todesurteil scheint nicht gefällt worden zu sein, weil die Henkerrechnung keine Post hierfür enthält. Mit diesem Falle beginnen die Reuner Zaubereiprozesse, die mit Unterbrechungen bis Ende des Jahrhunderts reichen und in den achtziger Jahren ihren Höhepunkt gewinnen.

In Paternion ist 1652[453] nach den einzig vorhandenen Fragstücken Hans von St. Veitsberg wegen Teufelsbund und Wettermachen gefoltert worden. Zur selben Zeit ist in Ober-Radkersburg — wohl als Nachwirkung der Verfolgungen von 1650 — die Frau Eva des Handwerkers Gregor N. aus Seibersdorf wegen Zauberei in Untersuchung. Eine vorhandene Zeugenaussage fällt gänzlich negativ aus[454].

Im selben Jahre wird in Frastanz (Vorarlberg) der siebeneinhalbjährige Eberle wegen Teilnahme an Hexentänzen zur Besserung ins Bludenzer Spital gebracht[455].

1653 in Ober-Radkersburg verhandelt man gegen die Marina, des Philipp zu Ober-Sorian Eheweib wegen Zauberei[456]. Aus verschiedenen Zeugenverhören ergibt sich, daß die Beschuldigte eine Krystallseherin war, die damit gestohlene oder verlorene Sachen wieder zu entdecken vermochte.

V. In Spittal in Kärnten kommt es 1653 zu einem großen Zaubereiprozeß, der sicher fünf Todesopfer — wahrscheinlich aber mehr — gekostet hat[457]. Zuerst richtet er sich gegen drei Bettler, den blinden Lorenz Perauer und die beiden Brüder Simon und Mörtl Holdermacher. Lehrerin der Zauberei war nach ihren Angaben das sogenannte „Zaubermadl", die dann in Millstatt verbrannt worden sein soll. Sie gestehen Wettermachen, zahlreiche Arsenmorde und Besuch des Hexensabbats auf der Görlitzen. Auch ein in späteren Prozessen sich wiederholender Zug taucht auf: das Herauszaubern von

---

[452] Byloff, Zauberei, S. 38.
[453] Jaksch, Car. I 1893, S. 17.
[454] SLA. Sond. Arch. Ober-Radkersburg Schub. 20 Hft. 457.
[455] Klaar.
[456] s Anm. 27.
[457] Wutte S. 51 ff.

Weinfässern aus Kellern (Volksbuch von Dr. Faust) und das Führen des Weins auf die Alm zum Sabbat mit Hilfe von Katzen[458].

Unter den zahlreichen von ihnen als Sabbatsteilnehmern Angegebenen hat man zuerst der Kunigunde Kohlrouchin den Prozeß gemacht. Als diese nicht gestehen wollte, log sie der Landgerichtsverwalter an, er werde sie entlassen, wenn sie die Wahrheit sage. Natürlich schützte sie — getreu nach der Lehre des Hexenhammers[459] — dieses heuchlerische Versprechen nicht vor Folter und Tod, den sie am 2. April 1653 zusammen mit den drei Männern erlitt. Als nächstes Opfer fiel der von den Hingerichteten als Teilnehmer angegebene „schielende Blasy" richtig Blasius Kofler, der als seine Lehrmeisterin nach schwerer Folter die uns schon bekannte Liendlin am Kogl bezeichnete und rnassenhafte Genossen angab, so daß zu vermuten steht, daß trotz verlorener Akten der Prozeß seinen Fortgang genommen hat.

VI. 1653 führt der uns bekannte Bannrichter Dr. Barth gegen Marx Lechner beim Landgericht des Benediktinerstiftes St. Lambrecht einen Zaubereiprozeß unbekannten Ausganges[460]. Da der Beschuldigte angab, daß einer seiner Genossen im Althofener Landgericht in Kärnten wohne, und der Bannrichter daher dessen Überstellung zwecks Gegenüberstellung verlangte, scheint sich der Prozeß auch nach Althofen fortgepflanzt zu haben.

Im selben Jahre 1653 wurde auch in Gmünd in Oberkärnten Kaspar Haintz wegen Wettermachen, Besuch des Sabbats auf der Millstätter und Kirchheimer Alm und Luftfahrt mit dem Schwerte gerichtet, der Körper verbrannt[461]. Der Prozeß ist im Zusammenhang mit den Spittaler Verfolgungen desselben Jahres. Wir erfahren auch noch, daß in Spittal außer der Kohlrouchin und den vier hingerichteten Landstreichern noch zwei weitere männliche Beschuldigte, der Düregger und der Steiner, in Haft waren.

---

[458] Reiterer S. 410.
[459] Mall. mal. p. 3 qu. 16 pag. 567. Riezlers Annahme (S. 116 ff.), daß „die späteren Hexenrichter, so abgestumpft ihr sittliches Gefühl war, ihren geistigen Führern (in diesem Punkte) die Gefolgschaft verweigerten", findet durch diesen Fall eine traurige Widerlegung. Allerdings ist der erbärmliche Kunstgriff, durch lügnerische Versprechungen Geständnisse zu erzielen, wiederholt von der Gesetzgebung verboten worden. Siehe die bayrische Instruktion von 1622.
[460] Wutte S. 42.
[461] Jaksch, Car. I 1894, S. 43 bis 53.

Endlich ist 1653 auch in Straßburg in Kärnten Augustin Felsberger wegen Teufelsbund schwer gefoltert worden[462]. Da er trotz siebenmaligen Aufziehens nicht gestand, mußte er schließlich entlassen werden.

Aus 1654 bewahrt das Klosterarchiv von Reun ein Zeugenverhörsprotokoll, aus dem hervorgeht, daß in diesem Jahre in Reun-Gratwein ein Zaubereiprozeß gegen den Keuschler Georg Schwarz wegen Wettermachen schwebte[463]. Ebendort und im selben Jahre ist ein gewisser Georg Riedl wegen Anzaubern von Schwindel in Haft gewesen und verhört worden, mußte aber in Ermangelung jeglichen Tatbestandes freigelassen werden. Eine Nachforschung, die bei demselben Anlasse gegen den Lidlschneider, einen „wissentlichen Hauptzauberer", bei St. Oswald angestellt wird, stellte sich als gegenstandslos heraus.

Ein volkskundlich sehr interessantes Verhör findet sich aus 1654 im Archiv des Schlosses Wolfsberg in Kärnten[464]. Dort wird am 28. Mai 1654 die Bettlerin Margareta peinlich wegen Schauermachen verhört. Sie kennt die Schicksale ihrer Landstraßengefährten genau und gibt — zum Teil als richtig feststellbar — an, daß in den letzten Jahren bei Kärntner Gerichten sechs Bettler und Bettlerinnen wegen Zauberei verbrannt worden seien. Alle Bettler könnten Wetter machen; wenn sie nichts bekämen, machten sie aus Rache von dieser Kunst Gebrauch. Sie gesteht eine Menge zauberischer Kenntnisse: Mäusemachen, Dürreerzeugen, Regenherbeirufen, Schauermachen, Frostzauber, aber auch Hexenflug auf einer Ofenschüssel. Sie ist jedenfalls gerichtet worden, obwohl sie nach der Feststellung des Gerichts „anteppisch" (geistesschwach) war.

Aus 1655 ist im steirischen Landesarchiv in Graz[465] ein kulturgeschichtlich wertvolles „Memorial" des Oberinspektors zu Franz (Südsteiermark) Ludwig Perrschaller an den Kaiser „wegen abstellung der hierinnen in Steyr in schwung geehunden großen laster" erhalten, in welchem er sich über das drohende Überhandnehmen von Zauberei, Gotteslästerung, Ehebruch, Fruchtabtreibung, Kleiderhoffart, Wucher, Völlerei und Spielleidenschaft im Lande beklagt

---

[462] Wutte S. 57.
[463] Byloff, Zauberei, S. 402 ff.
[464] Wutte S. 66.
[465] Intimationen Schub. 88 Hft. 260.

und empfindliche Bestrafung begehrt. Über die Zauberei sagt dieser naive Sittenprediger folgendes:

„Fürs erste die zauberey also überhandt nimbt, das solches laster die geistlichen auf den cantzlen nicht straffen derfen, so baldt sie darwider predigen, machen sie inen das sie in puncto khrumpb und lamb werden[466]. Mein eltere tochter, welche ein gottsferchttiges vleisiges mädl wahr, ist dreymahlen über die zaubereyen gangen, also das sy gantz umb iren gesundt und verstandt khomben, mein jüngste tochter ist gleichmäßig über ain zauberey gangen[467], welche drey tag und nacht unaufherlich geschrien, als ir vier spän außgeworffen, ist sie in gott entschlaffen, dergleichen vill anderen menschen und rev. vieh bischicht."

Man beachte, wie dieser dem höheren, gebildeten Beamtenstande angehörige Mann sein häusliches Unglück, Krankheit und Tod seiner Töchter, bedenkenlos dem Unterstreuzauber anlastet! Die Regierung hat dieses Memorial mit einem Runderlaß an die vier Gerichtsherren des Viertel Cilli beantwortet und diese zu schärfstem Einschreiten aufgefordert.

VII. Für 1657 haben wir Belege, daß in Kapfenberg im Mürztal zwei Bettler als Wettermacher mit glühenden Zangen gezwickt, erwürgt und verbrannt worden sind[468]. Einer von ihnen hieß Max Ruprecht und hatte eine Menge Genossen angegeben, die von der innerösterreichischen Regierung in einem Runderlaß allen Landgerichten zur Verfolgung bekanntgegeben wurden.

Das Mitglied der fruchtbringenden Gesellschaft Mathias Abele von Lilienberg verwendete diesen Fall, um daraus einen Prozeß des Teufels vor Gottes Richterstuhl um die Seele des Kapfenberger Zauberers, der sie dem Teufel mit Blut verschrieben, zu machen und diese läppisch-süßliche Darstellung seinen seltsamen Gerichtshändeln[469] einzuverleiben. Wir erfahren daraus[470], daß der Anlaß des

---

[466] Es ist dies eine öfters wiederkehrende Klage der Prediger, daß sie bei Predigten gegen das Hexenwesen persönlich an Leben und Gesundheit gefährdet seien.
[467] Wieder die ungemein verbreitete, auf der Idee einer Schädlichkeitszone beruhende Vorstellung vom Krankheitszauber durch Unterstreuen!
[468] SLA. Schub. 492 Zaub. Proz. Hft. 61. Vgl. Byloff, Zauberei, S. 404 ff.
[469] Continuatio metamorphosis telae oder Ander Teil Selzamer Gerichtshändel usw. Über Abele und sein zit. Buch vgl. Fehr II S. 383; auch Krones in der allg. deutsch. Biogr.

Prozesses, wie so oft, ein gewaltiger Hagelschlag am 2. August 1657 war, der das Grazer Feld mit faustgroßen Schlossen verheerte. Unter ihnen fand man Steine, spitz und wie Totenköpfe aussehend, Haare, „buhlerische Liberey Bändel" und eine Schere[471]. Offenbar ist also das Wetter vom „ehrenvergessenen Zauber-Gesindlein" gemacht worden. Die Kapfenberger Zauberer haben dieses Wetter geführt. Einer hat sich sogar mit seinem Blute dem Teufel verschrieben und mit einer Teufelin namens Barbara[472] Unzucht getrieben.

Von demselben Prozeß, der offenbar großes Aufsehen erregt haben muß, hören wir noch 1658[473]. Ruprecht hatte gestanden, wiederholte Tabernakeleinbrüche verübt, Hostien entwendet und den Juden verkauft zu haben. Deswegen erläßt die Regierung ein Rundschreiben an alle Erzpriester des Landes mit dem Auftrage, die Tabernakel wohl zu verwahren. Außerdem wird bei verschiedenen Dechanteien nachgefragt, ob die von den Kapfenberger Zauberern gestandenen Hostiendiebstähle auf Wahrheit beruhen (nach ihrer Hinrichtung!); der Dechant von Weiz erwidert darauf, daß ein solcher Diebstahl (von Hostien in einer zwei Meilen von Weiz auf einem Berge gelegenen Kirche; Pöllauberg?) nicht vorgekommen sei.

Übrigens hatte die Rundfrage der Regierung wegen der im Schwange befindlichen Hostienschändungen einen Teilerfolg. Der Abt von Admont berichtet unterm 27. Mai 1658[474], daß beim stiftischen Landgericht in Admontbichel (bei Obdach) eine Hostienschänderin, die achtundzwanzigjährige Gastwirtstochter Kunigunde Grien, in Haft sei. Sie hatte zugegeben, dreimal Hostien bei der Kommunion aus dem Munde genommen und in den Rahmhafen

---

[470] Solche sog. Belialsprozesse sind in der älteren Literatur nicht selten. Vgl. Fehr I S. 75 ff., II 33. 348 ff.

[471] Voreingenommenheit und leichtfertige Beobachtung haben nach großen Wetterkatastrophen öfters merkwürdige, auf Hexenwerk hindeutende Entdeckungen gemacht. Nach einer Mitteilung Lebenwaldts an die kais.-leopold. Akademie für Naturforschung in Breslau (Ann. 10 obs. 154) ging 1691 irgendwo in Untersteiermark ein heftiger Regenguß über ein Erlenwäldchen nieder. Danach fand man auf jedem Baumblatt deutliche Schlangenbilder eingeprägt. Ein später eingezogener Zauberer gestand, das Gewitter gemacht zu haben, damit die Pest entstehe.

[472] Barbara heißt eine der Saligen, ebenso auch stellenweise die weiße Frau. HWB. s. v. Barbara (Wrede).

[473] LRA. Graz Cop. 1658—II—75.

[474] LRA. Graz Cop. 1658—IV—9.

geworfen zu haben, damit das Butterrühren besser gelinge[475]. Die Regierung befiehlt die Einleitung des Strafprozesses, der sicher wegen der Sakramentsschändung mit einem Todesurteil geendet hat.

VIII. 1657 wird beim Landgericht Grades in Kärnten Rup N. mit seinem Weibe wegen zauberischer Anschläge gegen die Tochter einer Nachbarin prozessiert[476]. Das Urteil ist nicht erhalten.

Im selben Jahre ist ferner im bambergischen Landgericht Burgamt Villach der Lutheraner Hans Struger, auch Singer, bei dem man über dreißig lutherische Bücher fand, wegen Zauberei gerichtet worden[477]. Auch der Sodomiterei war er schuldig. Sein Lehrer in der Zauberei war der in Himmelberg in Verhaft liegende berüchtigte Zauberer Schittenkopf.

Im selben Jahre ist zu Egenberg im Traunviertel ein Mann wegen Mord und Zauberei verhaftet[478].

1658 muß in der Stadt Fürstenfeld die Gertrud Schmelzerin einen neuen Himmel für die Kirche machen lassen, weil sie, um eine reiche Ernte zu bekommen, einen Totenkopf ins Wasser gehängt hat[479].

Nach dem Ingedenkprotokoll des Hof- und Landgerichts Kremsmünster ist 1658 bei diesem Gericht ein grauenhafter Prozeß gegen die sogenannte Käbergergesellschaft durchgeführt worden[480]. Es handelt sich um das „crimen laesae maiestatis divinae et alia non dicenda vel scribenda enormissima delicta," wie das Protokoll diskret sagt, also jedenfalls um Hostienschändung und Teufelsspuk. Hingerichtet wurden der Leinweber Sigmund Ridler (gerädert und verbrannt), der Wartberger Wirt Hans Käberger (Zwicken mit glühenden Zangen, Rädern und Verbrennen), der Kumpfmüllner Wolf Kämesberger unter Schlierbach (auf dem Scheiterhaufen stranguliert), der Untertan Leonhard Prunmayr auf der Winn bei Adlwang, der gewesene Stiftshofmaier Hans Huebner und Mathias Spänner (alle drei geköpft und verbrannt), endlich zu Hall Georg Käberger. Drei weitere Beteiligte, nämlich Heinrich Haaß, Jakob Heinrich und Katharina Käbergerin, wurden aus dem Landgericht verwiesen.

---

[475] Häufig vorkommend! HWB. s. v. Hostie (Karle).
[476] Wutte S.45. Akten im fürstb. Gurker Arch.
[477] Ebendort S. 59.
[478] Strnadt S. 234.
[479] Hans Lange S. 197.
[480] Strnadt S. 208 ff.

Noch 1665 ist in Kremsmünster ein verspätetes Mitglied der Bande, der Spielmann und Leinweber Andre Schmidinger aus Wartberg, „um seiner greulichen Verbrechen willen" enthauptet und beim Galgen zu Staub und Asche verbrannt worden.

1658 finden wir auch in Straßburg in Kärnten einen Zaubereiprozeß, der mehreren Personen das Leben gekostet hat[481]. Dem Namen nach kennen wir nur zwei, den alten Klement Reibeis am Grantenbichl und den Lienhard Herfried. Ersterer wurde am 2. Oktober 1658 an der gewöhnlichen Richtstätte enthauptet, sein Körper verbrannt. Er war zu wiederholten Malen schwer gefoltert worden, weil er nach Ablassung vom „Zug" immer widerrief, und stand im Verdacht, mit der schon wiederholt genannten Erzzauberin, der Liendlin am Kogl, in Verbindung gestanden zu sein. Schließlich gab er zu, sich dem Teufel auf der Flattnitz verschrieben zu haben.

Ebenfalls 1658 spielt in Paternion in Kärnten[482] ein neuerlicher Zaubereiprozeß gegen den uns schon aus 1652 bekannten Hans von Veitsberg, einen Landstreicher, der zahlreiche andere Landstreicher als Genossen angibt, darunter den uns ebenfalls bereits bekannten Singer Hans, den Schittenkopf, den Grägler Anderl und den Kürschner Lex. Auch die Liendlin taucht noch einmal auf. Hans von Veitsberg gesteht nach schwerer Folter Gewittermachen, Luftfahrt mit der Hexensalbe, Sabbatbesuch auf der Görlitzen, wobei zwei Krebse den Wein auf die Alm gezogen hätten. Nach seiner Angabe besteht die Hexensalbe aus dem Fett gemordeter unschuldiger Kinder. Er ist sicher hingerichtet worden.

IX. 1659 finden wir in Rottenmann in Obersteiermark einen ungemein charakteristischen, die erpressende Wirkung der Folter besonders deutlich aufzeigenden Zaubereiprozeß gegen den zweiundzwanzigjährigen Bettelbuben Hans Glaser[483]. Es liegt der Bericht der entsendeten Regierungskommissäre Dr. Hieronymus Angelati und Georg Ruepp, geschworene Schrannenadvokaten in Graz, vor. Gütlich und unter den Daumstöcken gesteht er seine Bettelfahrten, Opferstockdiebstähle mit der Technik des gepichten Spans, den Besitz eines Bettelamulettes aus der Hirnschale eines armen Sün-

---

[481] Wutte S. 57.
[482] Jacksch, Car. I 1893, S. 17; Wutte S. 49.
[483] SLRA. Graz Cop. 1659—VI—28.

ders, das Festmachen durch die Passauer Zettel[484] und das Einheilen von Hostien in den Körper. Als der Richter nicht zufrieden ist und ihn mit einem Zentnergewicht belastet aufziehen läßt, gesteht er weiters eine ganze typische Zaubereigeschichte mit Hexentanz am Schöckel und allen Einzelheiten, auch genauen Personenangaben. Nach Ablassung widerruft er seine ganzen Angaben als durch die Folter wahrheitswidrig erpreßt und wird nun neuerlich schrecklich gefoltert. Sogar die Kommissarien erklären die oft wiederholte Folter für übermäßig. Glaser blieb aber standhaft und wurde daher schließlich nur wegen Zettel und Diebstahl mit Ruten gestrichen und aus dem Lande gewiesen.

Über einen Zaubereiprozeß aus 1660 im Landgericht Freyenstein[485] bei Leoben sind wir indirekt durch ein Verfahren unterrichtet, das gegen den Grazer geschworenen Freimann Hans Moser[486] (wegen Amtsmißbrauch) schwebte. Es ergibt sich daraus, daß in Fregenstein im Feber 1660 drei Personen wegen Zauberei bereits gerichtet waren, während einer, der Steffl am Hof, ein sehr alter Mann, noch in Haft saß. Der Freimann scheint bei der Besichtigung des Teufelszeichens des letzteren gefehlt zu haben; denn es werden die Zeugen dieser Besichtigung vernommen. Anwesend waren ungewöhnlicherweise außer den Gerichtspersonen der „Balbierer" Karl de Verra von Leoben als medizinischer Sachverständiger und zwei Jesuiten als theologische Experten. De Verra gab an, das Zeichen sei weder gehauen noch gestochen, sondern unnatürlichen Ursprungs.

1660 müssen auch in Reifenstein bei Judenburg Hinrichtungen wegen Zauberei stattgefunden haben; denn 1843 aus Anlaß der Bezirksbeschreibung[487] meldet die Bezirksobrigkeit: „In den alten deponierten Kriminalakten erscheinen auch noch Hinrichtungsexekutionen wegen Zauberey insbesondere die Letzte im Jahre 1660."

---

[484] HWB. s. v. Passauer Kunst.
[485] SLRA. Graz Ea. 1660—II—13.
[486] Über die durch hier Generationen bestehende Grazer Freimannsfamilie Moser und über die Persönlichkeit des Hans Moser, eines Trunkenbolds, der wiederholt wegen Ungeschicklichkeit und Grausamkeit bei den Hinrichtungen belangt wurde, vgl. Popelka I S. 415. Papelka erwähnt auch den vorliegenden Fall (oder einen anderen aus demselben Jahre?) a. a. O. I 417; die Beschwerde über das falsche Gutachten des Freimannes geht vom Grazer Stadtrichter aus (SLRA. Graz Gut. 1660—III—n. 15).
[487] SLA. Schub. 34 Hft. 15. Betreff Reifenstein.

Im selben Jahre hat man auch in Althofen in Kärnten gegen die stumme Bettlerin Eva, die Witwe eines in Wolfsberg hingerichteten Wolfbanners, wegen Zaubereiverdacht gütlich gehandelt[488]. Sie wurde schließlich als einfältig erkannt und entlassen. Dagegen wurde um dieselbe Zeit in Straßburg in Kärnten Christian Meixner als Zauberer hingerichtet[489].

Ebenso wissen wir aus einer undatierten, nach dem Schriftbefund um 1660 verfaßten Beschwerde[490] des Johann Heinrich Pürkher von Weißenthurn gegen „die von Weißkirchen" (bei Judenburg), daß dieser seinen Untertanen Staller wegen Zauberei verhaftet hat und daß die Weißkirchener sich weigern, ihn zu übernehmen, obwohl er von dem jüngst in Judenburg hingerichteten Zauberer als Genosse angegeben worden ist.

In Luttenberg hat der Rat des Ortes am 6. August 1660 die Marina, des Georg Wreßnigg Eheweib, wegen Zauberei verhört und dann dem Landgericht Ober-Luttenberg eingeliefert[491]. Es handelt sich um reine Magie ohne Teufelsbund: Zurückbringen verlorener Sachen, Wettergebete, Schatzfinden und Glückszauber. Den Ausgang kennen wir nicht.

Schließlich sei noch erwähnt, daß aus 1660 auch ein steirischer Beleg über eines der bekannten Spukhäuser[492] vorliegt. Aus dem Schreiben eines Murecker Augustinermönchs an den Prior Georg Turner der Augustinerniederlassung bei St. Paul in Graz vom 28. Jänner 1660 („Information wegen des Schrättls in Kummersberg"[493]) ist zu ersehen, daß im Anschlusse an einen Lohn- und Wohnungsstreit in einer Winzerei bei Luttenberg ein Klopfgeist auftrat, der aber die Geistlichen nicht vertrug und immer schwieg, wenn solche im Hause waren.

X. 1661 schreibt der Bürgermeister von St. Gilgen (am Abersee in Salzburg) an den Rat von Aussee, daß der in St. Gilgen wegen

---

[488] Wutte S. 42.
[489] Wutte S. 58.
[490] SLA. Sond. Arch. Saurau Schub. 216 Hft. 150.
[491] Anonymus, Ein Beitrag zur Chronik des Marktes Luttenberg (Marburg 1899), S. 57 ff.
[492] Kiesewetter, Geheimwiss. S. 395 ff.
[493] SLA.

Diebstahl und Zauberei verhaftete Schmiedeknecht Hans Zach entwichen sei und im Betretungsfalle verhaftet werden möge[494].

1661 haben wir ferner in Gutenhag im steirischen Pößnitztale Zaubereiprozesse schwerster und grausamster Art, bei denen zum erstenmal der Landgerichtsverwalter Wolf Lorenz Lämpertitsch erscheint, der sich hier seine Sporen verdient zu haben scheint. Er war ein vielleicht sadistisch veranlagter, sicher aber maßlos grausamer Hexenrichter, der die Folter so rücksichtslos anwendete, daß unter ihrer Einwirkung wiederholt Inquisiten starben. Außerdem hat er — wie sein späterer und später zu erwähnender Kollege und Konkurrent Johannes Wendseisen — dem Mißbrauch des „Sportulierens und Expensenschneidens" gehuldigt und in der technischen Gestaltung des Zaubereideliktes und seines Prozeßverfahrens reichliche und lohnende Gelegenheit gefunden, durch ständige Erweiterung des Prozeßstoffes und Hinausziehung der Prozesse seine Kostenrechnungen zu erhöhen. Lämpertitsch ist eine der abstoßendsten Richterpersönlichkeiten, denen wir in der steirischen Hexenverfolgung begegnen.

Die Gutenhager Prozesse von 1661 hängen mit solchen in Radkersburg, Pettau und Marburg zusammen. Die Verbindung wird immer wieder durch die Sabbatvorstellung hergestellt. Wie wir aus einem „Atzungsexpens" vom April 1661[495] wissen, welches das Radkersburger Stadtgericht für die Herrschaft Oberradkersburg ausgestellt hat, sind dort offenbar im selben Monate fünf Oberradkersburger Untertanen gerichtet worden, darunter eine Zauberin mit dem Feuer. Die Rechnungsposten: 5 Pfund Pulver, 4 Klafter Lunte, beweisen uns, daß es sich um eine Lebendigverbrennung handelte, wobei gewöhnlich aus Barmherzigkeit der Verurteilten ein Pulversack umgehängt wurde, um sie rasch ums Leben zu bringen[496].

Dann setzen in Gutenhag selbst Prozesse ein[497]. Sicher hingerichtet wurde die Margareta Khöltschitsch, dann am 22. Juni 1661 die

---

[494] SLA. Sond. Arch. Aussee Schub. 194.
[495] SLA. Sond. Arch. Ober-Radkersburg Schub. 20 Hft. 457.
[496] Der Jesuit Laymann bestätigt diesen Brauch, will ihn aber nur bei bußfertigen Inquisiten angewendet wissen (Theol. moralis II p. 519, 520).
[497] SLA. Schub. 492 Hft. 61 Zaub. Proz. Veröff. von Zahn, Gesch. Bl. 1822 3. II. 4. Hft. Ferner SLA. Sond. Arch. Ober-Radkersburg Schub. 20 Hft. 457 und 458, Sond. Arch. Khiesel. Vgl. auch Ilwos, Hexenwesen, S. 191, der zwei jetzt verschollene Urgichten dieses Prozesses benutzt hat.

Margareta Kheyditsch und die Apollonia. Eine vierte Genossin, die hochbetagte Juliana, ist als Opfer der Verhörskunst ihres Richters am 16. Juni 1661 im Gefängnis gestorben. Lämpertitsch meinte — wie immer in solchen Fällen — der böse Geist habe sie erdrosselt, um sich ihrer Seele zu versichern. Schon nach einigen Wochen fordert der Prozeß ein weiteres Opfer in Radkersburg in der Person der Goriza Schöpfin aus St. Jakob in den windischen Büheln. In ihrem Verhör bekannte sie, mit einem frommen Teufel, der sich Gregor nannte, verkehrt zu haben; wenn er kam, habe er immer höflich gegrüßt: „Grüß Euch Gott; Gott gesegne Euch". Auch die zwei Schwestern der Goriza sind in den Prozeß einbezogen und nach Gutenhag eingeliefert worden. Dort finden im Spätherbst 1661 noch zwei nachweisbare Hexenbrände statt; jenem am 18. November 1661 sind die Ellenka Roterin und die Ellenka Schaupergin zum Opfer gefallen; am 10. Dezember 1661 hat man die Ursula Kollar, die beiden Schwestern Gera Kuptschitsch und Urscha Tschernikhin und den Mann der ersteren Simon Kuptschitsch verbrannt. Jedoch sind sicher mehr Todesopfer gefallen, deren Akten fehlen, so wahrscheinlich die Luzia, des Thesalan[498] Weinzerlin und die Ursula Wagner.

Aus späterer Zeit erliegt im gräflich herbersteinschen Archive auf Schloß Oberpettau ein Verzeichnis jener Personen, gegen die die Ursula Tschernikhin ausgesagt hatte und die ihr gegenübergestellt wurden. Es sind sechsundzwanzig Namen aus fünf Gerichtsbezirken: Gutenhag, Wildhaus, Burg Schleinitz, Ebenfeld und Burg Marburg. Der Schreiber hat bei den Gutenhager Untertanen die Hinrichtung angemerkt. Wir finden außer den uns schon bekannten Namen als hingerichtet die Ellenka Megitschin, die Ursula Pschenitschnikhin und die Ursula, das Eheweib des Supan zu Muetschen, die erst 1673 — also nach zwölf Jahren, aber auf Grund des alten Verdachtes! — hingerichtet wird. Auch sonstige Namen, die 1673 vorkommen, werden schon hier genannt, so Jury Wohinez (Wukinez) und sein Weib Marina, die 1673 von Lämpertitsch in den Wahnsinn getrieben worden ist. Die Tschernikhin hatte auch ausgesagt, daß alle Weiber von Lendorf (slov. Dagoše, zur Pfarre Rötsch gehörig)

---

[498] v. Thessalon, eine zum Eisenadel Leobens gehörige Familie, die auch im Weingebiet begütert war. Pantz S. 351.

Hexen seien; tatsächlich hat die Zugehörigkeit zu diesem Hexendorf in späteren Prozessen noch eine ausschlaggebende Rolle gespielt[499].

Der unmittelbare Anlaß aller dieser Hinrichtungen war der große Schauer zu Lorenzi (10. August) 1661, der in Luttenberg alles erschlagen hatte und den die Hexen gemacht haben sollten. Vorausgegangen war der Strafprozeß gegen die Mutter der beiden Schwestern Gera Kuptschitsch und Urscha Tschernikhin, die alte und scheinbar geistesgestörte Ursula Wolwekhin, die Lämpertitsch in Gegenwart des Herrschaftsbesitzers Friedrich Grafen von Herberstein vernahm[500]. Sie gestand „von sich selbsten freywillig", sich dem Teufel mit Blut aus einem Baumblatt verschrieben zu haben. Am hoch aus der Ebene herausragenden und weithin sichtbaren Rohitschberg, dem heutigen Donatiberg bei Rohitsch in der slowenischen Untersteiermark, findet der Sabbat statt, wo ungezählte Leute anwesend sind, so auch der gewesene Provinzial der Pettauer Minoriten und der Pater Suniz. Eine schöne große Frau, die Gattin des obersten Teufels, übernimmt die Blutverschreibungen. Ähnlich farbig sind die Schilderungen der übrigen Bezichtigten; Lämpertitsch, der offenbar diese Einzelheiten in die Beschuldigten hineintorquiert hat, scheint viel Phantasie besessen zu haben. Die Wolwekhin ist am 27. Oktober 1661 der Burg Marburg ausgeliefert und nach einem Aktenvermerk dort hingerichtet worden, so daß also Mutter und zwei Töchter im selben Prozesse den Tod gefunden haben.

In Pettau ist in den Prozeß sicher die Magdalena Ferk verwickelt gewesen und hingerichtet worden. Sie entfloh zunächst aus dem Gefängnisse, wurde aber wieder eingefangen und gab unter Folterdruck eine Menge Genossinnen an. Ebenso einbezogen war die Marina Creatschin, die am 13. November 1661 an den Folgen der Folter im Gefängnis starb. Der Freimann fand bei Besichtigung der Leiche an der linken Brust ein schwarzes Zeichen in Form der Hand eines dreijährigen Kindes; also hatte der Teufel sie erdrosselt.

Die Prozesse forderten im ganzen siebzehn nachweisbare Todesopfer, alle aus kleinbäuerlichen Kreisen; sie sind aber sicher zahlreicher gewesen. Die Folter wird mit dem Hexenstuhl durchgeführt, durch den man, wie sich später Wendtseisen ausdrückte, „die

---

[499] Solche Hexendörfer gab es auch sonst; z. B. galt als solches das oberhessische Dorf Wohra. Vgl. Soldan-Heppe II 91; auch Spielmann S. 59, 73, 91.
[500] Schloßarch. Herberstein in Ober-Pettau.

schwersten casus herausbringen könne[501]"; die Kehrseite dieser vortrefflichen Foltermaschine waren die zwei totgemarterten Frauen.

Weitere Ereignisse des großen Prozesses ergeben sich aus den Sitten des SA. Khiesel im SLA. Graz, betreffend die Herrschaft Burg Marburg. Dort befindet sich die Stiefmutter der Luzia, die Margaretha Wamböckhin, Weinzerlin des Pater Suniz, in Haft. Man hat diese, die von der Ferkhin und der Wolwekhin (auch Wolwethin) belastet wird, nach Gutenhag geliefert, um sie der Wolwekhin gegenüberzustellen. Dort bricht sie zusammen und gesteht die Teilnahme an der großen Teufelsorgie am Donatiberg. Nach ihrer Rückkehr nach Marburg widerruft sie alles; die Wolwethin sei eine Lügnerin und ihre Feindin, weil sie ihr Geld schulde. Wir erfahren weiter, daß in den Prozeß auch die Burg Marburger Untertanen Gregor Diviakh und Michael Zschokh, sonst Zeisser, einbezogen waren; auch hier hatte die Ferkhin belastende Aussagen gemacht. Burg Marburg liefert schließlich alle drei dem Stadtgericht Marburg aus, womit wohl ihr Schicksal besiegelt gewesen sein dürfte und die Zahl der feststellbaren Todesopfer des Prozesses auf zwanzig steigt. Die Ferkhin starb am 5. November 1661 am Hochgerichte.

XI. Am 29. März 1662 ist in Reun-Gratwein „der vertambte böswicht" Michel Pauer zu Staub und Asche verbrannt worden — offenbar wegen Zauberei[502] — und im Oktober desselben Jahres findet in Irdning im steirischen Ennstal beim Landgericht Wolkenstein[503] ein Malefizrecht gegen einen Menschen statt, der neben Mord und Diebstahl auch Zaubereien bekannt hat — wahrscheinlich ein verbrecherischer Landstreicher.

Aus einer Einladung des Richters der Herrschaft Fridtstein (bei Irdning im Ennstal[504] an den Bürgermeister von Aussee wegen Malefizrechtbeschickung vom 19. Oktober 1662 ersehen wir, daß in Fridtstein ein Dieb, Mörder und Zauberer verhaftet liegt, der „erschröckhliche" Dinge eingestanden hatte. Auch wieder ein land-

---

[501] In seinem handschriftlichen tractatus iudicarius (früher Eigentum Arnolds von Luschin-Ebengreuth, jetzt im Handschriftenbestand des steir. Land. Arch. Nr. 1706). Das Urteil Beckmanns S. 499 ff. über die Stuhlfolter lautet wesentlich anders; der Autor bezweifelt, daß sie in ihrer Länge mit den Vorschriften des Gesetzes, des Christentums und der Humanität vereinbarlich sei.
[502] Byloff, Zauberei, S. 405.
[503] Ebendort.
[504] SLA. Sond. Arch. Aussee Schub. 194.

streichender Verbrecher, der mit dem vorigen in Verbindung gestanden haben dürfte, wenn er ihm nicht wesensgleich ist.

Im April 1662 wird aus Burg Leonstein[505] in Kärnten eine Untersuchung gegen einen Wettermacher namens Christoph geführt, der auch des Fliegens und des Sabbatbesuches geständig ist. Nach seinen Angaben besuchten den Sabbat auch schöne Frauen und Gräfinnen im Kobelwagen[506]. Ursache der Verfolgung war das große Schauerwetter am Ostertag. Christoph ist als Malefizperson der Herrschaft Moosburg ausgeliefert worden und sicher am Hochgericht gestorben.

In Paternion ist im selben Jahre die Regina Paumann wegen Teufelsbuhlschaft, Wettermachen und Sabbattanz am Scheiterhaufen erdrosselt worden[507]. Nach ihrer Angabe führt der oberste Teufel den Namen „die alte Perchtl", ein interessanter Anklang an den aus der heidnischen Zeit stammenden Perchtenglauben[508]. Sie hatte drei Kretins, den Leonhard, den Bartl und den Toni, als Sabbatteilnehmer genannt, die verhaftet und gütlich vernommen wurden, wobei der Richter aus dem Leonhard das Geständnis der Hexenfahrt in Vogelgestalt und des Sabbatbesuches herausbrachte. Der Bauer Metnitzer — den Richter an Einsicht weit überragend — erklärte auf Grund seiner mehrjährigen Kenntnis des Leonhard die Schilderung des Idioten als Erinnerung an eine Bauernhochzeit, wobei die Braut wegen des Brautkranzes mit seinen zwei ausstehenden Büscheln die Rolle des gehörnten Teufels spielte und ein Hühner raubender Habicht die Flugvorstellung beeinflußte! Vermutlich hat man alle drei wegen ihres Schwachsinns laufen lassen.

Endlich sind im selben Jahre 1662 noch in Straßburg in Kärnten Rup Marschner und N. Hamig wegen Zauberei hingerichtet worden[509].

---

[505] St. Pauler Arch. Kasten 15, 3, 23, Nr. 75. Wutte S. 49.
[506] = gedeckter Wagen der vornehmen Gesellschaft, Kutsche (Schmeller I 1217).
[507] AKGV. Fasz. Hexen 1662. Jaksch, Car. I 1893, S. 9-17.
[508] Vgl. über den Perchtenglauben in den österr. Alpenländern Andree-Eysn S. 156; über den Perchtenmythus überhaupt und in seinen Beziehungen zum Wetter H. E. Meyer S. 429, Waschnitius S. 26. In Kärnten ist Perchtl „nur als feindlicher, nach dem Leben trachtender Dämon" bekannt, der sein Wesen besonders in der Perchtennacht treibt (Waschnitius S. 24).
[509] Wutte S. 58.

1663 ist der Halter Christoph Plackher zu Nikolsdorf bei Wien wegen abergläubischer Vorkehrungen zur Wiederbringung von Diebsgut mit einem halben Schilling abgestraft worden[510]. Im selben Jahre am 22. Oktober hat man weiters in der Stadt Murau Lorenz Pöllinger gerichtet[511]; der Landgerichtsverwalter des Schlosses Murau bittet hierzu den Stadtrichter um Abordnung von sechs Beisitzern, Aufrichtung der Schranne[512] und Überreichung des Gerichtsstabes[513] an den Bannrichter.

1664 prozessiert man in Reun-Gratwein[514] die alte Eva Rainerin, eine offenbar geisteskranke Kirchfahrerin; denn sie hat Teufels-, Gottes- und Marienerscheinungen und treibt mit ihren zahlreichen Hunden einen förmlichen Kult. Ihr Schicksal ist unbekannt. Dagegen ist im selben Jahre die Bauernmagd Katharina Waltin in Obdach bei Judenburg[515] sicherlich gerichtet worden; denn sie gesteht Wettermachen, Luftfahrt und Teufelsbuhlschaft und belastet ihre Bäuerin, die Frau des Perner Lipp in Stallhofen, sehr, so daß auch diese in Reun prozessiert worden sein dürfte.

Auch in Neudau an der steirisch-burgenländischen Grenze und in Feldbach sind 1664 Hexenverfolgungen vorgekommen[516]. In Neudau ist die Ursula Neubauer, deren beide Eltern schon wegen Zauberei hingerichtet worden sind, auf eine gehässige Anzeige ihrer Nachbarin über elf Monate in Haft, wird schließlich freigelassen und des Landes auf ewig verwiesen. In Feldbach ist „die Bäuerin von Offendorf", die Rainerin am Grieß, hingerichtet worden[517]; sie war angeblich mit Gregor Agricola, dem im Feldbacher Hexenprozesse von 1675 verkommenen Pfarrer von Hazendorf, von der Pfarrhoflinde weggeflogen.

In Kärnten hat man 1664 in Althofen[518] zwei Bettelbuben, den zwanzigjährigen Sebastian Praitbrenner und den elfjährigen Michl,

---

[510] Schlager.
[511] SLA. Sond. Arch. Murau Schub. 14.
[512] D. i. der Sitzungsplatz des Gerichtes mit Bänken, Schranken und anderen Einrichtungen (Schmeller II 604).
[513] Über den Gerichtsstab Amira, Stab, S. 84 ff. Für Steiermark vgl. Mell S. 449.
[514] Byloff, Zauberei, S. 406.
[515] Ebendort S. 408.
[516] SLA. Sond. Arch. Herrschaft Burgau 1664. Darüber Zahn, Gesch. Bl.; Hammer-Purgstall, Gallerin, III 92.
[517] Spätere Angabe aus dem Agricolaprozeß!
[518] Wutte S. 42.

wegen Zauberei verhört, ersteren auch gefoltert. Die ursprünglich gestandene Luftfahrt widerrief er unter der Folter, gestand jedoch Sodomiterei in mehreren Fällen, so daß er derentwegen wohl hingerichtet worden ist. Der kleine Michl bekam einen Schilling mit der Rute. Im Landgericht Grades[519] sind im gleichen Jahre Peter Trattner und ein Ungenannter wegen Sabbatbesuch und Wettermachen gerichtet worden.

XII. In den Pflegerhandlungen der Herrschaft Donnersbach bei Irdning für 166S kommen wiederholte gegenseitige Beschuldigungen von Frauen wegen Zauberei vor[520]. Eine behauptet, die andere sei „nit gerecht"; eine zweite redet herum, die Nachbarin habe ihr „Gleck" (Grünfutter) verzaubert, bis der Richter feststellt, daß die Segenformel keinen Zauber, sondern nur einen Aberglauben enthalte. Solches Gerede erwies sich bei einem eifrigen Richter als höchst gefährlich, weil sich daraus Anlässe zu schweren Verfolgungen machen ließen.

Aus 1665 haben wir weiters Anhaltspunkte über einen Hexenprozeß im Schlosse Sauritsch an der steirisch-kroatischen Grenze. Der Bannrichter Jakob Vogl hat damals die Margareta Khoßlegkin hinrichten lassen[521].

1666 ist im Schloß Rotenfels (bei Oberwölz) ein Bettelbub namens Jakob Pürckher in Haft[522], der insofern eine Verlegenheit für das Gericht bildet, als er gestanden hat, mit dem Pfarrer von Oberwölz zahlreiche Flüge gemacht zu haben. Man hilft sich schließlich damit, daß man das Gutachten dreier Juristen darüber einholt, ob solche Angaben glaubwürdig seien, und das Gutachten erklärt gefällig, der Junge sei einfältig und zu entlassen. Erst 1667, nachdem er dreiundzwanzig Monate in Haft gewesen, hat man diesen Rat befolgt, ihn ausgepeitscht und des Landes verwiesen.

Auch in Kärnten finden wir 1666 mehrere Prozesse[523]. In Straßburg werden am 7. Oktober 1666 der Bettler Simon, der Regen und Wind machen kann und auch beim Tanz auf der Alm dabei war, und der Dieb und Zauberer Jörg Geyer hingerichtet. In Wolfsberg ist die

---

[519] Ebendort S. 45.
[520] SLA. Sond. Arch. Donnersbach Schub. 59 Hft. 153.
[521] SLRA. Graz Cop. 1675, XI—15.
[522] SLA. Sond. Arch. Rotenfels Schub. 97.
[523] AKGV. Samm. Arch. Fasz. Hexen. Wutte S. 58.

Ursula wegen Zauberei gütlich verhört worden. Wir erfahren, daß der Freimann hingeschickt werden soll, um Angaben über Genossinnen aus ihr herauszubringen[524]; also wird ihr die Sache wohl das Leben gekostet haben. In Spittal[525] endlich wird der sechsundsiebzigjährige Stefan aus Trägenwinkel, ein Landstreicher, der eine Menge Bettler als Genossen angibt, wegen mannigfachen Zaubers, namentlich Schauermachen, aber auch wegen Verwandlung in einen Wolf und Niederreißen von Vieh — also als Werwolf[526] — zum Feuertod verurteilt und im Gnadenwege enthauptet.

Nach der Handschrift Nr. 14699 der Wiener Hofbibliothek[527] ist im selben Jahre 1666 bei der Landgerichtsherrschaft Johannstein bei Mödling der Sparbacher Meßner Leonhardt Gschwendtner wegen einer angeblichen Teufelsverschreibung und verschiedenen Zaubers peinlich vernommen worden. Schließlich wird er als einfältig mit einem Verweis entlassen.

1668 ladet der Stiftssekretär von St. Lambrecht[528] Richter und Rat von Murau ein, zum Malefiztag gegen zwei Zauberer, der in St. Lambrecht am 2. August stattfinden soll, nach altem Brauch zwei ihrer Mitbürger zu entsenden. Beiläufig aus derselben Zeit (nach den beteiligten Personen zwischen 1664 und 1670) ist uns für das steirische Eisenwesen ein Bericht zweier Ob- und Vorgeher an der Innerberger Hauptgewerkschaft (Hans Bernhard Bischof und Johann Adam Paumbgartner) erhalten[529], der in deutlichster Weise den Zug der Zeit, alles Ungemach auf Zauberei zurückzuführen, aufzeigt. Die Eisenerzeugung im Blahaus in Wildalpen (steirisches Salzatal) ließ zu wünschen übrig, weil nur schlechtes Eisen gemacht und zu viel Kohle verbraucht wurde. Die beiden Berichterstatter schreiben dies dem Umstande zu, „daß daroben einer oder der andere, so man nit wissen khann, schlechte bossen, unzuelessige mitl, hex- und zauberei müesse gebraucht haben". Sie lassen daher zu deren Abwendung

---

[524] Ebendort. Wutte S. 66.
[525] Wutte S. 54.
[526] Über den Werwolfglauben vgl. Soldan-Heppe s. v. an zahlr. Stellen: Schrader RL. s. v.; über den alten griechischen Wolfskult des Zeus Lykaios in Arkadien Pauly-Wissowa s. v. Lykaios. Vgl. auch Keller, Tiere des klass. Altert. S. 158 ff.; derselbe, Antike Tierwelt I S. 87ff. Siehe auch oben S. 8 Anm. 5, unten S. 138.
[527] Bespr. von Schalk.
[528] SLA. Sond. Arch. Stadt Murau Schub. 14 Hft. 24.
[529] SLA. Innerberg Miscellanea.

Messen lesen und Ofen und Feuer mit Salz, Wasser und Öl benedizieren. Zauberei als Erklärungsgrund für technische Mißerfolge in der Eisenverhüttung!

XIII. 1669/70 ist wieder in Straßburg in Kärnten[530] die Milchzauberin Cäcilia Gruber mit dem Schwerte hingerichtet worden. Es handelt sich um einen reinen Malefizienprozeß ohne Teufelsbund.

Am 1. August 1669 findet bei der Landgerichtsherrschaft Friedau (Nachbarort von Luttenberg, Edelweingebiet) ein Malefiztag statt, bei dem drei Hexen, die Barbara Rodikh, die Nescha Mayzen und die Marina Murkowitsch, verehelichte Reppin, zum Tode verurteilt worden sind[531]. Die ersten zwei hat man sofort hingerichtet, während die schwangere Marina Reppin bis zur Entbindung am Leben erhalten worden ist. Der Prozeß, dessen Akten größtenteils verloren sind, muß größeren Umfang gehabt haben. Wir wissen, daß im Zusammenhang mit ihm am 5. September 1669 in Radkersburg[532] die Barbara Sperkh, die Amme der gleich zu erwähnenden Urscha Murkowitsch, verbrannt worden ist und daß mit ihr gleichzeitig eine Reihe von „Mitgespaninnen" den Tod erlitt. In Friedau saß gleichzeitig die Marina Richterin und in Radkersburg die Urscha Murkowitsch, die ihre Amme, die Sperkhin, wegen eines gestohlenen Talers davongejagt hatte und aus Rache von ihr angezeigt wurde, sie sei mit auf den Rohitschberg, Rendschenberg und Goritschenberg geflogen. Die Murkowitsch lag wegen eines Zuständigkeitsstreites durch zwei Jahre in Haft, wurde dann mehrere Male gefoltert, gestand aber nichts, trotzdem man ihr ein rupfenes Hanfhemd[533] anlegte, Speise und Trank mit Weihwasser versetzte und sie Tag und Nacht auf einem Stein sitzen ließ, damit sie den Boden nicht berühre[534]. Sie mußte endlich 1671 gegen Urfehde entlassen werden.

XIV. Ein grausiger Zaubereiprozeß ist 1671 — von Lankowitz bei Köflach ausgehend — vor dem Stadtgerichte in Graz durchgeführt worden, der einzige, der uns zur Gänze aus der steirischen Landeshauptstadt überliefert ist. Durch geheime Anzeigen veranlaßt,

---

[530] AKGV. Sammel. Arch. Fasz. Hexen. Hauser, Car. 1881, S. 151 ff.
[531] SLA. Sond. Arch. Pettau Fasz. 37 Hft. 3. Zahn Gesch. Bl. S. 157.
[532] SLRA. Kop. 1671 VIII-50, Kop. 1671 X—187.
[533] Aus wild gewachsenem Hanf muß das Folterhemd sein, um den Schweigezauber zu lösen, wahrscheinlich eine mit der Pflanzenseele zusammenhängende Vorstellung. Vgl. Byloff, Volkskundl. S. 43.
[534] Soldan-Heppe II S. 333 ff.

ließ die innerösterreichische Regierung die hundertjährige[535] sogenannte Almwirtin in Lankowitz, d. i. die Martha Meßnerin, ihre beiden Töchter Maria und Christl Meßnerin, ihre beiden Enkelinnen, die zehnjährige Urschl, Tochter der Maria, und die stumme und blödsinnige Christina die Jüngere, Tochter der älteren Christina, endlich die dreizehnjährige Urschl Dräxlin im November 1671 einziehen und nach Graz schaffen[536]. Es handelt sich hauptsächlich um Bettelvolk; gegenseitige Beschuldigungen wegen Teilnahme am Zauberwesen erweisen sich von Bettelneid veranlaßt, weil die Lankowitzer Franziskaner „angegreint und angehußt" worden seien, ihnen kein Almosen zu geben. Die uralte Meßnerin, die zuerst standhaft leugnete, dann aber nach mehreren Torturen das übliche bekannte, stirbt alsbald („verschmachtet", wie die Akten sagen) und wird am 28. Dezember 1671 mit dem Feuer vertilgt. Die beiden Töchter Maria und Christina die Ältere, die ebenfalls schwer gefoltert worden sind, darunter auch mit dem sonst in Steiermark seltenen „spanischen Stiefel", werden am 3. Feber 1672 am Scheiterhaufen erwürgt und verbrannt. Die Urschl Meßnerin und die Urschl Dräxlin werden gleichfalls zum Tode verurteilt; doch soll ihnen die Stadthebamme wegen ihrer Jugend im warmen Bade die Adern öffnen und sie zu Tod bluten lassen. Die Körper sind dann zu verbrennen. Das „Stummerl" wird freigesprochen, weil man sie als unzurechnungsfähig erkannt hatte[537]. Sie ist dem Landgericht Voitsberg als Hauskretin zugewiesen worden.

Der Zufall hat die beiden verurteilten Kinder vom Tode gerettet[538].

Die Stadthebamme mochte sich geweigert haben, das Henkeramt zu vollziehen. So hat man ihnen schließlich das Leben geschenkt,

---

[535] Das Alter kann nicht richtig sein, da die beiden Töchter der Meßnerin 40 und 50 Jahre alt sind. Sie muß demnach erheblich jünger gewesen sein.
[536] Akten im SLRA. Graz Kop. 1671 XI 43, 87, XII 79, 93; Gut. 1672 I 16, II 30, VII 8. Ta. 1672 IV 7, IX 4; Gut. 1673 I 11; Ta. 1673 I 15, IV 32. Beschrieben ist der Prozeß bei Kloepfer, Grazer Tageblatt vom 21. September 1919. Die Tortur ist als besonders grausam hervorgehoben bei Popelka I 423, 430. Auf diesen Lankowitzer Prozeß dürfte sich die Bemerkung beziehen, die Abraham in Santa Clara in seiner Teufelspredigt (Judas der Erzschelm II 159) über das merkwürdige Geständnis des Mädchens von Lankowitz macht.
[537] Der Grazer Stadtschreiber Jakob Codrus, ein besonders strenger Richter, stimmte auch für den Tod dieser armen Idiotin. Popelka I S. 430.
[538] Nicht nur eines, wie Popelka annimmt.

wenn sie sich bessern würden und sich ein Ort zu ihrer Unterbringung finde. Es war der Beichtvater P. Elias Stanislaus Otto, der durch ein Gnadengesuch diesen Erfolg erzielte, trotzdem das Stadtgericht Graz die Begnadigung nicht befürwortet hatte; denn — so meinte man — namentlich die Dräxlin sei nicht so einfältig, habe noch im Gefängnis gesagt, das müsse ein schlechter Handwerker sein, der das einmal gelernte Handwerk vergesse, auch mit ihrem Schwarzen, dem Hanselmann, neuerdings verkehrt und sei in der Zauberei überhaupt erfahren. Trotzdem ließ die Regierung die beiden Kinder bis zu ihrer Besserung ins Bürgerspital bringen. Dort ließ man sie aber aus Mangel an Zuschuß hungern; im Jänner 1673 ist die Regierung genötigt, dem Spitalmeister Friedrich Hingerl streng auszutragen, den beiden Mägdlein die notwendigen Speisen zu verabfolgen, da es vorkomme, daß sie nicht einmal Brot erhalten, sondern das essen müssen, was die Spitalweiber übrig lassen. Ein eindrucksvollerer Beweis des Vernichtungswillens des Zeitalters gegen das Zauberer- und Landstreichervolk läßt sich kaum erbringen.

Die übrigen von den Meßnerischen Beschuldigten — zu ihnen gehörte namentlich der Betenmacher (Rosenkranzerzeuger) Thomas Sagmeister, der Buttenträger Urban Schober und die Bäuerin Eva Dräxlin — wurden aus Mangel an Beweis vorläufig entlassen. Doch scheint wenigstens der erstere, später seinem Schicksal nicht entgangen zu sein; wir wissen aus 1673, daß Sagmeister im April dieses Jahres in Ober-Voitsberg in Haft saß und daß der Bannrichter Dr. Andreas Schlätterer den Prozeß wegen Zauberei mit unbekanntem Ausgang geführt hat. Zu erwähnen ist noch als volkskundlich bemerkenswert, daß nach Angabe der „Maidl" (Maria Meßnerin) die Flugsalbe aus „Hittrich" (= Hüttenrauch, Arsenik) und Donnerstrahlen (Spießglanz?)[539] besteht, ein Beweis dafür, daß der Arsenik in der bäuerlichen Zaubermedizin bereits wohl bekannt verbreitet war.

Entgegen dem Austilgungsgedanken, der in diesem Prozeß offen zutage liegt, hat man im selben Jahr 1671 in einem Kärtner Zaubereiprozeß, der beim Khevenhüllerschen Landgericht in Hoch-Osterwitz durchgeführt wird[540], den etwa zwanzigjährigen Bettler und Landstreicher Hans Schlegele, der allerdings in hohem Grade

---

[539] Vielleicht auch Bergkrystall
[540] SLRA. Graz Kap. 1671 XII 34. Wutte S. 47.

schwachsinnig war, sehr glimpflich behandelt. Troß seines Geständnisses des Zauberfluges und Schauermachens ist er auf Befehl des Kärtner Landesverwalters mit einem halben Gulden Almosen entlassen worden. Doch stellt dies die Grazer Regierung mißfällig aus, „zumahl dergleichen einfaltige leith mit der zauberey, so eine subtile sach, an maisten inficiert", und befiehlt Wiederverhaftung und Einleitung eines ordentlichen Prozesses, dessen Ausgang wir nicht kennen.

Aus dem Fürstenfelder Stadtarchiv[541] ergibt sich, daß 1671 dort ein gewisser Mathias Thür von seinem eigenen Schwager und von Paul Stainer wegen „Krumm- und Lahmlegung" der Frau des ersteren und des Sohnes des letzteren als Zauberer beim Stadtgericht angegeben worden ist. Es stellt sich heraus, daß Thür schon 1668 zusammen mit einem andern namens Fux der Zauberei bezichtigt war. Die Fürstenfelder Augustiner, deren Untertan Thür war, verweigern jedoch die Auslieferung und bemerken, es sei gerichtsbekannt, daß des Schwagers Weib an der Wassersucht gestorben sei; Paul Stainers Sohn dagegen habe nur ein Geschwür am Fuß gehabt.

1671 erließ der Magistrat von Trient auf Ersuchen des Ärztekollegiums eine Verordnung, wonach die an den Häusern und Kirchen angebrachten Zeichen der fremden Bettler und angeblichen Pilger (Zinken!) unverzüglich auszutilgen und mit Weihwasser abzuwaschen seien; man nahm an, daß durch diese und durch das Bestreichen der Gebäude mit Salben die Pest erzeugt werde.[542]

XV. 1671 beginnen weiters zunächst in Luttenberg, dann aber in gewohnter Weise auch aus benachbarte Landgerichte übergreifend, schauerliche Hexenverfolgungen, die durch mehrere Jahre fortdauern und massenhafte Opfer fordern. Ausgelöst wurden sie durch eine Verleumdungsklage des Michael Hörk (auch Hergger), seiner Frau Marina und ihrer Schwester Jera Scherb in Luttenberg gegen mehrere Nachbarn, die ihnen Zauberei nachgeredet hatten. Wie gefährlich solche Klagen waren, sollte das Schicksal der Kläger alsbald zeigen.

---

[541] SLA. Sond. Arch. Fürstenfeld.
[542] Ambrosi S. 136. Auf der Vorstellung beruht der Mailänder Zaubereiprozeß von 1630, den Alessandro Manzoni in der „Storia della colonna infame" beschreiben hat (Opere pag. 263 seg.).

Die Grazer Regierung beauftragt am 24. Jänner 1671 den Ratsbürger von Radkersburg Johannes Wendtseisen[543] mit der Entscheidung dieses Prozesses. Diese als Mensch und Richter höchst fragwürdige Persönlichkeit, die wegen Bestechlichkeit und schmutzigen Expensarschindens von den eigenen Landsleuten, den Radkersburger Bürgern, aus dem Ratsschreiberamt und aus der Stadt gejagt worden war, trägt einen großen Teil der Schuld daran, daß die Prozesse im Grenzgebiet der Steiermark, Ungarns und Kroatiens in den siebziger und achtziger Jahren des 17. Jahrhunderts nicht aufhörten, sondern sich ständig fortpflanzten und erweiterten. Wendtseisen, der sich guter Beziehungen zur innerösterreichischen Regierung erfreute — er hatte sich gegen Bestechung als willfähriger Verhandlungsgegner in Steuersachen der untersteirischen Städte gezeigt — bot sich der Regierung als Hexenrichter an, und die Regierung, die bemerkt hatte, daß die Landgerichtsherrschaften wegen der gewaltigen uneinbringlichen Prozeßkosten in der Einleitung und Führung der Zaubereiprozesse saumselig zu werden begannen, griff mit Freuden zu, weil sie gewiß sein konnte, daß der erwerbs- und habefreudige Mann die letzte Möglichkeit der Erweiterung der Prozeßgrundlagen ausschöpfen werde, um damit seine Kostenrechnungen zu vergrößern. Wendtseisen erlangte so eine förmliche Monopolstellung als Hexenrichter; Kaiser Leopold erteilte im Patente vom 24. Mai 1684 dem damaligen Landgerichtsverwalter von Ober-Radkersburg, seinem getreuen Johannes Wendtseisen, den Auftrag, alle zauberischen Personen in den Bezirken Radkersburg, Luttenberg „und anderen in der Tonfin herumbliegenden Landgerichtern" einzuziehen, zu konfrontieren und zu prozessieren[544]. Alle Landgerichte und Burgfriedsobrigkeiten werden angewiesen, ihm bei der Erfüllung dieser Aufgabe Hilfe zu leisten. So hatte er förmlich Stellung und Einfluß eines privilegierten päpstlichen inquisitor haereticae pravitatis in seinem Bezirke gewonnen und wußte sich auch in Szene zu setzen; ein Glück, daß er 1689 starb.

Wendtseisen hat in der Streitsache Hörk und Genossen zunächst eine Menge von Zeugen vernommen, die alle gegen die Kläger aussagten, behaupteten, sie seien von ihnen gleich dem Dr. Faust ge-

---

[543] SLRA. Graz Kop. 1671 I 116. Über die Persönlichkeit Wendtseisens vgl. Byloff in der Festschr. zum 90. Gebrt. Arnolds v. Luschin-Ebengreuth.
[544] SLA. Sond. Archiv Ober-Radtkersburg Schub 2 Hft. 33. Beschreibung und Würdigung seines tractatus iudiciarius bei Byloff.

zwungen worden, aus einem mit Schlangen gepeitschten Fasse zum Hexensabbat zu fahren; vor dem Hause des Hörk habe man den gespenstigen „brinnenden Schab" Stroh[545] niederfallen sehen usw. Die Kläger wurden daher auf Wendtseisens Eintrag verhaftet und der Folter unterworfen[546]. Diese Folterverhöre hat der uns schon bekannte Landgerichtsverwalter Wolf Lorenz Lämpertitsch, der sich offenbar von Wendtseisen nicht verdrängen ließ, vorgenommen. Die barbarische Anwendung der Stuhlfolter bewirkte, daß Hörk am 28. Jänner 1672 nach vielstündigem Sitzen auf dem Hexenstuhl „in occulta desperatione" starb; er bezahlte die Standhaftigkeit seines Leugnens mit dem Tode. Lämpertitsch meinte in seinem Rechtsfertigungsbericht[547], daß der Teufel, der ihm die Zunge gebunden, ihn auch umgebracht habe! Schon fünf Tage vorher (23. Jänner 1672) waren die Marina Hörgin und die Gera Scherbin geköpft und verbrannt worden[548]; alle Kläger hatten also ihre Klage mit dem Tode gebüßt.

Allein das Verfahren geht gegen die durch die Verhöre herausgekommenen Sabbatsteilnehmerinnen weiter! Am 8. April 1672 werden vier weitere Frauen, die Luttenberger Bürgerin Eva Kristanzin, die Barbara Lach von Schützendorf, die Eva Sloventhin oder Treinzin und die Margareta Serschenizin, beide von Zwerndorf, gerichtet[549]. Die erstere hatte Lämpertitsch zur Schonung der Bürgerwürde nicht gefoltert und zum ehrlichen Tod durch das Schwert verurteilt, was Wendtseisen scharf tadelt. Klassenjustiz auch noch am Hochgericht! Im Juni 1672 sind an die vierzig Personen, die meisten aus Schützendorf, in Luttenberg unter den elendsten Verhältnissen in Haft[550]; sie sind nicht einmal getrennt, liegen „über Haufen" beieinander, daß sie des üblen Geschmacks halber fast krepieren müssen, sind unzureichend verpflegt und leben nur von dem, was ihnen die Leute zutragen. Am 25. Juni 1672 hat Wendtseisen weitere sechs Frauen erdrosseln und mit dem Brand vertilgen lassen[551], nämlich die Urscha Obrainin, die Helene Schudowiza, die

---

[545] Vgl. Geramb, Glüh. Schab; Byloff, Volkskundl. S. 37.
[546] SLRA. Graz Kop.. 1671 XII 100.
[547] Ebendort Kap. 1672 V 122.
[548] Ebendort Kap. 1672 IV 59.
[549] Ebendort.
[550] Ebendort Kop. 1672 VI 112.
[551] Ebendort Kop. 1672 VII 96.

Margareta Pilleyin, die Urscha Vidonitschin, die Marina Zamoritscha und die Gera Khrailin. Noch aber liegen achtunddreißig von den hingerichteten Bezichtigte im Luttenberger Kerker. Das Verfahren greift durch Wendtseisens Eifer auch auf Friedau, Ankenstein, Sauritsch, Pettau, Gutenhag, Radkersburg und Gleichenberg, ja bis nach Kroatien hinein[552]; überall leben Mitbeschuldigte, die der Verfolgung unterworfen werden. Wir kennen leider nur einen geringen Teil der Akten, wissen aber bestimmt, daß die Opfer viel zahlreicher waren als die uns überlieferten[553].

Wendtseisen gerät wegen seines Verfolgungseifers in Widerspruch mit der Geistlichkeit, der Bedenken an der Schuld der Verurteilten aufgestiegen waren. Als der Beichtvater der in Radkersburg Gerichteten, der dortige Stadtpfarrer, einzelne seiner Beichtkinder dazubringt, ihre grundlosen Beschuldigungen gegen andere zurückzunehmen, verbittet sich dies Wendtseisen energisch und erwirkt auch einen seinem Verbote entsprechenden Regierungsbefehl[554] [555]

Schließlich löst der Bannrichter Paul Schatz von Tilli Wendtseisen ab. Am 1. August 1673 läßt er neuerdings sechs Frauen, die Dorothea Huberin, Gertraud Kerßnaritschka, Susanna Zoglin, Gertraud Pilleyin, Magdalena Solgkatschin und Helena Jagklin erdrosseln und verbrennen. Drei Frauen, die trotz Stuhlfolter nichts gestehen wollten, hat er entlassen, zehn sind noch in Haft, darunter zwei Schwangere; schließlich hat er auch alle diese gegen Gestellungsbürgschaft auf freien Fuß gesetzt[556].

---

[552] SLRA. Graz Kop. 1673 IX 35.
[553] 1672 wurde zu Ende des Jahres in Luttenberg protokolliert, daß während der dreijährigen Richterschaft des Adam Scheuber zweiunddreißig Personen „in zauberey und diebstahlsachen zum gehaimben und offenen recht gestellt, von denen zur gewöhnlichen richtstat geliefert und daselbst laut des ergangen urthls vom leben zum tott vertilgt worden." Und im folgenden Jahr 1673 wurden 21. August am neu aufgerichteten Hochgericht sechs Weiber wegen Zauberei durch feuer vertilgt, ein Mann mit dem Strang gerichtet und zwei Weibe rmit Ruten ausgehauen und des Landes verwiesen. Vgl. Gubo S. 146.
[554] SLRA Graz Kop. 1672 VII 95. Vgl. auch Gubo a.a.O.
[555] Der Kampf zwischen Richter und Beichtvater hat seinen Niederschlag im Werke Wendtseisens gefunden. Im 27. Kap. Führt er aus, daß die Geständniszurücknahme von Hexen meistens (!) von den Beichtvätern veranlaßt werde. Man dürfe ihnen daher die Urgicht nur nach Beseitigung der Namen der Mitschuldigen überlassen und ihnen überdies den Zutritt zu den Gefangenen erst am dritten Tage vor der Hinrichtung gestatten.
[556] SLRA. Graz Kop. 1673 VI 9, VIII 87.

Aber auch damit ist die Sache noch nicht erledigt, denn 1675 hat ein vierter Richter, der Bannrichter Johann Georg Franz VIII, in Luttenberg noch den Prozeß gegen die „Baderin" Maria Zimmerin und Genossinnen durchführen müssen, der aus den früheren Verfolgungen hervorgegangen ist und neuerdings sechzehn Todesopfer fordert[557]. Also im ganzen sechsunddreißig Tote in diesem einen Luttenberger Prozeß! Kein Wunder, daß sich die Regierung an den Bischof von Seckau mit der Bitte wendete, dieser möge darauf sehen, daß die Pfarrer und Geistlichen im Grenzgebiet Predigten, Kinderlehre, Glaubensunterweisungen und andere geistliche Exerzitien halten, damit das umgreifende abscheuliche Laster der Zauberei bekämpft werde[558]. Und die Landgerichtsinhaberin von Luttenberg, die Gräfin Constantia Formenia Radtkhey, erklärt in einem Schreiben vom 16. Juli 1673[559], sie sei bereit, auf ihr Landgericht zu verzichten, weil es so viel koste!

XVI. Im August 1672 überliefert der Verwalter der Propstei Piber[560] bei Köflach eine als Bettlerin herumziehende Frau dem Landgericht Greißenegg, wo sie als Zauberin gerichtet wird, ebenso zehn Tage später „ein armes krumbs weib", das wahrscheinlich auch den Tod erlitten hat.

Im Frühjahr 1672 hat der Bannrichter Paul Schatz im Viertel Cilli bei der Herrschaft Windisch-Landsberg[561] mit furchtbarem Foltermißbrauch einen Zaubereiprozeß gegen den sechzigjährigen Bauern Jakob Krischan geführt. Dieser war ein Zauberarzt, der verschiedene Zaubermittel kannte, vor allem das Knüpfen und Lösen der Nestel[562] zur Behinderung und Wiederherstellung der Zeugungskraft, was er bei einem jungen Ehepaare mit großem Erfolg übte, und der daher von weither Zulauf von Patienten hatte. Durch die schauderhafte Folter, die sich gegen alle Regel über fünf Foltergrade erstreckte, melancholisch geworden, verübte Krischan einen mißlungenen Selbstmordversuch, der aber zur Folge hatte, daß er die Sprache verlor und halluzinatorische Zustände bekam, in denen er Teufel neben sich sitzen sah. Man wollte den offenbar Geisteskran-

---

[557] Ebendort Kop. 1677 III 113.
[558] Ebendort Kop. 1673 II 99.
[559] Ebendort Kop. 1673 VI 9.
[560] SLA. Sond. Arch. Piber 5 Gerichtswesen.
[561] Akten im SlRA. Graz Kop. 1672 VI 125. Vgl Byloff, Nestelknüpfen.
[562] Hovorka-Kronfeld I 326 s.v. Nestelknüpfen, II 164 ff.

ken entlassen; der Bannrichter aber schlug der Regierung vor, ihm ein brennendes Schwefelpflaster auf den Rücken zu legen; dann werde sich die Sache rasch aufklären. Der Ausgang ist unbekannt.

Derselbe Bannrichter berichtet aus 1673[563], daß er in Ankenstein an der steirisch-kroatischen Grenze am 12. Juli 1673 drei Personen wegen Zauberei habe erdrosseln und verbrennen lassen, nämlich den Sebastian Vayda, die Katharina Krainzin und die Barbara Hubegkin, offenbar Mitschuldige des großen Luttenberger Prozesses.

Aus dem Gerichtsprotokoll des Augustiner-Chorherrenstiftes Vorau[564] in der Oststeiermark ergibt sich für 1673, daß am 13. Juni dieses Jahres in Gleichenberg und mehreren Pfarren im Umkreise ein schweres, Obst und Wein zerschlagendes Hagelwetter niedergegangen war. Dieses Wetter gemacht zu haben, wurde die Dorfhexe von Vobrutten, die Veronika Kheberlin, beschuldigt und sofort vom Amtmann in Haft genommen. Ihre eigenen Geschwister beschuldigten sie des Teufelsbundes und der Luftfahrt; die Schwester wollte bemerkt haben, wie sie in voller Hexenadjustierung nur im Hemde und mit eingebundenem Haar aus den Wolken in den Wald fiel. Sie wurde dem Landgericht Gleichenberg ausgeliefert und dort am 18. Oktober 1673 gerichtet. Dasselbe Schicksal ereilte am 22. Jänner 1674 die Elisabeth Dreißgerin aus Frutten. Endlich traf noch im April 1674 das Hexenlos die Kunigunde Ritzin, die Gattin jenes Amtmannes von Dobrutten, der die Kheberlin beschuldigt und verhaftet hatte. Diese hatte sich offenbar gerächt und die Frau ihres Verfolgers als Sabbatgenossin mit Erfolg angegeben.

Im selben Jahr 1673 wird in Leoben[565] der dreißigjährige Kohlenführer und Bauernknecht Urban Pauer, insgemein Hödlbub, wegen Schlafzauber, Wolfbannen und Hostieneinheilen erdrosselt und verbrannt. Er hat den Teufelsbund geleugnet, aber eine Anzahl von Mitbeschuldigten angegeben, die wahrscheinlich auch prozessiert worden sind.

Auch in Straßburg in Kärnten hat man 1673 gegen die Gertrud und die Christina wegen Wolfbannerei verfahren, die beiden jedoch nach viermonatiger Haft mit einem Verweis entlassen[566].

---

[563] SLRA. Graz Kop. 1673 VIII 84.
[564] Belegstücke im Stiftsarchiv.
[565] SLRA. Graz Kop. 1673 VI 29; Byloff, Volkskundl. S. 40.
[566] Hauser S. 16 ff.; Wutte S. 59.

Beim Landgericht Rotenfels[567] (Oberwölz am oberen steirischen Murboden) ist im selben Jahre mit unbekanntem Ausgange der Bürger und Hammerschmied Martin Lengauer in Verfolgung gestanden „wegen habender wurzen einen männl gleichformig", d. h. wegen Besitz einer Alraunwurzel, die er ganz nach der Vorschrift gebadet und gekleidet zu haben gesteht[568].

Ferner können wir aus einem im Seckauer Domstiftsarchiv erliegenden Zivilprozesse[569], den die Afterbestandnehmerin Anna Crescentia Herrin von Stubenberg gegen das Stift wegen Ersatz der Landgerichtskosten geführt hat, ersehen, daß am 22. November 1673 in Groß-Lobming bei Knittelfeld Mathias Karner vom Bannrichter Andres Schlötterer wegen Zauberei, Wolfbannerei und Wolfreiten zum Tode verurteilt und hingerichtet worden ist.

XVII. 1673 haben wir dann schließlich das Wiederaufleben der Hexenverfolgungen in Gutenhag zu verzeichnen, das Lämpertitsch zur Last fällt und wohl nur so erklärt werden kann, daß dieser beim Durchblättern der alten Akten an die Mitbeschuldigten der Hingerichteten von 1661 erinnert wurde.

Am schrecklichsten unter diesen neuen Verfolgungen ist jene gegen Marina Wukinetz[570] (Wohinez = Wohinz), die, wie bekannt, 1661 samt ihrem Manne Juri gegen Urfehdegelöbnis entlassen worden war, trotzdem sie die gerichtete Urscha Tschernikhin schwer belastet hatte. Der Herrschaftsverwalter Georg Schoster ließ sie durch über achtundvierzig Stunden am Hexenstuhl sitzen; der dann eintreffende Lämpertitsch befreite sie zwar und vergönnte ihr eine ruhige Nacht, aber nur, um sie am nächsten Abend neuerlich auf den Marterstuhl zu bringen. Die folgenden vier Nächte muß die siebenundfünfzig Jahre alte Frau wiederum am Stuhl sitzen, die zwei letzten Nächte nach frischer Schärfung der Sitzkanten. Außerdem werden ihr die Füße dreimal durch brennendes Unschlittpflaster geröstet. Sie hat nichts gestanden, ist aber schließlich tobsüchtig geworden und unter gräßlichen Teufelshalluzinationen schreiend

---

[567] SLA. Sond. Arch. Rotenfels Schub. 97; Byloff, Volkskundl. S. 39.
[568] Hovorka-Kronfeld I 14 ff. (s..v. Alraun). Daselbst auch Abbildungen der bekleideten Alraunen aus dem Besitze Kaiser Rudolfs II. (jetzt in der Wiener Hofbibl.).
[569] SLA. Veröffentl. (mit falscher Datierung) von Aust.
[570] Abgedr. Bei Zahn, Zaub., und im Jahrg. 1862 des Wochenbl. „Hoch vom Dachstein" Nr. 21, 23.

und von Krämpfen gepeinigt am 19. Feber 1673 gestorben. Ihre Leiche wurde durch den Freimann heimlich im Walde verscharrt. Im selben Prozesse ist auch, wie wir schon wissen, die Ursula, des Supan zu Muetschen Eheweib, gerichtet worden, auch eine der Beschuldigten von 1661, endlich — wiederum nach gräßlicher Folter durch Lämpertitsch — am 29. November 1673 die Ursula Triplattin[571]. Die Zeit zwischen dem Tode der Wukinetz und der Triplattin - neun Monate — ist sicher durch andere, uns unbekannte Verfolgungen ausgefüllt worden.

Die drei Ankensteiner Opfer von 1673 hatten u. a. die Margareta Kralitschin aus dem berühmten Weingebiet der Kollos bei Pettau des Sabbatbesuches bezichtigt. Das führt zu einem scheußlichen Prozeß gegen sie beim Landgericht der Minoriten in Pettau[572]. Da sie nicht gestehen will, trotzdem der Bannrichter verschiedene kirchliche Mittel zur Anwendung bringt (Räuchern mit der Osterkerze, Aufbinden eines Reliquiariums, Trinken von Tauf- und Dreikönigswasser usw.) und hierbei „handgreiflich" wahrnimmt, daß die Beschuldigte „incantier" und ihre Zunge gebunden sei, wird sie furchtbar gefoltert. Erst nach sechsundzwanzigeinhalbstündiger Stuhlfolter bricht sie zusammen und gesteht. Am 22. August vergangenen Jahres hätten sie auf dem Damm des Teiches des oberen Klosters zu Pettau ihrer hundert ihren „Landtag" gehalten; der Teufel sei ganz grün gekleidet und mit Glasscherben behängt gewesen. Dabei habe sie der Zeuge Primus Khofl überrascht. Auch dieser wird vernommen, bestätigt die Angaben und fügt noch manches seiner Erfindung hinzu. Er habe von einer schon Verstorbenen, die er am Sabbat traf, eine gebackene Krebsschere dafür erhalten, daß er nichts sage. Als er an Gott dachte, fühlte er eine Erquickung, „wie ein kühler Wind". Noch zweimal will er den Hexenkirchtag auf Kreuzwegen getroffen haben. Am 25. August 1673 hat man die Kralitschin am Scheiterhaufen erdrosselt und verbrannt. Einbezogen ist in den Prozeß die Ursula Kreßougka, die von herumstehenden Kindern, die also offenbar bei der Folterung der Kralitschin zugesehen haben müssen, erfahren hatte, daß diese sie belaste, und zu Gericht eilte, um sich zu rechtfertigen. Sie ist wahrscheinlich auch

---

[571] Abdr. Im Wochenblatt „Hoch vom Dachstein" (Anmerk. 584)
[572] SLA. Sond. Arch. Pettau Fasz. 37 Hft. 3.

gerichtet worden; denn der famose Zeuge Khosl hatte auch sie am Sabbat erkannt.

XVIII. Das Jahr 1674 zeigt uns zunächst einen großen, zusammenhängenden Zaubereiprozeß in den benachbarten steirischen und kärntnerischen Landgerichten Admontbichel, Judenburg, Reifenstein und Wolfsberg[573]. Er ist besonders gekennzeichnet durch die unter Folterdruck erfolgenden zahlreichen Todesfälle im Kerker, ein Zeichen für die immer mehr auch in die Praxis eindringende Vorstellung, daß die Widerspenstigkeit der zauberischen Personen gegen die Geständnisforderung des Gerichts auf teuflischer Besessenheit beruhe, die die Schmerzen der Tortur nicht empfinden lasse[574]; man kann, wenn man will, darin eine Entschuldigung für die maßlose Tortur finden.

Die Verfolgungen beginnen mit der Prozessierung und Hinrichtung des zwanzigjährigen Schafhalters Jakob in Admontbichel am 5. März 1674. Er war nach seinem Geständnisse einmal zufällig in eine Hexengesellschaft geraten, die am Sernigkogel tagte, und von da an bei der Sache geblieben. Von seinen Genossen und Genossinnen erzählt er, daß der Kolman unlängst zu Obdach im Gefängnis gestorben; die Pinggl Eva sei zu Judenburg in der Haft verdorben; der Klaffensackschuster sei zu Wolfsberg in Haft. Außerdem belastet er noch den reichen Bauern Ruepp im Sattel des Reifensteiner Landgerichts und noch sechs andere, daß sie am Sabbat am Größenberg teilgenommen und dort Schauer gesotten hätten. Dieser Ruepp im Sattel, den man zuerst nach Judenburg einlieferte, dann aber nach Reisenstein überstellte, ein siebzigjähriger Mann, konnte sich einen juristischen Verteidiger leisten, der für ihn ein Gesuch an den Kaiser um Zulassung zur Purgation mit der klassischen und höchst bezeichnenden Begründung machte, sein Klient sei reich und könne außerordentliche Gerichtskosten bezahlen. Man bewilligte ihm auch die Zulassung zum Entlastungsbeweis, jedoch ohne Erfolg; denn am 25. August 1674 erwürgte sich der alte Mann nach schwerster Folter aus Verzweiflung mit seiner Fußkette. Die Leiche wurde verbrannt.

---

[573] Akten im SLRA. Graz Kop. 1674 VII 6, 22, 148; 1675 VIII 2 und im SLA. Sond. Arch. Lichtenstein Schub. 13 Hft. 406. Ferner SLRA. Graz Kop. 1674 IV 48, VI 24, VII 108; Gut. 1674 VIII 13.

[574] Dieser Gedanke ist besonders scharf zum Ausdruck gebracht bei fehr I 66ff. Nach seiner druchaus einleuchtenden Auffassung gilt er für das Strafverfahren der Inquisitionszeit überhaupt, nicht nur für Zaubereiprozesse.

Gleichzeitig mit ihm waren in Reifenstein noch mindestens drei Bauern und die Maria Klaffensackin in Haft. Der eine von ihnen, Wolf Welßler, an dem der sachverständige Freimann zwei Teufelszeichen gefunden hatte, in die er ohne Blutung und Schmerzempfindung eine Nadel einen halben Finger tief einstoßen konnte, machte alle Foltergrade — zum Schluß sechsundzwanzig Stunden Stuhlfolter — ohne Geständnis durch. Danach war er allerdings in Todesgefahr und „bis ins frische Fleisch" aufgefressen. Da er überdies verlauten ließ, er werde bei weiterer Folter etwas Unwahres sagen müssen, nur um von der Pein loszukommen, so fragte der Bannrichter bei der innerösterreichischen Regierung an. Diese erteilte jedoch die Weisung, den Armen noch einmal zu torquieren, wenn er wieder etwas zu Kräften gekommen sei. Sein endliches Schicksal kennen wir nicht; wahrscheinlich hat man den Unglücklichen, der in starrem Bauerntrotz nicht nachgeben wollte, zu Tode gefoltert.

Der zweite namens Ambros Schäffer aus Admontbichel hat die Territion ausstehen müssen; da aber an seinem Körper das Teufelszeichen nicht gefunden werden konnte, wurde er entlassen. dasselbe glückhafte Schicksal widerfuhr der Klassensackschusterin, die ganz unbelastet war und nur wegen ihres in Wolfsberg verhafteten Mannes in den Kerker wandern mußte.

Schließlich schreibt am 16. März 1674 Jakob Pfanzelter von Admontbichel an den Judenburger Burggrafen Johann Hainricher von Hainrichsberg: „Berichte e. gn. und herrn gehors. das der zu Admontpichl in verhaft geweste Ambroß Rötscher wegen so schwerer vorkherter to(r)tur ganz verschwollen und vor 2 tagen todts fürworden ist ...", ein Beleg für das vierte (oder fünfte!) totgemarterte Opfer dieses Prozesses.

Aus gleichzeitigen Wolfsberger Akten[575] wissen wir, daß dort beim Stadtgericht zwei Männer, Peter Klagenfurter „sonst Schuelmaisterl" und der Schuster Merth Klaffensack wegen Zauberei verhaftet und Ende Juli 1674 bereits zum Tode verurteilt waren. Hingerichtet wurden sie aber einstweilen auf Befehl der Regierung nicht, weil der Bannrichter Johann Andreas Schlötterer erst noch Gelegenheit erhalten sollte, ihre Geständnisse zu lesen, sie mit denen der in Judenburg, Admontbichel und Reifenstein Verhafteten zu vergleichen und Gegenüberstellungen vorzunehmen. Daraus ergibt sich,

---

[575] SLRA. Graz Kop. 1674 VII 6; 22, 148; 1675 VII 2.

daß der Umfang des Prozesses viel größer war, als wir durch Protokolle und Urteile belegen können.

Die beiden Wolfsberger Inkulpaten haben übrigens sehr interessante Geständnisse abgelegt. Klagenfurter bezichtigt den Pfarrer Jörg Hans Paukher zwischen Unzmarkt und Murau, daß ihn dieser am Hexensabbat auf der Hebalm auf den Namen Bärtl[576] getauft habe. Außerdem behauptet er merkwürdigerweise, am Sabbat zahlreiche Frauen aus dem fernen Pettau gesehen zu haben, so daß auch dort ergebnislose Vernehmungen stattfinden, die sich bis ins Jahr 1677 hinziehen. Klaffensack spricht von einem bösen Geist, der ihm Blut abzapfte und seinen Namen in ein schwarzes Buch eintrug, was die Vermutung rechtfertigt, daß er mit dem Zauberjackel des gleich zu besprechenden Salzburger Prozesses in Verbindung war, zumal auch der Name Jackl vorkommt.[577]

Im Zusammenhange damit steht 1674 der Zaubereiprozeß in Groß-Lobming gegen den zauberischen Wolfbanner Ambrosy Kerschbaumber, sein Weib Agnes und die alte Bäuerin Margareta Lutnerin zu Perg[578]. Ersterer — am 28. April 1674 gerichtet — hat die letztere beim Hexentanz auf der Kugelsteinalm, den er in Begleitung des im grünen Jägerkleide erscheinenden Teufels besuchte, gesehen. Die Luknerin, die offenbar vermögend war, erbot sich zur kostspieligen, nur mit juristischer Hilfe zu bewirkenden Purgation: doch mißlang dieser Versuch nach dem Gutachten der Regierung. Sie sollte damals dem Landgericht Großlobming eingeliefert werden. Dazu scheint es aber nicht gekommen zu sein. Denn 1677 ist sie abermals — diesmal in Obdach — zusammen mit Simon Puestrer beschuldigt, einen Hexentanz aus der „hochen alben in der Gäll hinein" mitgemacht zu haben[579]. Zugleich wird der Grund ihrer bisherigen prozessualen Erfolge klar; der Stiftsanwalt von Seckau hatte sie so energisch verteidigt, daß Richter und Rat von Obdach bei der Regierung Beschwerde führen und bitten, man solle ihm verbieten, „dergleichen landverderberische leut zu defendieren". Was ihr und

---

[576] Der Bartholomäustag ist ein Tag der Hexenfeste. Grimm II 378.
[577] Darin liegt ein Beweis, daß der Zaubererjackel wirklich existiert hat und nicht nur eine Sagenfigur ist. Der Klaffensackprozeß liegt zeitlich vor der Zauberjackelverfolgung und vor den späteren Kurrenden des Salzburger Hofgerichts.
[578] SLRA. Graz Kop. 1674 VII 108; Gut. 1674 VIII 13.
[579] SLRA. Graz Kop. 1677 VI 36.

ihres Gefährten endliches Schicksal war, wissen wir nicht. Die Agnes Kerschbaumberin aber ist gerichtet worden.

In Altenmarkt in Kärnten[580] hat 1674 ein Bettelbub namens Gregor Angaben gemacht, die ebenfalls wegen der Blutbruderschaftszeremonie auf Beziehungen zum Zauberjackl hindeuten. Er behauptete u. a., sich während des Lufttrittes mit seinem Gefährten zerstritten zu haben, weshalb ihn dieser bei Hüttenberg durch einen Birnbaum[581] zur Erde warf. Man entließ ihn schließlich wegen Einfalt.

Kurz sei als sprechender Beleg für die Verbreitung des Zauberglaubens das Eisenerzer Zauberbüchel des Paul Thietmaier (Thieetmaüer), das er 1674 mit eigener Hand geschrieben hat und das sich jetzt im Ortsmuseum Eisenerz befindet (XIII 129), erwähnt. Es enthält zahlreiche Segen und Besprechungen für die verschiedenartigsten Krankheiten von Mensch und Tier und sonstige Zufälle, darunter auch Sprüche mit zweifellos diabolischem Inhalt. Der Schreiber konnte von Glück sagen, daß man dieses Büchel bei ihm nicht entdeckte.

XIX. Von 1673 bis 1675 dauern die berüchtigten Zaubereiprozesse in Feldbach[582] in der Oststeiermark, die nach den beiden Hauptbeschuldigten, dem Pfarrer Gregor Bauer — Agricola von Hazendorf und der Pflegersgattin Katharina Paldauff von der Riegersburg benannt sind und durch Sage und Dichtung weite Verbreitung gefunden haben.

---

[580] Akten im AKGD. Wutte S. 42.
[581] Der hexenvertreibende Baum! HWB s.v. Birnbaum (Marzell).
[582] Akten zum Teil im Schloßarchiv Hainfeld; der größte Teil veröffentlicht von Hammer-Purgstall in dem historischen Roman: Die Gallerin auf der Riggersburg (sic!) III Urk. Samml. Es ist notwendig, festzustellen, daß der berühmte Orientalist mit dem historischen Material äußerst willkürlich und unkritisch vorgegangen ist. Dem Geiste seiner Zeit entsprechend versucht er, den durch die Folter erpreßten, rein Unwirkliches enthaltenden Geständnissen eine ganz ungewöhnliche rationalistische Erklärung zu geben, für die die dichterische Freiheit um so weniger angerufen werden kann, als ihr eigentlicher Grund offensichtlich darin besteht, gegen das „Pfaffentum" und die lasterhaften Ausschweifungen des Klerus des 17. Jahrhunderts historisch wenig begründete allgemeine Angriffe zu richten. Eine aus der Zeit stammende Abschrift des Konstituts mit Katharina Paldauff vom 10. Juni 1675 im SLA. (beigeb. Der Hdschr. Des tractatus iudiciarius des Wendtseisen). Außerdem Bezugsakten im SLRA. Graz Kop. 1674 IX 2, 1675 VIII 165; Gut. 1674 XII 3, 1675 VII 33, X 8, X 1, Ea. 1674 III6, VII 1, IX 32, 1675 VIII 20. Akten auch im Grazer f.b. Ordinariatsarchiv. Vgl. auch die Darstellung bei Ilwolf, Hexenwesen S. 194 ff.

Diese Prozesse sind durch zwei Umstände besonders bemerkenswert. Einmal machen die Verfolgungen diesmal vor den höheren Ständen nicht halt. Zwar sind auch hier die mehreren Opfer Bauern und Handwerksleute; aber es findet sich unter ihnen auch die Gattin des Riegersburger Pflegers Simon Paldauff, den ein tragisches Schicksal dazu bestimmt hatte, in demselben Prozesse, der dann auch seine Frau verschlang, anfänglich des Richteramtes zu walten, und der in der Folge mit dem merkwürdigen Ansinnen hervortrat, seine Frau selbst als Richter verhören zu dürfen. Solche Richtung gegen die soziale Oberschicht ist wenigstens in Steiermark, aber auch sonst in den österreichischen Apenländern, sehr selten. Die zweite Eigentümlichkeit ist die Einbeziehung mehrerer Pfarrer in den Prozeß, deren einer — eben der unglückliche Gregor Agricola von Hazendorf —, nachdem er im Gefängnis verstorben, schließlich von dem erzbischöflich Salzburger Konsistorium dem Arm der weltlichen Strafgewalt überliefert wurde. Sein Körper wurde — wegen des lange Zeit dauernden kanonischen Verfahrens — erst nach Monaten am Scheiterhaufen verbrannt. Einer der Anschuldigungspunkte gegen ihn war gewesen, daß er die Kinder seiner Pfarre in Teufelsnamen getauft habe; es erwies sich daher eine Nachtaufe aller von ihm getauften Kinder als vorsichtshalber notwendig.

Der Zug gegen die Geistlichen, dem wir, wenn auch nicht in solchem Umfange, auch anderswo begegnen, ist in diesem Falle nicht so sehr darauf zurückzuführen, daß der Pfarrer — ähnlich dem Medizinmann bei primitiven Völkern — für die Pfarrbevölkerung als Vermittler übernatürlichen Wesens, also auch als Zauberer, namentlich als Wettermacher, galt; der Grund war hauptsächlich das dem Volke ärgerlich gewordene Treiben des Riegersburger Hauptpfarrers Michael Zirkelius, der mit seinen Kaplänen, darunter Agricola, der charakteristischerweise selbst der natürliche Sohn eines Pfarrers war, im Pfarrhof eine skandalöse Weiberwirtschaft eingerichtet hatte und dem Prozesse nur dadurch entging, daß er gleich zu Anfang — durch Selbstmord, wie der Regierungskommissar Graf von Purgstall andeutet[583] — aus dem Leben geschieden war; seine übel berüchtig-

---

[583] Hammer-Purgstall S. 68.

te „Hausmeisterin", die Elisabeth Wagner, wurde aber als Hexe hingerichtet[584].

Die Geistlichen, die durch ihre Wirtschafterinnen und „Dienstmenscher" die Pfarrinsassen molestieren ließen, waren eben verhaßt geworden, so daß sich bei den schweren vorfallenden Gewittern (den letzten Anstoß gab der große Schauer im Juni 1673 das Gerede leicht verbreiten konnte, daß diese nicht ohne Unterstützung des Pfarrers zustande gekommen seien.

Wegen des von der Kirche in Anspruch genommenen privilegium fori befaßte sich neben dem Feldbacher Stadtrichter eine geistliche Untersuchungskommission mit der Aufklärung des Falles. Diese bemühte sich, die angeklagten Geistlichen zu retten, was ihr auch zum größten Teil gelungen ist; die drei Pfarrer Georg Paar von Fehring, Jakob Maaß (auch Maast) von Hartmannsdorf und Waldhauser Meixner von Paldau werden außer Verfolgung gesetzt, was eine erbitterte Beschwerde der innerösterreichischen Regierung an den Kaiser auslöst. Auch sonst hat die Regierung gegen das geistliche Gericht scharfe Worte gefunden. Man wirft ihm vor, daß es nur Schwierigkeiten mache, um die Sache hinauszuziehen; die weltlichen Verurteilten hätten längst gerichtet sein können, wenn nicht die erzbischöflichen Kommissäre immer neue Gegenüberstellungen vorgenommen hätten; die Kosten der Anhaltung seien für die arme Stadt Feldbach bereits unerschwinglich geworden. Die geistlichen Richter bedrohen die weltlichen Beschuldigten, wenn sie gegen Agricola aussagen; sie gestatten, daß dieser sie mit den Fingern berühre und dadurch „verredent" mache[585]. Auch der Verteidiger Agricolas, Dr. Mathäus Patricius, übe nur Verschleppung. Schließlich macht die Regierung dem Kaiser am 13. April 1674 gar den Vorschlag, dem Seckauer Bischof einen Vikar zu bestellen, damit der Prozeß endlich weitergehe.

Die Anschuldigungen sind die gewöhnlichen: Wetterzauber, Schändung der Hostie, Sabbat am Schließelberg (zwischen Mur und Raab) und beim Muggendorfer Kreuz. Zahlreiche Geistliche sind angeblich dort erschienen; die Teilnehmer tragen beim Tanz einen grünen Federbusch am Kopfe; der Pfarrer Agricola spendet am Sabbat die Kommunion mit Verunglimpfung der Hostie. Die genaue

---

[584] SLRA. Graz. Kop. 1675 XI 22.
[585] Darstellung von der Bezauberung der Rede des Aussagenden!

Zahl der Opfer ist nicht feststellbar. Wir wissen, daß dreizehn hingerichtet worden sind, zwei im Kerker starben; wir können aber mit großer Wahrscheinlichkeit vermuten, daß noch wenigstens zwanzig Personen am Scheiterhaufen ihr Ende gefunden haben. Die Gesamtzahl der Toten wird daher mit rund vierzig anzusetzen sein.

Der Prozeß griff auch auf Untertanen benachbarter Herrschaften über. So wissen wir, daß 1675 Friedrich Freiherr von Gloyach seinen Untertan Sieß, der vom Beschuldigten Feyertag bezichtigt worden war, nach Feldbach stellen muß[586], und im selben Jahre muß die Untertanin der Grazer Dominikanerinnen Barbara Sießin, die trotz dreimaliger Folter fest geblieben ist, entlassen werden[587].

Die Katharina Paldauffin ist das Urbild der Sage von der Blumenhexe der Riegersburg; sie soll deshalb gerichtet worden sein, weil sie es verstand, im Winter frische Blumen zu ziehen. Dieser rührende Zug ist aus den Prozeßakten nicht feststellbar und dürfte wohl nur darauf zurückgehen, daß das (angebliche, durch die Schloßtradition so bestimmte) Bild[588] der Paldauffin im Sibyllenzimmer der Riegersburg Blumen in den Händen trägt. Tief beklagenswert ist sie aber gewesen; denn wir entnehmen dem Verhörprotokoll vom 10. Juni 1675, daß sie — wahrscheinlich von Haus aus manisch-depressiv veranlagt — durch die Folter schwere Tobsuchtsanfälle erlitt und in eine Geistesstörung verfiel, in der sie ständig sich und die Welt verfluchte.

XX. Im Juni 1675 beginnt mit der Verbrennung der „Schinderbärbl", der Barbara Koller, jener ungeheure Zaubereiprozeß in Salzburg, der unter dem Namen der Verfolgung des Zauberjackel und seiner Bande weithin bekannt geworden ist und den größten Prozeß seiner Gattung in dem von uns durchforschten Gebiete darstellt[589].

---

[586] SLRA. Graz Kop.. 1675 XI 13.
[587] SLRA. Kop. 1675 XI 61.
[588] Reprod. bei Hammer-Purgstall III (Titelbild) und bei Soldan-Heppe II 66. Daß das Bild tatsächlich die hingerichtete Pflegerin darstellt, ist sachlich nicht erweisbar, obgleich das Bild aus der Zeit stammt.
[589] Akten im Hauptstaatsarch. München, Hexenakten 10a-c und 11 und im LA. Salzburg. Darstellungen: Byloff, Blutgen.; Riezler S. 285 ff.; Soldan-Heppe I 345, II 123 ff. Auch in der Sagen- und Erzählungsliteratur sowie in jur. Werken findet man den Zauberjackelprozeß mehrfach. Fröhlich II 23 ff. verwendet ihn als praktisches Beispiel.

Wir haben schon oftmals zu beobachten Gelegenheit gehabt, daß sich Zaubereiprozesse mit besonderer Vorliebe gegen das die Straßen unsicher machende Landstreicher- und Gaunertum richteten. Ein so genauer Kenner der Geschichte des deutschen Gaunertums wie Avé-Lallemant[590] gibt an wiederholten Stellen seines grundlegenden Werkes der Überzeugung Ausdruck, daß ein sehr großer Teil der in der Zeit nach dem großen Kriege als Zauberer und Hexen hingerichteten Menschen Betrüger und Gauner waren und daß die Gaunerprozesse vom 15. bis zum 17. Jahrhundert fast gänzlich in die Hexenprozesse aus- und untergegangen sind. Diese Vernichtungstendenz, die sich ebenso aus wirtschaftlichen wie aus bergläubischen Gründen erklären läßt, kommt nirgends so deutlich zum Ausdruck als wie beim Prozesse gegen die Bande des Zauberjackel.

Es entsprach der Denkungsweise des 1668 zur Herrschaft gelangten Erzbischofs Max Gandolf von Khuenburg, mit starker Hand und rücksichtslosem Zugreifen der unerträglichen Plage durch die mehr oder weniger kriminellen Schmarotzer der Landstraße ein blutiges Ende zu bereiten; er folgte dem Geiste des äußerlich so glanzvollen, innerlich aber schauderhaft rohen und barbarischen Barockzeitalters, wenn er dieses Ziel durch einen alle bisherigen Grenzen überschreitenden gigantischen Zaubereiprozeß zu erreichen trachtete.

Der Mittelpunkt des Prozesses war, obgleich es nicht gelang, ihn zu fassen und vor Gericht zu stellen, eine weit über den Durchschnitt der Zunft hinausragende Verbrecherpersönlichkeit, der Mauterndorfer Abdeckerssohn Jakob Koller, auch Kollerer. Dieser Mensch, der in Sagen noch heute im Volke der Alpenländer lebt und als Wundermann, Zauberer und Übeltäter eine eigenartige Faustgestalt verkörpert[591], hatte, wie es scheint, den weitausgreifenden Plan, eine große Gesamtorganisation der Fahrenden zustande zu bringen. um ihre Lebensmöglichkeiten, die damals ausschließlich auf der Seite des Verbrechens lagen, zu verbessern. Er bediente sich zu seinem Zweck einer Blutzeremonie, der Begründung einer Art Blutbrüderschaft, bei der sowohl das Blutsvergießen, das Eintragen in ein Buch mit blutgefüllter Feder wie auch das Schenken eines Geld-

---

[590] I 71 ff., II 225 ff.
[591] Z.B. Kürsinger S. 487; Dengg S. 183 ff. Der Einfluß des Volksbuches von Dr. Faust auf die Ausgestaltung der Zauberjackelsage ist an zahlreichen Stellen erkennbar; vieles, was man von Dr. Faust berichtete, ging auf den Zauberjackel über.

stücks als Zeichen der begründeten Gemeinschaft sich findet[592]. Auf seinen weiten Wanderungen durch die ganzen Alpenländer und bis tief nach Schwaben hinein hatte er reichliche Gelegenheit, die Menschen der Landstraße kennen zu lernen und sich ihnen bekannt zu machen. So ist es zu erklären, daß er auf diesem ganzen großen Gebiet die Geltung eines Verbrecherfürsten genoß, und daß nicht nur in Salzburg, sondern auch anderswo Verfolgungen gegen Landstreicher stattfanden, die im Verdacht standen, Anhänger und Blutverbundene des Zauberjackel zu sein. Namentlich sind es die Kinder der Landstraße, die in den Blutbund einbezogen waren und deswegen dem Fallbeil, das im Prozeß als neue Hinrichtungsmaschine[593] viel verwendet worden ist, verfielen. Unter den rund 180 Verfolgten befinden sich rund 90 Menschen unter zwanzig Jahren, darunter zahlreiche Kinder unter zehn Jahren, sogar solche unter fünf Jahren, und Kinder-Hinrichtungen sind — wenigstens in den ersten Jahren des Prozesses — an der Tagesordnung. Erst im November 1678 verfügt der Erzbischof, daß die Kinder solcher Eltern, die schon hingerichtet sind oder erst hingerichtet werden sollen, wegen ihrer Jugend mit der Strafe zu verschonen und der Fürsorgeerziehung zuzuführen seien, und trotzdem sind danach Kinderhinrichtungen noch vorgekommen.

Die Übereinstimmung der Aussagen über den Inhalt des zauberischen Wesens ist eine fast wörtliche; die Einheitlichkeit der Richter, der Prozeßführung und die furchtbare Waffe der Folter, die auch hier mehrere Personen getötet hat, bilden hierfür eine durchaus zulängliche Erklärung. Bemerkenswert stark ist der sexualpathologische und skatologische Einschlag, die Gleichgeschlechtlichkeit und namentlich die Bestialität. Dieses letztere in den Alpenländern an sich ziemlich verbreitete Laster erhebt sich bei den Landstreichern des Prozesses zu einer kaum glaublichen Häufig- und Mannigfaltigkeit; die Liste des mißbrauchten Viehs ist ein fast vollständiges Verzeichnis der vierfüßigen Haustiere.

---

[592] Ein später Beleg für die uralt-germanische Blutbrüderschaft! Darüber Grimm, Rechtsalt. I 163 ff. Das Blut wird für die Verbrüderungszeremonie verwendet, weil es ein Seelenträger ist. Vgl. Wundt II/2 S. 15 ff; Georg Müller S. 331 Anm. 582.
[593] Nova machina! Byloff, Blutgen. Z. 427 Anm. 1. In Wirklichkeit ist das Fallbeil als Hinrichtungsmittel viel älter. Vgl. AMira, Todesstr. 126.

Bestimmte Arten des Zaubers treten besonders scharf hervor, so das Mäuse-, Ratten-, Ferkel-, Ziegen- und „Mandel"-machen; namentlich das erstere — eine Eigentümlichkeit des zauberischen Vorstellungskreises des bairischen Stammes[594] —— scheint auf ein Taschenspielerkunststück zurückzugehen, dessen Kenntnis den Kindern eigentümlich war und diese verdächtig machte. Die Hostienschändung ist offenbar massenhaft wirklich geübt worden, um Zaubermittel zu schaffen; der aus den Prozeßakten hervorgehende Aberglaube der Fahrenden und die sich daraus ergebenden Verbrechen — namentlich die Kinder- und Schwangerenmorde, um die als Schlaflicht dienende Kinderhand zu gewinnen[595] — sind schauderhaft. Auch die Tierverwandlungsvorstellung tritt stark hervor, wobei der Werwolfglaube[596] eine bemerkenswerte Neubelebung erfährt. Nicht nur der Zauberjackel selber, sondern mehrere seiner Genossen können sich in Werwölfe verwandeln. Daß dann gegen Ende des 17. Jahrhunderts und noch zu Anfang des 18. Jahrhunderts weitere Werwolf- und Wolfbannerprozesse in Obersteier, Salzburg und Kärnten stattfanden, scheint mit dem Zauberjackelprozeß in Zusammenhang zu sein.

Wir können die Todesopfer des Riesenprozesses, der 1675 beginnt und 1681 mit der Hinrichtung des Landstreichers Hans Reithueber und seines „Schleppsackes" Barbara Schwarzin seinen dokumentarischen Abschluß findet, mit rund 140 ansetzen. Ganze Familien sind durch ihn ausgerottet worden, so die Krainer Bettlerfamilie Debellak; massenhaft Kinder sind entweder ebenfalls am Hochgerichte gestorben oder ihrer Eltern beraubt worden. die Fahrenden verließen fluchtartig den unheimlichen Boden des Erzstiftes und retteten sich in die Nachbarländer, hauptsächlich nach Bayern, wo hie und da neuerliche Prozesse mit starker Kinderbeteiligung aufflammten[597]. Die Kunde vom Zauberjackel flog weithin durch die

---

[594] Grimm II 912, III 315.
[595] Einer der Blutgenossen, Mathias Grebler, genannt der Zigeunerhiesel oder Schwarzreiter, hat nicht weniger als drei Morde an schwangeren Frauen zugestanden, denen er bei lebendigem Leibe den Bauch aufschnitt.
[596] Die Schweizer Zaubereiprozesse des 15. Jahrhunderts sind reich an Werwolfbeschuldigungen. Erst zwei Jahrunderte später tauchen sie auch im österreichischen Alpengebiet auf.
[597] Z.B. der Prozeß gegen die „Zauberbuben" in Burghausen von 1692. Riezler S. 287. Auch im damals erzstiftischen, jetzt bayrischen Mühldorf ergibt sich eine unmittelbare Auswirkung des Prozesses. Der Salzburger Satdtsyndicus

Lande, erregte gewaltiges Aufsehen, wurde literarisch in juristischen[598] und belletristischen Werken verwertet und beeinflußte durch Ausgestaltung der teils lustigen, teils dämonischen Seiten seiner Persönlichkeit und seines angeblich friedlichen und reuevollen Endes die volkliche Sagenbildung. So ist der Zauberjackel — an sich gewiß eine entsetzliche Verbrechergestalt — der alpenländische Dr. Faust geworden.

XXI. Aus einem Aktenvermerk[599] erfahren wir, daß 1675 ein Zaubereiprozeß in Leibnitz in der mittleren Steiermark anhängig gewesen ist; denn es wird den Leibnitzern ernstlich ausgestellt, daß „der in der Zauberei gravierte Pelitschnig im Arrest crepiert" sei — offenbar ein totgemartetes Opfer der Folter —; die Katharina Schwabin aber soll bis auf weiteres im Kerker bleiben. Man hat sie jahrelang in Haft behalten, wahrscheinlich auch gefoltert und erst 1677 mit einem ganzen Schilling abgestraft.

Im selben Jahre 1675 verläuft in Fürstenfeld[600] eine Zaubereiuntersuchung gegen die Elisabeth Kolbin aus Altenmarkt im Sande; sie hatte ihren Krautacker durch eine geröstete Kröte vor Diebstahl zu schützen getrachtet, und ein Soldatenweib, das dort einen Krautkopf gestohlen, war erkrankt.

In Sauritsch[601] ereignet sich 1675 wieder einmal der Fall, daß die kroatischen Bauern wegen des großen Schauerwetters anfangs Juni dieses Jahres „in höchster furi" zwei Weiber überfallen und ohne Verfahren verbrennen. Eine dieser Unglücklichen hatte vor ihrem Ende gesagt, auch die Agnes Cessarka habe für dieses Wetter eine

---

Johann Niklas Maralder hatte im April 1682 im Auftrage des Hofrates die beiden Zauberbuben Sebastian Höllerer und Christoph Prugger mit dreißig bzw. zwanzig Rutenstreichen bestrafen und dann den ersten nach Mühldorf, den zweiten nach Radstadt abschieben lassen. Höllerer war dem Mühldorfer deutschen Schulmeister um 30 fl. zur Erziehung verdingt worden. Alsbald redete man herum, daß der Schulmeister einen Buben habe, der in Salzburg wegen Zauberei eine Strafe erlitten habe. Ein elfjähriger Knabe berichtete sogar, Höllerer habe vor ihm wieder Mäuse und Ferkel gemacht! Der Hofrat läßt ihn darauf im September 1682 neuerdings verhaften; der Mühldorfer Richter soll ihn mit in Weihwasser getauchten Ruten zur Wahrheit verhalten. Der Ausgang ist unbekannt. Akten im LRA. Salzburg.

[598] Frölich verwertet (2. TRact. S. 23 ff.) den Prozeß dazu, um das Mäuse- und Ferkelmachen als beweis der Zauberei hinzustellen.
[599] SLRA. Graz Kop. 1675 XI 2, 1677 XI 92.
[600] SLA. Fürstenfeld, Stadtarch. Schub. 46 Hft. 100. Lange S. 221.
[601] SLRA. Graz Kop. 1675 IX 15. Byloff, Volkskundl. S. 42.

Suppe gekocht. Darauf drohten die Bauern dem Landgerichtsinhaber Antonio Gualandri, auch ihn zu lynchen und Schloß Sauritsch zu verbrennen, wenn er nicht gegen die Cessarka verfahre. Diese ist schon 1670 als Hexe gefoltert worden, weil sie die 1665 gerichtete Margareta Khoßlegkin als Gespielin angegeben hatte. Sie verlor damals wegen der furchtbaren Tortur die Sprache und mußte entlassen werden. Nun wird sie vom Bannrichter Paul Schatz neuerlich schauderhaft gefoltert, schließlich mit der Brandfolter (Fackeln und Schwefelpflaster), ohne daß mehr herauskommt, als der Beruf der Cessarka als Zauberärztin mit großem Patientenkreis. Sie muß schließlich wieder entlassen werden. In demselben Prozeß sind aber noch drei weitere Frauen verfangen, von denen eine hingerichtet worden ist.

In Gutenhag[602] hat 1675 Michael Uräbl gütlich gestanden, daß er zu zauberischen Zwecken (um die Pferde damit gedeihlich zu füttern) eine Hand und einen Fuß eines armen Sünders vom Galgen genommen und an einen Bauernsohn verkauft habe[603]. die Strafe kennen wir nicht. Ebendort[604] ergibt sich 1676, daß eine Bauerndirne aus Arnsdorf als Heilmittel gegen Seitenstechen Räucherungen mit Besenholz[605] verordnet hat. Die Patientin, die Frau des Jörg Weiß, ist deswegen in einen dem Ausgange nach unbekannten Zaubereiprozeß verwickelt worden, weil man bei einer Hausdurchsuchung diesen verdächtigen Gegenstand gefunden hatte.

In Straß[606] an der steirischen Sprachgrenze ist im März 1675 die alte Gertrud Böhamb auf Anzeige eines „verrückten und corrumpierten" Menschen namens Arne Gollob verhaftet worden, weil sie an ihm angeblich die Kunst des „Erkrumpens" geübt hat. Sie wird schwerst gefoltert; die Finger werden nach dem Ausdruck der Akten unter den Daumschrauben so dünn wie Papier. Zweimal hat sie einen Kollaps erlitten und wäre beinahe gestorben, hat aber nichts gestanden. Schließlich wird sie nach achtmonatiger Haft auf dringendes Bitten ihres Sohnes entlassen.

---

[602] SLA. Sond. Arch. Gutenhag Fasz. 3 Hft. 31. Byloff, Volkskundl. S. 44.
[603] Leichenzauber! HWB. s.v.Hingerichteter (Müller-Bergström)
[604] SLA. Sond. Arch. Gutenhag Schub. 3 Hft. 31. Byloff, Volkskundl. S. 44.
[605] Das Besenholz wird in der Volksmedizin vielfach verwendet, offenbar wegen des Vegetationsdämons (Pflanzenseele), der in der Rute (Lebensrute!) steckt. HWB. S.v. Besen (Haberlandt).
[606] SLRA. Graz Kop. 1675 XI 7.

Im Feber 1676 haben sich in Weiz[607] der Schuster Thomas Conrad und sein Weib zu verantworten, weil sie dem Michael Eyßner und seinem Weib Milchverzaubern und Blindmachen vorgeworfen haben. Der angebotene Wahrheitsbeweis geht glücklicherweise schief; daher werden sie zur Abbitte mit fünf Dukaten Pönfall verurteilt.

Nach dem Fürstenfelder Ratsprotokoll von 1676[608] hat der Rat die Schweinehirtin, die beschuldigt worden ist, die Frau eines Schweinehirten aus Brotneid krank gemacht zu haben, so lange eingesperrt und an die Kette gehängt, bis sie das kranke Weib wieder gesund gemacht haben werde.

XXII. In Spittal[609] in Kärnten scheut sich 1676 offenbar das Gericht, den dreizehnjährigen schwachsinnigen Buben Thomas aus Fuetschach bei Rosegg trotz seines Geständnisses der Luftfahrt zu strafen. Der Arme gibt an, Vater und Mutter seien „im Windischen"[610] wegen Zauberei verbrannt worden; er selbst habe dabei zuschauen müssen. Sein weiteres Schicksal entzieht sich der Kenntnis.

Aus Schloß Hollenburg a. d. Donau[611] ist uns von 1676 ein Frauenzank erhalten, in dem der Wahrheitsbeweis für die Beschimpfung „Hex" durch Unterbeweisstellung des „Milchrührens" versucht wird.

Im selben Jahre wird in Bischoflak[612] in Krain die Margareta Schettko, eine Wahrsagerin, die sich u. a. für die sagenhafte zehnte Schwester[613] ausgegeben hatte, von der Zauberei freigesprochen.

Im Schloß Hohenbrugg[614] bei Fehring an der alten steirisch-ungarischen Grenze hat 1677 ein Zaubereiprozeß stattgefunden, dem

---

[607] SLA. Marktarch. Weiz.
[608] Lange S. 211.
[609] Wutte S. 55.
[610] D.h. im slowenischen Alpengebiet.
[611] Frieß, Monatsbl. 1921 Nr. 8, 9.
[612] Diemitz, Mitt. 1862 S. 73ff.
[613] Der zehnte Bruder (deseti brat) gilt nach der slov. Sage als ein Entarteter, Verkommener. Vgl. den gleichlautenden Roman von J. Jurčič. An der Sprachgrenze bei Mureck ist auch bei den Deutschen die Redensart üblich: Der geht herum wie der zehnte Bruder", um einen äußerlich verkommenen Menschen zu bezeichnen.
[614] SLA. Sond. Arch. Fürstenfeld; SLRA. Graz Kop. 1677 XI 180.

schon im Juli die Maria Ungerin zum Opfer gefallen ist. Einbezogen waren aber noch mindestens sechs Personen, darunter auch der uns schon aus den Fürstenfelder Prozessen von 1668 und 1671 bekannte und damals davongekommene Mathias Thür. Nach der Kostenbemessung der Regierung vom 26. November 1677 sind „etliche" davon mit dem Feuer vertilgt worden, und zwar Mathias Thür, Philipp Hueber, Jakob Hueber; drei, nämlich Michael Prasch, Katharina Grudl und Eva Stainerin sind im Gefängnis gestorben. Auch ihre Leichen wurden verbrannt, wozu nicht weniger als dreißig Klafter Holz notwendig waren.

Im selben Jahre 1677 verhört der Bannrichter Georg von Dill in Friedau[615] auf seine Weise, d. h. mit schonungsloser Folteranwendung, die siebzigjährige Dorothea Weda wegen Anhexen von Krankheiten. Sie gesteht nichts, fällt aber während der vierundzwanzigstündigen Stuhlfolter in Ohnmacht und stirbt einige Tage darauf im Kerker. In der Nacht — berichtet der Bannrichter — erhob sich dann im Schlosse vor der Totenkammer wütendes Hundegebell; in einem gewaltigen Sturm holte der Teufel die ihm verfallene Seele ab[616]. Wir erfahren aus den Akten, daß in Friedau schon um die Jahreswende 1676 sechs Hexen verbrannt worden sind (die Maria Hergulin, Plochlin, Schneiderin, Finckhin, Khoratschitzin und Potrinin); außerdem liegt die Urgicht der Ursula Kostanitzin bei, die wegen Hexentanz am Donatiberg und Schauermachen ebenfalls zur Erdrosselung und Verbrennung verurteilt und hingerichtet worden ist. Bemerkenswert ist das Verbot der Regierung an Vill, die Wasserprobe zu gebrauchen, da man vernommen hat, daß dieser Hexen habe in die Drau werfen lassen. Ein später Beleg für den Fortbestand dieses uralten, schon im Codex Hammurabi verbürgten Ordals[617]

XXIII. 1677 spielt auch ein sehr interessanter Teufelsaustreibungsfall im weitberühmten steirischen Wallfahrtsort Maria-Zell[618].

---

[615] Akten im SLRA. Graz. Der Prozeß ist veröff. von Byloff, Fried. Hexenproz.
[616] Wohl eine Beziehung zum „wilden Gjaid", dem Seelenheer Wotans, das ebenfalls mit Hundegebell nächtlich durch die Lüfte zieht. Vgl. E. H. Meyer S. 384.
[617] Über das Wasser- (Fluß-)Ordal der Gesetzgebung Hammurabis Kohler-Peiser Kol. V 35 § 2. Über spätere Belege (1707 in Hannover) Rietzler (nach Wilhelmi) S. 18 ff. HWB. s.v. Gottesurteil (Müller-Bergström) (1706 Holstein). Der Okkultist Du Prel I5 erklärt das leichte Gewicht der Hexen als Tatsache und führt auch die Hexenwagen in Oudewater und Szegedin darauf zurück.
[618] Manuskript in der Fideikommißbibl. Wien. Der Fall ist von Sigmund Freud dargestellt und eingehend psychoanalytisch ausgewertet (Teufelsneurose).

Der angeblich Besessene, der Maler Christoph Haitzmann, war in Wirklichkeit ein gerissener Schwindler, der ebenso wie sein Grazer Schicksalsgenosse von 1600 nach einer Versorgung strebte und fortschreitend mit zwei Teufelsverschreibungen operierte, die er dann durch die Gebetskraft der Exorzisten vor aller Augen zurückerhielt. Er hat auch seinen Zweck erreicht; man nahm ihn, um ihn vor Rückfällen zu schützen, als Laienbruder in den Orden der barmherzigen Brüder auf und beendete dadurch die Nahrungssorgen des Künstlers; 1700 ist er als Bruder Chrysostomus „sanft und trostreich" gestorben.

Er mag Neurotiker gewesen sein; ob aber Freud im Rechte ist, wenn er die ganze Geschichte psychoanalytisch auswertet, sei dahingestellt. Der Umstand, daß der Maler zwei Teufelsverschreibungen ausgestellt zu haben behauptete, von denen die zweite — mit Blut geschriebene — die frühere mit Tinte geschriebene durch eine Art Novation ersetzen sollte, später aber wieder selbständige Kraft erhielt, findet sich mit genauester Deckung auch bei dem 1600 in Behandlung der Grazer Jesuiten gestandenen preußischen Studenten. Bei beiden auch der Verlust des Vaters und der materiellen Sorgenlosigkeit als Anlaß[619] zum Teufelsbunde. Bei beiden auch das Streben nach Versorgung[620]! Daß der Nervenarzt, dem der Zusammenhang der dokumentarischen Belege der ganzen Hexenzeit nicht gegenwärtig ist, die Formel in den vom Maler selbst fabrizierten Verschreibungen, sich dem Teufel „als sein leibeigener Sohn" zu ergeben, anders auffaßt als der Rechtshistoriker, und daraus auf psychoanalytischem Wege den „Teufel als Vaterersatz" ableitet, ist begreiflich. In den vielen hunderten von Verschreibungs- und Versprechensformeln, die dem Verfasser bekannt geworden sind, wiederholen sich ähnliche Wendungen bis zum Überdruß; der Teufel beansprucht, als Herrgott, als Jesus Christus, als oberster Herr und Gebieter usw. angesehen zu werden. Auch die Formeln und Formen des Lehenrechtes, z. B. die Verpflichtung, ein getreuer Lehensmann zu sein, kommen vor, und der obszöne Kuß ad genitalia seu ad posteriora, der zum Ritual der Teufelsverehrung am Sabbat gehört, ist nichts als eine Parodie des Lehenskusses. „Aber das wäre Betrug

---

[619] Angeblicher!
[620] Es ist nicht unmöglich, daß Haitzmann aus Velrio des Grazer Fall gekannt und kopiert hat; die Übereinstimmung ist höchst auffallend.

und nicht Neurose, der Maler ein Simulant und Fälscher, nicht ein kranker Besessener[621]!"

XXIV. In Leibnitz scheinen die Verfolgungen seit 1675 nicht aufgehört und sich bis 1677 hingezogen zu haben[622]. Wir ersehen aus einem Regierungsbefehl an Frau Elisabet von Gloyach, die Gerichtskosten zu bezahlen, daß deren zu Gut Wagna gehörige Untertanen Katharina Ungartn und Thomas Petertschnikh 1677 wegen Zauberei hingerichtet worden sind. Auch eine dritte, dem Namen nach nicht bekannte Person fand hierbei den Tod auf dem Scheiterhaufen.

Im selben Jahr erhält der Landgerichtsverwalter Mathias Schalkho in Faal[623] (im steirischen Drautal) von der Regierung einen Verweis dafür, daß er die in einem Wetter zur Erde gefallene Hexe Ursula Kharnitschnitkhin zwar inquiriert, nachher aber gegen Erlag von hundert Dukaten aus der Haft entlassen habe. Genutzt hat ihr aber diese Bevorzugung letzten Endes nicht. Sie wurde zusammen mit der Radigund Seriantschin und deren Mann Georg Seriantz vom Stadtgericht Marburg eingezogen und prozessiert. der Seriantschin ist nach schwerer Falter durch den bösen Geist der Hals umgedreht worden, d. h. sie starb an den Folgen der Tortur. Die Kharnitschnikhin wurde ebenfalls grausam gefoltert, überwiesen, geköpft und verbrannt. Peter Seriantz wurde freigesprochen; doch mußte er als Pfand solange im Marburger Turm inliegen, bis das Kloster St. Paul in Kärnten, dem die Herrschaft Faal gehörte, die Gerichtskosten für ihn und seine Frau bezahlt hatte.

Beim Landgericht der Herrschaft Schönstein[624] hat 1677 der Bannrichter Johann Georg Franz von Vill die Marina Ferlin zur Enthauptung verurteilt. Es war ein reiner Magieprozeß alten Stiles ohne Teufelsbund; die Ferlin hatte mit Friedhoferde angeblich zwei Menschen getötet und verstand sich auch auf anderen Krankheitszauber sowie auf die Nehmung der Mannheit. Ob diese Marina Ferlin mit jener Magdalena Zerlinz wesensgleich ist, die nach der Angabe Puffs[625] 1677 in Marburg a. d. Drau wegen Fieberanhexen

---

[621] Freud S. 35.
[622] SLRA. Graz Kop. 1677 XI 15, 1682 I8, II 136.
[623] SLRA. Graz Kop. 1677 XI 19, XII 6, 1685 IV 29.
[624] SLA. Sond. Arch.Herrsch. Schönstein Schub. 16, 4a: Verh. Prot. Und Krim. Proz.
[625] II S. 152.

verhaftet war und aus dem Kerker durchging, ist nicht feststellbar, aber wahrscheinlich.

Weitere Zaubereiprozesse dieses Jahres 1677 kommen beim Anderburgschen Landgerichte zu St. Georgen unter Reichenegg bei Cilli und in Cilli[626] selbst vor. Der Bannrichter Paul Schatz hat am 19. Juni 1677 die über sechzigjährige Ursula Vurischighin wegen Buhlschaft mit dem bösen, unchristlicher Unzucht, Krankheits- und Tötungszauber am Scheiterhaufen erdrosseln lassen. Sie war u. a. geständig, eine Lehmpuppe geknetet zu haben; wollte sie jemand töten, so stach sie dieser Puppe mit einer Nadel in die Schläfe. Die vierzigjährige Freiholdin Marina Vetschekhin ist zum Schwert verurteilt worden, weil sie mit einem Jäteisen und einem Haarkamm Mensch und Vieh krank gezaubert hatte. Den Teufelsbund leugnete sie trotz schwerster Folter.

Bei Gelegenheit dieser Prozesse war Schatz auch auf die Kristallseherin Gertraud Brinougka oder Brinowizin aus Lendorf bei Cilli aufmerksam geworden, die er verhaften ließ und nach Cilli schaffte[627]. Dort saß sie zuerst auf der Burg Obercilli, wo sie gütlich und peinlich vernommen gestand, viele Leute durch Pflanzen, Wurzeln und Beschwörungen gesund gemacht zu haben. Ihre Aussagen sind volksmedizinisch nicht ohne Interesse. Sie mußte dann dem Stadtgericht Cilli überliefert werden, das sie nach dem Berichte des Stadtrichters nicht für malefizisch erkannte. Das Erkenntnis erging aber erst nach einem Jahre (5. Dezember 1678) durch den versammelten Rat unter dem Vorsitze des nachfolgenden Stadtrichters Georg Khünsperg; man verurteilte sie lediglich zu sechs Silberkronen Geldstrafe und Burgfriedsverweisung. Die innerösterreichische Regierung aber hob dieses Urteil auf und verfügte Torturanwendung. Da diese keine Linderung brachte, trotzdem man sie reckte und zwölf Stunden am Hexenstuhl sitzen ließ, verurteilte sie der Cillier Rat neuerdings nur zu Prangerstehen und Burgfriedsverweisung. Auch dieses Urteil fand nicht die Billigung der Regierung; sie stellte aus, daß man der Beschuldigten hätte die Haare schneiden, ein Hanfhemd anziehen und verhindern sollen, daß sie auf Erdreich komme. Man solle überdies pro maiore securitate zum Prozesse den vielerfahrenen Bannrichter Paul Schatz beiziehen. Damit wird klar,

---

[626] SLRA. Graz Kop. 1677 VIII 76.
[627] SLA. Ständ. Arch. Abt. Ger. WEf., Zaub. Akten

wer der Verursacher der ablehnenden Haltung der Regierung war; der Bannrichter im Viertel Cilli wollte sich die Spesen und Sporteln, die zu verdienen waren, nicht entgehen lassen. Damit brechen die Sitten ab; es ist zu befürchten, daß es diesem Folterrichter gelungen ist, die Standhaftigkeit der Brinowizin zu brechen.

Zu erwähnen ist, weil in letzter Instanz von der Wiener Hofkammer entschieden, aus 1677 ein Zaubereiprozeß in Ungarisch-Altenburg (Wieselburger Komitat Ungarn)[628]. Die österreichische Kompetenz erklärt sich daraus, daß der Ort Ungarisch-Altenburg als Domäne der kaiserlichen Hofkammer in Wien unterstand. Diese Behörde verurteilt drei Frauen zum Tode, die angeblich sechsundneunzigjährige Barbara Brunin, ihre Tochter Aperl Fahlin und die siebzigjährige Salome Müllnerin. Es war ein reiner Teufelsbundprozeß; die Fahlin hatte angeblich ihr einjähriges Kind dem Teufel versprochen, und die Müllnerin behauptete ihrerseits, von ihrer eigenen Mutter in jungen Tagen dem Teufel überliefert worden zu sein. Daneben läuft Gewitterzauber und die zauberische Tötung des Nachtwächters von Andau.

1678 erteilt die Regierung dem Landgerichte Reifenstein[629] bei Judenburg den Auftrag, einen Untertanen, der der Vater zweier in Salzburg hingerichteter Zauberer sein solle, zu verhaften und zu prozessieren. Eine Auswirkung des Zauberjackelprozesses! Ebenfalls mit diesem Riesenprozeß im Zusammenhang ist der Befehl[630] der innerösterreichischen Regierung an alle Landgerichte in Obersteier „gegen Salzburg", gegen die „der Zauberei, Rauberei und anderer Untaten gravierten Personen" mit aller Schärfe einzuschreiten.

Auf Schloß Moosham[631] im Lungau ist 1679 Lorenz Kreutzer von Scheifling wegen Magie verbrannt worden.

In Wolfsberg in Kärnten wird, wie wir dem allein vorhandenen Kostenverzeichnisse entnehmen, 1678 Eva Sturm wegen Zauberei hingerichtet[632].

---

[628] Schalk, Ungarisch-Altenburger Kriminalakten 1677. Mitt. Nr. 28 des Vereins der Naturfreunde in Mödling.
[629] SLRA. Graz Kop. 1678 VI 10.
[630] Ebendort Kop. 1678 VII 31.
[631] Kürsinger S. 501 ff.
[632] Wutte S. 66.

XXV. Nach dem Zeugnisse des berühmten Krainer Historiographen Valvasor[633] ist in der Krainer Hexengegend um den Zirknitzer See in den siebziger Jahren des siebzehnten Jahrhunderts ein gewaltiger Hexenprozeß durchgeführt worden, dem fast alle Bewohner des Dorfes Botscheska (verstümmelt aus Bočkovo bei Stegberg unweit Laas[634] zum Opfer fielen. Es muß sich demnach um einen sehr großen Prozeß mit massenhaften Opfern gehandelt haben: Valvasor bestätigt, daß in dieser Gegend in einem Jahre mehr Zaubereiprozesse vorkämen als seit Menschengedenken im ganzen Lande[635]. Der Grund dürfte wohl auch hier die Häufigkeit der Hagelwetter gewesen sein. Das Gebiet um den Zirknitzer See ist noch heute eine berüchtigte Wettergegend; die zahlreichen Karsthöhlen und Schlünde enthalten noch nach der Volksmeinung der Gegenwart die Gewitter ; man hütet sich sorgfältig, Steine in die Löcher zu werfen, um den Grimm des Wetterdämons nicht zu reizen. Eine sehr bekannte Wetterhöhle dieser Art befindet sich auf dem Berge Slivenza, dem Hexentanzplatz des Prozesses; der Teufel erschien in den Höhlen und lehrte die Hexen das Wettermachen.

Valvasors umfangreiche Ausführungen über das Hexenwesen überhaupt, die in einem Buche nicht fehlen konnten, das gerade im Zeitpunkt der Hochflut der Hexenverfolgungen erschien, sind für die Auffassung der gebildeten Gesellschaftskreise des Hexenzeitalters sehr charakteristisch. Valvasor ist selbst zaubergläubig und läßt nur in vereinzelten Fällen einen leisen Zweifel mitschwingen; seine Überzeugungsquelle ist die wissenschaftliche theologisch-juristische Hexenliteratur, die er genau kennt, zitiert und eingehend verwertet. Gerade bei einem naturwissenschaftlich gerichteten, kritisch veranlagten Geist, den Valvasor besaß, ist die stumpfe Kritiklosigkeit, mit der die dümmsten und lächerlichsten Dinge des Zaubereivorstellungskreises übernommen werden, doppelt bemerkenswert. Der gleichzeitige steirische Arzt, Naturforscher und Akademiker Dr. Adam von Lebenwaldt befaßt sich ganz im selben Sinne mit dem brennenden Zeitproblem, vom berühmten Prediger und Augustiner

---

[633] Valvasor, Ehre des Herzogt. Krain VII 477 ff., XI 560.
[634] Dimitz, Gesch. Krains IV 145.
[635] Allerdings bemerkt Valvasor (VII 477) gleich eingangs, daß (er schreibt Ende der achtziger Jahre) „das Land von den Hexen und Unholdinnen noch ziemlich sauber" sei, was sich auch mit dem Ergebnis der archivalischen Nachsuche deckt.

im Münzgrabenkloster zu Graz Abraham a Sancta Clara[636] ganz abgesehen, der als Kanzelredner und Schriftsteller das vielerörterte Thema vom erschrecklichen Hexengeschmeiß mit drastischem Humor, aber ganz im Geiste seiner Zeit behandelt hat. Ein Wort. Des Zweifels an der Schuld oder des Bedauerns über das gräßliche Schicksal der Hexen wäre ganz unverstanden geblieben, ja als Verrat Gottes schärfstens zurückgewiesen worden. Die obersten Stellen treiben immer nur zu äußerster Schärfe in Zaubereisachen an.

Infolgedessen mutet ein Erlaß Kaiser Leopolds an die niederösterreichische Regierung vom 8. Oktober 1679[637], der einen bei einem Landgerichte in Österreich unter der Enns geführten großen Zaubereiprozeß betrifft, aber zur Zurückhaltung auffordert und vier Weiber, die von den Opfern der Prozesse „noch" leben, sogar freispricht, ganz anachronistisch an. Es müssen hier allerdings ganz unerhörte Mißstände vorgelegen sein. Denn der Kaiser befiehlt, das unerlaubte Folterwerkzeug des Nagelbettes[638] sofort abzuschaffen, die vier noch Verhafteten gegen Erteilung eines Ehrenscheines freizulassen und ein im Prozeß verfangenes zwölfjähriges Mädchen durch geistlichen Zuspruch „von ihrer irrfältigen Meinung" abzubringen. Daß die Regierung den schuldigen Landgerichtsverwalter sogar zu einer Geldstrafe verdonnert hat, die der Kaiser dann allerdings erläßt, besagt genug. Der Erlaß verfügt schließlich, daß zu solchen schweren Kriminalsachen nur Räte der Regierung als Kommissarien abgeordnet werden sollen, um die Ausschreitungen des provinzialen und rustikalen Patrimonialrichtertums zu verhindern. Regierungskommissäre bei Zaubereiprozessen sind nun eine fast ständige Erscheinung.

Im Hausbüchel der Stampferin[639], einer Vordernberger Radmeisterin, wird erzählt, daß der Bruder der Verfasserin, der kaiserliche Forstmeister Ignaz Dellatorre in Wiener-Reustadt, der 1679 starb, sein Leiden (Podagra und Gicht) von einem „Mensch", das damals wegen Zauberei in Wiener-Neustadt gerichtet wurde, angezaubert

---

[636] Über ihn Scherer in der allg. deutsch. Biogr. 21. Bd. S. 178ff s.v. Megerlin Johann Ulrich. ER lebte von 1682 bis 1689 – also gerade zur Zeit des Höhepunktes der Steir. Hexenverfolgung in Graz.
[637] Codex Austriacus I 475.
[638] Vgl. die Darstellung eines solchen nach einem Kupfer aus dem 15. Jahrh. bei Helbing I 180.
[639] Ausgabe von Gustav Hackl, Graz (Leuschner und Lubensky 1924).

erhalten habe. Die reuige Zauberin hätte ihn durch Gegenzauber retten können; er lehnte ab und starb, weil er sich von einer Zauberin nicht „ansprechen und anbeten" lassen wollte.

XXVI. Im Jahre 1679 zeigen sich Auswirkungen des Salzburger Zauberjackelprozesses in Meran[640] in Südtirol. Der Benefiziat Lorenz Paumbgartner zu St. Leonhard in Meran hat ein Tagebuch hinterlassen, in dem er auch berichtet, daß ihm die schwere Pflicht oblag, die verurteilten Zauberer zum Hochgericht zu begleiten. Für die Jahre 1679 und 1680 berichtet er über dreizehn Hinrichtungen nur von Personen männlichen Geschlechtes, darunter Kinder von vierzehn und fünfzehn Jahren. Es waren lauter Landstreicher, „Zauberbuben" (pueri venefici). Die Akten über diese Prozesse liegen zum Teil im Archiv des Ferdinandeums in Innsbruck. Aus ihnen ergibt sich, daß der Zauberjackel auf seinen Landstreicher- und Verbrecherfahrten auch nach Tirol gekommen war und dort die Anwerbung junger Leute mit der Blutzeremonie übte. Auch das bezeichnende Mäusemachen kommt vor.

Am 11. August 1679 starben unter dem Richtschwert der Schweizer Melchior Waltesbier und die beiden Zillertaler Karl Pfisterer und Kaspar Pliem, eine Woche später Georg Stocker aus dem Pustertal, der fünfzehnjährige Georg Hofer aus Kemeten bei Innsbruck und der zwanzigjährige Josef Sailler aus Marling. Dann sind einige Monate Ruhe, bis am 13. Dezember 1679 der vierzehnjährige Leonhard Tengg aus dem Zillertal, Erhard Trenkwalder aus Mais, Johann aus Gefflen bei Schlanders und der achtzehnjährige Valentin Tamerle alias März aus Mölten den Weg über „den hölzernen Steg" antreten müssen. Genau neun Monate später, am 13. September 1680, werden zwei Passeirer Buben (juvenes), Johann Schweigl und Lukas Plater enthauptet, endlich am 14. November desselben Jahres der Spielmann Mathes Haensele mit dem Beinamen der Pfeifer Hänsele. Die Richtung gegen das Landstreichertum, die der Zauberjackelprozeß aufweist, fehlt also auch hier nicht.

Noch viel deutlicher kommt der Einfluß des Zauberjackel bei dem abscheulichen Prozesse zum Vorschein, der 1679/80 in Lienz[641] in Tirol vom Landrichter Christoph Mohr gegen die Landstreicherin Emerenziana Pichler, ihre vier Kinder, ihre Mutter und einen gewis-

---

[640] Zingerle S. VII ff.; Rapp S. 60 ff.
[641] Pfaundler S. 32-62, der einen Aktenauszug bringt.

sen Jakob Rainer geführt wird. Die Pichlerin war von einem der Opfer des Salzburger Prozesses, Klemens Perger, des Sabbatbesuches und der Zauberei bezichtigt worden und wurde daher auf Anzeige des fürsterzbischöflichen Hofrichteramtes zu Salzburg bei einer Streifung in Ober-Lienz mit ihrer Mutter und ihren vier Kindern nach Schloß Brugg bei Lienz eingeliefert und prozessiert. Bis in die Einzelheiten gehen die Ähnlichkeiten mit dem Salzburger Prozeß; auch hier erscheinen der Zauberjackel unter seinem richtigen Namen Roller, die Zeremonie der Blutverschreibung, die Hostienschändung in massenhaften Fällen und alle die verschiedenen anderen Formen des Berufsaberglaubens der Fahrenden, namentlich der Kinder- und Schwangerenmord für Gewinnung zauberkräftiger Drogen. Selbst wenn die Abhängigkeit vom Salzburger Prozeß nicht urkundlich feststünde, würde sie sich aus der Gleichförmigkeit des Prozeßstoffes ohne weiteres ergeben[642].

Überaus zahlreich sind die von der Pichlerin angegebenen Mitschuldigen, und zwar nicht nur solche der Landstraße, sondern auch vornehme Leute, wie z. B. der Pfleger von Greifenburg und seine Frau. Gegen diese der gesellschaftlichen Oberschicht Angehörigen kam es nicht zu Verfolgungshandlungen: genau so, wie in Salzburg! Die Pichlerin ist am 25. September 1680 erdrosselt und verbrannt worden; die beiden älteren ihrer Kinder, der vierzehnjährige Michel und die zwölfjährige Anna, starben zwei Tage später unter dem Richtschwert des Freimannes Johann Miller; der taubstumme Sebastian war ebenso wie seine Großmutter im Gefängnisse gestorben; die sechsjährige Maria mußte der Hinrichtung ihrer Geschwister „zu einem schreckenden exempl" zusehen und erhielt einige Rutenstreiche, bevor sie in die Zwangserziehung kam. Man sieht: auch in der schonungslosen Austilgung der Bettlerkinder wurde das Salzburger Beispiel befolgt. Jakob Rainer ist 1681 nach langem Verfahren ebenfalls gerichtet worden.

XXVII. Für 1680 verzeichnet eine von späterer Hand angelegte Übersicht die Enthauptung des David Grienseisen, Abdecker im

---

[642] Als Beleg für den gleichzeitigen Hexenglauben im Nonstal diene folgende Nachricht: Michelangiolo Mariani schreibt in seinem 1675 veröffentlichtem Buche: „Trento con il sacro concilio" auf S. 570, daß er sich auf seiner Reise im Nonstal nicht getraute, den Monte Tonale zu besteigen, weil das Gerücht ging, daß dort eine große Anzahl von Hexen ihre Zusammenkünfte halte. Vgl. Maffei S. 37.

Sandt zu Windisch- Garsten[643] wegen Viehzauber; die Fürbitte des Stiftspropstes hatte ihn vor dem „lebendigen Brand" gerettet.

Nach dem Protokollbuch der Landgerichtsherrschaft Trauttmannsdorf (bei Gleichenberg) von 1679 bis 1690[644] sind in den Monaten Juli und August 1680 neun Personen aus dem Dorfe Grub im hexenreichen Gebiete um die Feste Riegersburg wegen Hagelmachen erdrosselt, enthauptet und verbrannt worden. Anlaß war wieder ein großer Hagelschlag im Juni 1680, der alle Dorfbewohner und die ganze Nachbarschaft unter Führung des Fuchsbauers Bartel Haas zu einer Sturmdeputation in die Verwalterkanzlei veranlaßte, um die Katharina Halbedlin, die übel berüchtigte Dorfhexe von Grub, des Zaubers anzuklagen. Diese gestand unter der Folter und gab eine Reihe Mitschuldiger an, darunter ihren eigenen Mann und den Anzeiger, den Fuchsbauer, selbst. Auch dieser ist schließlich, nachdem er lange der Folter widerstanden hatte, gerichtet worden; allein man schenkte ihm „aus besonderer Gnade" die Verbrennung und ließ ihn enthaupten. Mit der Hinrichtung dieses „ersten Denunzianten", wie die Akten mit einiger Bosheit hervorheben, endigte der Prozeß. Zwei mit Band und Zug schwer Gefolterte gestanden nicht und wurden gegen Urfehde entlassen.

Aus Schloß Rotenfels (bei Oberwölz im oberen Murtale) besitzen wir ein Verhörsprotokoll von 1681[645] mit der Oberwölzer Bürgerin Gertraud Müllerin, bei der man Riemen aus der haut eines Selbstmörders gefunden hat, die nach einem sehr alten Aberglauben[646] als geburtförderndes Mittel verwendet worden sind. Sie wird mit einer Verwarnung heimgeschickt.

XXVIII. 1680/82 haben wir gleichzeitige sehr umfangreiche Zaubereiprozesse in den mittelsteirischen Marktflecken Leibnitz und Arnfels[647], von denen letztere aus den ersteren hervorgegangen sind.

---

[643] Strnadt S. 233.
[644] Früher in meinem Besitz! Besproch. von Byloff, Grazer Tagespost vom 28. Oktober 1920.
[645] SLA. Sond. Arch. Rotenfels Schub 97. Veröff. von Byloff, Volkskundl. S. 47 ff.
[646] Hovorka-Kronfeld I 298. Die gegerbte Haut wurde im Mittelalter als Leibbinde zur Geburtsbeförderung getragen. Vgl. auch HWB. s.v. Geburt (Kummer). Zugrunde liegt wiederum der Leichenzauber.
[647] Gräff § 127; Beckmann, Idea juris, S. 93, 426 ff., 499, 565. Ferner einzelne Nachrichten im SLRA. Graz Kop. 1682 I 8, II 16, 87, IV 40, IX 67, 91, Ca. 1682 I. 20.

In den Leibnitzer Prozeß wurden nach und nach neunundzwanzig Personen einbezogen, deren größerer Teil am Hochgericht starb. Wir kennen nur einzelne Namen, darunter den Maier Lorenz Tscherny, den Geiger Jakob Kressel und die Anna Maria Roserin, die freigesprochen worden sind, Vater und Sohn Stefan und Mathias Tabner und die Eva Riflin, die sieben- oder achtmal schwerstens gefoltert worden ist. Den Hauptteil der Akten bilden die Beschwerden der Grundherren wegen der ihnen auferlegten, aus den Nachlässen der Hingerichteten nicht einzubringenden Gerichts- und Vollstreckungskosten.

Beide Prozesse führte der Bannrichter Dr. Jakob Gwisinger in Gegenwart der als landesfürstliche Kommissäre einschreitenden Regimentsräte Franz Herr von Stubenberg und Dr. Nikolaus Beckmann, welcher den Prozeß in seiner Idea juris mehrmals erwähnt. Nach im steiermärkischen Landesregierungsarchiv aufgefundenen Akten war letzterer mit der Prozeßführung Gwisingers sehr unzufrieden und zog ihn zur Verantwortung; er warf ihm u. a. vor, daß er ein Schlemmerleben führe; er habe in dreizehn Tagen in Leibnitz unverantwortlich viel aus der armen Sünder Gut und Blut „in Wohlleben und Gastereien" verzehrt[648]. Gwisinger entgegen beschwerte sich über Beckmann, daß dieser eine Schmähschrift gegen ihn eingereicht habe.

Beckmann ist, wie sein Tiroler Kollege, der Universitätsprofessor Dr. Johann Christoph Frölich von Fröhlichsburg mit seinem Karolinakommentar, so mit der Idea juris einer der juristischen Praktiker, die zur Zeit des Höhepunktes der Zaubereiverfolgung ihre Erfahrungen literarisch verwerteten. Für seine kritische Einstellung mag es genügen, daß Beckmann berichtet, mit eigenen Augen gesehen zu haben, wie bei einem Verhör dieser Prozesse der Teufel in

---

[648] An diesen Anschuldigungen ist etwas Wahres! Am 19. Juli 1681 schreibt Dr. Gwisinger an seinen Substituten, den Grazer Hof- und Schrannenadvokaten Dr. Ferdinand Egger, er sei nun schon drei Wochen in Arnfels und werde noch mindestens vierzehn Tage zu tun haben (SLA. Sond. Arch. Rotenfels Schub. 97). In Wirklichkeit dauerte aber der Aufenthalt Gwisingers viel länger; denn nach einem Briefe des Geschichtsschreibers Guidowalt Puchmayr vom 5. Oktober 1681 (ebendort) ist an diesem Tage Gwisinger noch immer in Arnfels, wo er also schon über drei Monate Verhöre durchgeführt hat.

Gestalt eines Eichhörnchens[649] in der Gerichtsstube erschien, dem Zauberer mit dem Kopfe zunickte und dann wegflog.

In Arnfels[650] kostete der Prozeß achtzehn Opfer, von denen sieben erwürgt, elf enthauptet und nachher verbrannt worden sind. Auch hier kennen wir nur einige Namen, so den Tattenbachschen Untertanen Jakob Mayr, den einundachtzigjährigen Müller Georg Pindter, den Bartholomäus Reiter, Bartholomäus Haarer, die Dorothea Wabin und die Katharina Prennerin. Die Folter, namentlich mit dem gepriesenen Hexenstuhl, ist grausam und rücksichtslos. Der Inhalt der Aussagen ist der gewöhnliche; geflogen wird auf den Grazer Aussichtsberg, den Schöckel, der nunmehr zu einem Hexenberg ersten Ranges vorrückt.

Im Zusammenhang damit steht 1682/83 der Prozeß gegen den Leibnitzer Gerichtsdiener Mathias Welleß, der eine der verhafteten Hexen, namens Eva Welleß — also eine Angehörige — aus dem Gefängnis hat entweichen lassen. Er wird schließlich 1683 auf ewig aus dem Lande verwiesen; kehrt er ohne Erlaubnis zurück, so soll ihm ohne weiteres Verfahren der Kopf herabgeschlagen werden.

Auch 1682 und 1683 dauern die Prozesse in Leibnitz und Arnfels noch weiter[651]. Am 24. Juli des ersteren Jahres wird in Leibnitz eine zauberische Person hingerichtet. 1683 verhaftet Dr. Gwisinger neuerdings drei Personen in Leibnitz wegen Zauberei und behält sie zwanzig Wochen in Haft. Erst als die Belastungszeugin, die Schwabin, auch die Patres Kapuziner in Leibnitz als Sabbattänzer angab, stellte sich der Wahnsinn der Denunziantin heraus, und das Verfahren wurde eingestellt. 1683 befiehlt die Regierung[652] dem Landgerichtsverwalter von Arnfels und Mahrenberg, die Partschkin auf dem Remschnig, eine Wahrsagerin und Krystallschauerin, zu verhaften; derlei Sachen geschähen nur mit Hilfe des Teufels. Was aus ihr geworden ist, wissen wir nicht.

XXIX. 1681 bis 1683 läuft in Brixen[653] ein Zaubereiprozeß gegen den über siebzig Jahre alten Ludwig Perkhofer in Klausen, den

---

[649] Die Verkörperung des züngelnden Blitzes, dem Donnergote geweiht! Hovorka-Kronfeld I 113; HWB s.v. Eichhörnchen (Herold).
[650] SLRA. Graz Ea. 1682 VIII 19, Kop. 1683 I 94, V 91, VII 45.
[651] Gräff S. 192.; Beckmann S. 93. Vgl. oben S. 118.
[652] SLRA. Graz Kop. 1683 I 74.
[653] Akten im fb. Hofarch. Brixen Salz. Nr. 9891. Bespr. Hartmann Ammann, Forsch. 1917 S. 66-77.

Bruder des 1681 verstorbenen Domdechants und Weihbischofs Jesse Perkhofer. Er wuchs aus einem Erbschaftsprozeß heraus, den Perkhofer gegen seines Bruders Verlaß angestrengt hatte. Man fand bei ihm Zauberbücher, Schriften, Ziegel, Wiedehopfköpflein[654] und zweiundsiebzig von ihm selbst aus einem angeblichen Manuskript abgezeichnete Teufelssiegel, die noch erhalten sind, weil man sie versehentlich nicht verbrannte. Sie sind Wappensiegel mit Legenden von Teufelsnamen und alchimistischen Zeichen. Den Teufelsbund hat Perkhofer starr geleugnet. Das Urteil lautet auf zehn Jahre Kerker und Verlust der Erbansprüche.

1682 und 1683 sind nach den Eingaben des Mooshamer Gerichtsprotokolls[655] bei der Herrschaft Moosham im Lungau zahlreiche Personen wegen Zauberei verurteilt, aus dem Passeggen teils erdrosselt, teils enthauptet und ihre Körper verbrannt worden. Die Zahl der Opfer beträgt für 1682 dreizehn. Unter den Gerichteten des ersten Brandes befindet sich die Christina Staudingerin aus Steindorf, woselbst das Hexenhaus noch heute gezeigt wird. Ihr Schicksal ist die Grundlage für die Lungauer Sage von der Staudingerhexe geworden[656]. Sie soll die Geliebte des Zauberjackel gewesen sein, was nicht unmöglich ist und das Aufflammen der Verfolgung in Moosham als eine weitere der vielen Auswirkungen des Salzburger Riesenprozesses erklären würde. 1683 starben wieder dreizehn Personen am Hochgericht des Passeggen, darunter nur ein einziger Mann; der junge Lorenz Süß wurde wegen seiner Jugend nur ausgehauen und dann dem Unterrichte überwiesen.

Am 26. August 1682 erhält der steirische Bannrichter Dr. Gwisinger den Auftrag[657] sich nach Schloß Ober-Wildon zu begeben, um dort den verhafteten Zauberer Gregor Ziser (Zisl), insgemein Gräntschl[658], abzuurteilen. Weiteres wissen wir nicht. Bemerkenswert ist, daß ihm die Regierung die „Applikation des Pflasters" als Foltermittel verbietet, aber nicht aus Menschlichkeit, sondern weil der Scharfrichter damit nicht umgehen könne.

---

[654] Ein volkskundl. Bekanntes Glücksmulett, das hauptsächlich dazu dient, vor Betrug zu schützen. Hovorka-Kronfeld I 451, II 231.
[655] Kürsinger a.a.O
[656] Dengg S. 192.
[657] SLRA. Graz ea. 1682 X 6.
[658] = brummiger Mensch (Unger-Khull s.v.)

In Fürstenfeld[659] hat 1682 die Winzerin Magdalena Tochtlin, als der erste der beiden Stadtpulvertürme in die Luft flog, die Voraussage getan, es werde schon besser kommen. Acht Tage später fliegt auch der zweite Turm auf. Nun drohte man ihr mit der Tortur, ließ sie aber schließlich wegen der dummen Rederei laufen.

Im Feber desselben Jahres berichten Richter und Rat von Leoben[660] über die Verhaftung zweier verdächtiger Landstreicher, des Michael Kern mit dem Gaunernamen Zigeunermichl und des Peter Melchardt. Beide sind neben Bettel, Dieberein und Schwindeleien auch der Zauberei verdächtig, weil sie den Bauern „Galgenmännlein" (Alraunwurzeln, selbstverständlich falsche) verkauft haben. Die Regierung benutzt diesen Anlaß, um die größte Schärfe gegen diese Gattung von Landstreichern zu empfehlen.

Im Viertel Cilli in Untersteiermark (wo, wissen wir nicht) ist am 17. Dezember 1683[661] eine Zauberin unbekannten Namens enthauptet worden, die die Kunst verstand, durch in die Fußspur eines Diebes eingeschlagene Nägel diesen zu lähmen[662] und Vieh zu verzaubern.

XXX. Aus einem Kostenstreite[663], der 1688 zwischen dem Landgericht Tüffer an der Sann (Untersteiermark) und der Herrschaft Lichtenwald geführt wird, erfahren wir, daß 1685 in der Südsteiermark, und zwar in Tüffer, Lichtenwald, Gairach, Montpreis, Peilenstein und Rann zusammenhängende Zaubereiprozesse anhängig waren. In Tüffer waren die Stepinschekhin, die Spreykhin und die Hoferin in Haft, deren allerdings nicht ausdrücklich erwähntes Schicksal — die Hinrichtung — keinem Zweifel unterliegen kann. Durch diese ist die Lichtenwalder Untertanin Ursula Tarauschiza, „ein steinaltes Weib", bezichtigt, die, wie der Landgerichtsverwalter Philipp Germek schreibt, „ganz unpäßlich, ja fast halb todter auf einen roßl angebundtner" von ihrer Gutsherrschaft nach Tüffer zur Gegenüberstellung geschickt wurde. Diese Gebrechlichkeit war aber kein Folterhindernis; sie wurde auf den Stuhl gesetzt und starb an

---

[659] Lange S. 228
[660] SLRA. Graz Kop. 1683 II 9.
[661] Beckmann S. 524.
[662] Der viel bei Mensch und Vieh verwendete Fußspurzauber. Vgl. Byloff, Volkskundl. S. 22, 49; Seligmann S. 153 ff.; HWB. s.v. Fußspur (Stemplinger); Wuttke S, 135.
[663] SLRA. Graz Kop. 1688 II 60.

den Folgen dieser unerhörten Roheit am 13. Juni 1685. Vorher hatte sie aber noch mehrere Sabbatgenossinnen, die beiden Schwestern Nescha und Margareta Romiha in Lichtenwald, die Adämaukha in Peilenstein, die Vokhin in Montpreis, die Schitschkherin (scheinbar aus Gairach) angegeben; noch mehr Namen, „deren sie einen ganzen Schwarm gewußt haben soll", ist sie zum Bedauern des Verwalters durch ihren raschen Tod anzugeben verhindert worden. Gegen die Angezeigten entbrennen bei ihren zuständigen Landgerichten Prozesse unbekannten Ausganges[664].

Am 1. August 1685 beginnt in Luttenberg[665] scheinbar ein reiner Magieprozeß gegen die Anwohnerin Marina Sernin, verehelichte Laschitschin wegen Nestelknüpfen und Krankheitszauber. der Ausgang ist unbekannt.

1685 begegnen wir auch Andeutungen über schwere Hexenverfolgungen gegen mindestens fünfzehn Personen in Radkersburg, bei denen wieder der uns schon sattsam bekannte Wendtseisen seine Hand im Spiele hat. In den Streitigkeiten, die dieser hinausgeworfene Stadtrichter und Stadtschreiber und spätere Landgerichtsverwalter von Oberradkersburg zwischen seinem Landgerichtsherrn Johann Seifried Fürsten von Eggenberg und seiner Vaterstadt aus Rache anzuzetteln verstand, findet sich eine Beschwerdeschrift der Radkersburger vom 12. September 1685 über „Unnachbarschaft"[666]. Es ergibt sich aus ihr, daß ein schwerer Hexenprozeß noch bevorsteht, d. h. im Gange ist. Bei der letzten Exekution war das zum Scheiterhaufen beigestellte Holz nach Wendtseisens Behauptung noch grün und naß, so daß das Feuer nur langsam angriff und die Leiden der armen Sünderin vergrößerte. Die Stadt dagegen schiebt das Ärgernis bei dieser Hinrichtung auf den Pettauer Freimann, der so schwach und krank war, daß er nichts richten konnte; man mußte als Henkerersatz „einen Buben und ungefähr allda gewesten stattseuberer" (Straßenkehrer) beiziehen. Auch der später angekommene cillauerische Halbmeister sei wegen seines „blöden Gesichtes" untauglich gewesen, die zum „lebendigen Brand" verurteilte Zauberin an die

---

[664] In den Tüfferer Prozeß scheinen später Geistliche einbezogen worden zu sein; Beckmann spricht S. 63 unter Clerici davon, daß 1687 in Tüffer in einem Prozeß in puncto magiae für Geistliche die Exemption vom weltlichen Gericht in Anspruch genommen worden sei.
[665] SLRA Graz Sond. Arch. Luttenberg Schub. 26 Hft. 69 Ratsprot. Gubo S. 146.
[666] SLA. Stadtarch. Radkersburg Schub. 34 Hft. 85.

Säule anzuschmieden und das Lauffeuer zum angehängten Pulversack zu entzünden. Wir erfahren daraus mindestens zwei Hexenverbrennungen bei lebendigem Leibe und können auf einen viel größeren Umfang der Verfolgung schließen.

XXXI. 1685 und 1686 ergeben sich massenhafte zusammenhängende Zaubereiprozesse in Mittelkärnten[667] bei den Landgerichten Weißenegg, Waisenberg (Trixen), Heunburg, Cberstein und namentlich in Straßburg und Biberstein (Himmelberg). Wir wissen von der Hinrichtung des Klement Thorinig, Simon Wastrer und Valentin Terball 1686 in Weißenegg wegen Weitermachen und Sabbatbesuch auf der Saualm; sie waren 1685 vom Bertl Wurnig, der in diesem Jahre in Waisenberg verhaftet war und offenbar auch hingerichtet worden ist, als Genossen angegeben worden. Zu den Hingerichteten von 1686 gehörte auch Gregor Rode; er war von der in Heunburg gerichteten Rosanzin beschuldigt worden. Er seinerseits sagte auf die Margareta Keßlin aus. Schwerer Folter unterworfen, gestand sie, um dann wieder das Gestandene zurückzunehmen. Sie ist jedenfalls auch gerichtet worden.

1687 gewannen in Weißenegg[668] die Prozesse einen neuen Aufschwung durch einen verderblichen Hagelschlag, der die ganze Weinernte vernichtete. Der Landgerichtsverwalter berichtet dem Bamberger Bischof, daß man etliche Zauberer gerichtet habe, deren Justifikation große Kosten verursachte. In Straßburg wurden 1686 mindestens fünf Personen wegen Zauberei und Hexentanz auf der Görlitzen gerichtet: die Katharina, ihre Söhne Christian, Thomas und Leonhard (dreizehnjährig!) und Agnes, das (Eheweib des Christian. Damals waren übrigens in Straßburg und himmelberg sechsundfünfzig Personen wegen Zaubereiverdacht in Untersuchung, so daß die Zahl der Hinrichtungen gewiß sehr groß war. In Himmelberg sind die Todesurteile gegen den Bauer Mathias, den Schlosser Valentin urkundlich beglaubigt. In Millstatt wurde 1688 ein altes Weib im gleichen Zusammenhange gerichtet. Wieder werden aus Grund der Eingaben der Gefolterten Pfarrer in den Prozeß einbezogen, nämlich der Pfarrer in der Gnesau im Gurktal, jener zu St. Peter im Tweng, die beide für schuldlos befunden wurden, endlich jener

---

[667] Hermann Heinrich S. 137 ff.; Wutte S. 63.
[668] Aktem im Schloßarch. Wolfsberg Kast. II Fasz. 1121 und 1122.

von St. Michael am Saalfeld, Ottisch, der nach der Angabe Hermanns in Wahnsinn verfiel und durch Selbstmord starb.

XXXII. Aus geringen Anhaltspunkten ist auf einen großen Zaubereiprozeß 1686 in Fürstenfeld[669] zu schließen, dessen Veranlassung ein neunjähriger Bub namens Mathiesel war. Nur dessen Schicksal ist uns näher bekannt. Er wurde, wie in solchen Fällen human sein sollende Praxis, dazu verurteilt, daß ihm im Bade die Adern geöffnet werden sollten. Das geschah auch; aber der arme Kleine blutete nicht aus! Nun schaffte man ihn ins Grazer Barmherzigenspital, damit er hier im christlichen Glauben erzogen werde. Doch die barmherzigen Brüder weigerten sich, ihn zu übernehmen, und zwar mit einleuchtenden Gründen: „Hätten sie nichts anders als üble Konsequenzen zu gewerthen, indeme man alle Kranken, die durch torturen destruiert wurden, hereinschaffen, und also das stadt- und landgericht enthöbt wurde, welchen aber obliege, ihre malefikanten zu unterhalten. Ihnen aber hätte ihr geistlicher vater geboten, denen armen kranken und preßhaften (nit aber denenjenigen, die durch urtl und recht krank oder preßhaft gemacht worden) zu dienen, diesen lestern die Justitia, denen ersteren aber Charitas abwarthen müsse." Gewiß hätte die Justizverwaltung für die zahlreichen Opfer der Rechtspflege, die durch die Leibesstrafen Verstümmelten und die durch die Folter Zerreckten, sorgen müssen; aber in der von einem religiösen, auf Barmherzigkeit gegründeten Orden ausgehenden Ablehnung der Hilfe erscheint auch wieder der Zug der Zeit, die Mitleidlosigkeit gegen die Verbrecher und insbesondere gegen die Zauberer. Schließlich verfügt die Regierung unter Hinweis auf die vor etlichen Jahren ebenso behandelten zwei zauberischen Mädel (die Opfer des Amwirtinprozesses), daß der Bub dem Bürgerspital zu übergeben sei. Möglicherweise war eines der Opfer dieses Fürstenfelder Prozesses die „wegen Magie justifizierte und vertilgte" hohenbruggsche Untertanin Elisabet Fuxin, vorhero Puecherin; noch 1690 sind die Gerichtskosten für sie unbezahlt, und der Augustinerkonvent in Fürstenfeld streitet sich darüber mit der Gräfin Eleonora Eusebia Barbin[670].

---

[669] Lange S. 233. SLRA. Graz Gut, 1686 XI 1, 1687 III 7. Einzelne Bezugsakten auch bei Hammer-Purgstall III 209.
[670] SLA. Fürstenfeld. Stadtarch.

Bei der Herrschaft Freistein[671] (bei Windisch-Feistritz in Untersteiermark) hat der Bannrichter Dr. Apostelen 1687 die Eva, des Juri Kreintschitsch Eheweib, wegen Zauberei schwer gefoltert und auch zum Geständnis des Wettermachens und der Teufelsbuhlschaft gebracht. Allein sie geht am 17. August 1687 trotz Anschließung an eine Kette und strenger Bewachung durch! Weil dies bei Donner und Blitz geschieht, ist es natürlich Zauberwerk gewesen.

In Wartenburg[672] in Österreich ob der Enns ist 1687 die Susanna Hutterin zu Rackering wegen Verdacht der Zauberei verhaftet worden, weil sie in der Sonnwendnacht Butter gerührt hat. Was weiter geschah, wissen wir nicht.

XXXIII. 1686 bis 1688 währt die gewaltige — wie es scheint, letzte — Hexenverfolgung im Landgericht der Reuner Zisterzienser zu Gratwein bei Graz; nach urkundlichen Nachweisen[673] sind neunundzwanzig Personen hingerichtet worden; doch ist die Zahl der Verfolgten und damit auch der Hingerichteten wesentlich größer. Der Prozeß scheint erhebliches Aufsehen gemacht zu haben; er wird von Abraham a Sancta Clara[674] an mehreren Stellen erwähnt.

Eine der Veranlassungen des großen Umfanges des Prozesses war wiederum eine schwere Wetterkatastrophe, der große Hagelschlag im Juni 1686, der die Umgebung von Graz verheerte, bei dem nach dem Zeugnis Abrahams fünf Pfund schwere Schlossen fielen und große Vögel gesehen wurden, die das Wetter anführten. Die Haupthexe war die schon am 22. April 1686 beim „breiten Kreuz" bei Gratwein gerichtete Maria Muralterin, aus deren Mitschuldigenangaben sich die weiteren Verfolgungen ergaben. Sämtliche Beschuldigte stammen aus der Gegend um den Pleschkogel, der neben dem Schöckel als Hexentanzplatz erscheint, und gehören dem kleinbäuerlichen Bevölkerungskreis an. Die Hauptbeschuldigung ist Gewitterzauber, Teufelsbund, Flug durch die Luft usw.; sie unterscheidet sich nicht von dem uns schon zum Überdruß bekannten Schema.

---

[671] SLRA. Kop. 1691 VIII 151.
[672] Strnadt S. 233. Die Johannisnacht als Zaubernacht ist günstig für allerlei Glückszauber. Wuttke S. 79.
[673] Akten im Stiftsarchiv. Reun. Auszüge bei Byloff, Zaub. S. 410 ff. Ein Akt, betreffend die freigesprochene Christine Holzapfel im SLRA. Graz Kop. 1687 XII 30. Über diese Uhlirz S. 63. Ein anderer, betreffend die Maria Eblerin, bei Gräff § 128.
[674] II S. 158, 164 ff.

Die Borniertheit hat eine kaum mehr zu überholende Höhe erreicht. Eine Magd der Muralterin, die junge Christine Holzapfel, ist — Zeugen bestätigen dies! — gesehen worden, wie sie als Geier durch die Luft zog, sich auf einen Baum setzte und sich langsam in Menschengestalt verwandelte, bis sie in ihrer natürlichen Erscheinung vom Baume herabstieg. Sie wurde allerdings freigesprochen, weil sie einen Alibibeweis zu führen vermochte; aber die Haft dauerte weiter, bis ihr Gutsherr Johann Anton Freiherr von Stürgkh die Gerichtskosten bezahlt hatte. Die Kindsmagd Lena ist hingerichtet worden, weil sie zum Sabbat am Schöckel geflogen ist; in ihrer Abwesenheit hat der Teufel die Kinder gehütet!

Es muß damals ein ungeheurer Schrecken durch die Weiber des Reuner Landgerichts gegangen sein; die Akten berichten, daß sie sich nur mehr unter Vorantragung eines Kruzifixes zu Gericht trauten und daß dies alsbald von der Obrigkeit als ein Zeichen schlechten Gewissens und als schlimmer Verdachtsgrund angesehen wurde. Die Witwe des am 9. Juli 1688 gerichteten Ilg Prißl, eine Frau mit acht Kindern, der man die Kosten für ihren Mann auserlegte, bittet in einer Eingabe an die Regierung um deren Ermäßigung mit der treuherzigen Bemerkung, man hätte die Kosten nicht so groß werden lassen und warten sollen, bis mehrere Hinzurichtende zusammenkommen; das wäre in jetziger Zeit, „wo so vill an dissen yblen laster einkhumben, daß man nit ehrunder die justification bis wenigist drei maleficanten zusamben khumben vorkhern thuet", ganz leicht möglich gewesen.

Im Zusammenhange mit diesen Reuner Prozessen sind solche beim benachbarten Landgericht Ober-Voitsberg[675]. Dort sind am 25. August 1688 mindestens fünf Untertanen der St. Lambrechter Stiftsherrschaft Piber, nämlich Andre und Kaspar Koch, Philipp Hooß insgemein Schwaiger, Mathias Meißl und Bartl Faschegger erdrosselt und verbrannt worden. Nach den allein vorhandenen Gerichtskostenrechnungen hat man sie schwer gefoltert.

Im selben Jahre verzeichnet das Vorauer Gerichtsprotokoll[676] einen Streithandel zwischen Michael Hurkhitsch in Purgstall und Thomas Grabner insgemein Radlmacher in Puecherberg. Einer der nicht ganz seltenen Fälle, wo ein Zeuge den Hexensabbat gesehen

---

[675] SLA. Herrsch. Piber Schub. 5 und 22 Hft. 168.
[676] Vorauer Stiftsarch.

haben will! Es stellt sich heraus, daß Grabner betrunken heimgegangen ist, einen Lärm von vielen Leuten hörte und dann eine Person gehen gesehen hat, die dem Hurkhitsch glich. Diese Bezichtigung hat „eine mehrere inquisition" in sich; was dabei herausgekommen ist, wissen wir nicht.

XXXIV. 1689/90 finden wir zunächst einen Prozeß in St. Lambrecht[677], der als Zaubereiprozeß gegen die elfjährige Barbara Felserin und die alte Kapusin beginnt und sich dann als Verleumdungsprozeß gegen die Eltern der Barbara, das Ehepaar Philipp und Marie Felser fortsetzt. Es ergibt sich nämlich, daß diese die kleine Barbara angelernt haben, sich und die Kapusin zu beschuldigen, um an dieser wegen des verlorenen Prozesses Rache zu nehmen. Philipp Felser flieht nach dieser Wendung; die schurkische Marie Felser hat man leider nur auf ewig aus Burgfried und Landgericht verwiesen, eine Milde, die gerechte Entrüstung bei allen jenen entfesselte, die durch die Denunziantin in schwere Gefahr geraten waren.

Vom 31. März 1689 bis 28. September 1690 sind beim Trauttmansdorffschen Landgericht Gleichenberg[678] sechsunddreißig Personen, größtenteils Frauen, wegen Zauberei zum Tode verurteilt und an der noch heute wohlbekannten und den Fremden gezeigten Richtstätte teils erdrosselt, teils geköpft und ihre Leichen verbrannt worden. Es handelt sich um Insassen einzelner Dörfer um und am Stradnerkogel; Waldsberg, Merkendorf, Wilchensdorf, darunter auch das schon bekannte Hexendorf Grub. Einzelne Familien, wie z. B. die Familie Schwanz in Waldsberg, sind fast völlig ausgerottet worden. Sabbatberg ist der Stradnerkogel, dessen Spitzkegel in der mittleren Steiermark weithin sichtbar ist. Unter den Opfern erscheinen Namen, die schon aus dem zehn Jahre älteren Halbedlprozeß bekannt sind.

Bemerkenswert ist die Entwicklung, die die Gerichtspraxis auf diesem Höhepunkte der steirischen Hexenverfolgung erreicht hat. Ausgegangen ist die Verfolgung natürlich von Hagelschlägen, zumal wegen des in der dortigen Gegend geübten Weinbaues. Allein es gibt zahlreiche Gerichtete, welche keinerlei Schadenzauber zugestehen, sondern nur Teufelsbund- und Buhlschaft sowie Hexenflug und Tanz. Die ursprüngliche Grundlage, die Vorstellung vom ge-

---

[677] Bischoff, Steir. Rechtspfl.
[678] Urgichten abgedr. bei Hammer-Purgstall III 211-277.

meinschädlichen Zauber, ist also aufgegeben, der theologische Begriff des Zauberwesens auch in der Praxis als ausreichend erkannt.

Aus 1689 berichtet uns auch das Mooshamer Malefizprotokoll[679] den letzten großen Zaubereiprozeß dieses Landgerichts; kleinere sind noch später vorgekommen. In diesem Jahre sind am Passeggen Joachim Gradenegger und acht Genossen und Genossinnen mit dem Fallbeil, das in Salzburg seit dem wegen der vielen Opfer dringend nach Mechanisierung des Köpfens verlangenden Zauberjackelprozeß üblich geworden war, gerichtet und verbrannt worden.

Die Akten erliegen — bei den Mooshamer Prozessen eine Ausnahme — im Landesregierungsarchiv Salzburg. Sie geben uns die Gewißheit, daß der Zauberjackel auch hier seine Hand im Spiele hatte. Die meisten Beschuldigten kennen ihn und bestätigen auch die seinen Organisationsplänen eigentümliche Blutzeremonie bei der Aufnahme. Bettler- und Landstreichervolk auch hier, meistens verwahrloste Angehörige Ramingsteiner Bergknappen! Unter ihnen auch mehrere Jugendliche und eine bemerkenswerte Zahl offensichtlich idiotischer Menschen! Der etwa achtzehnjährige Joachim Gradenegger, der auch mehrere Diebstähle begangen hat, ist so schwachsinnig, daß er sein Alter mit vier Wochen angibt und von den erzbischöflichen Kommissären, die den Prozeß geführt haben, wegen seiner schwerfälligen Ausdrucksweise nur mit Mühe verstanden werden kann. Trotzdem lautet ihr Urteil über ihn, der um jeden Preis als unnützer Mensch beseitigt werden muß: „Simplex, doli tamen compos!"

XXXV. Im Spätherbst 1690 wütet ein großer Hexenprozeß wieder in Luttenberg[680], veranlaßt durch den Landgerichtsverwalter Johann Ludwig Löhrer von Ober-Luttenberg. Soweit uns die nicht vollständigen Ratsprotokolle unterrichten, waren zunächst Bäuerinnen aus Schlüsseldorf und Heiligenkreuz am Prozesse beteiligt. Am 29. August 1690 wurden zwei, die Margareta und die Gera Tutschkitschin, beide aus Heiligenkreuz, im geheimen und dann im offenen Malefizschrannrecht zu Luttenberg zum Tode verurteilt, erstere erdrosselt, letztere geköpft und die Leichen am Scheiterhaufen verbrannt. Am 9. September widerfährt dasselbe Schicksal der

---

[679] Kürsinger.
[680] Akten im SlA. Sond. Arch. Markt Luttenberg Schub. 27 Hft. 72 Ratsprot. 1690. Beh. Bei Gubo S. 148 ff.

Schwertstrafe und Verbrennung dem Andräsch Mißla und der Margareta Gregoritschin, beide ebenfalls aus Heiligenkreuz. Beteiligt waren aber am Prozesse viel mehr Menschen; denn die Ratsprotokolle berichten uns, daß wiederholt Beschuldigte durch den Markt Luttenberg hindurch aufs Schloß geführt worden sind, und zählen auch die Namen derjenigen auf, die — man kann schon von einer Luttenberger Tradition sprechen! — an den Torturfolgen im Kerter zugrunde gingen. Die Klage über den schauderhaften Zustand der Kerkerräumlichkeiten des Schlosses, über den Gestank, den die zusammengepferchten Verhafteten verbreiteten, und die eisige Kälte der ungeheizten Räume erhebt sich auch hier.

Wir können auch feststellen, daß in den Prozeß einbezogen waren die Agatha Mayerin insgemein Goldwascherin, die alte Fundtin aus Zwierndorf, die Frau des Gastwirts Martin Khrail, die Helena und die Magdalena unbekannten Ursprungs, ein Weib aus Lukavzen, die Helena Zmassekhin und die Margareta, beide von Schlüsseldorf, die Luttenberger Bürgersfrauen Ursula Weinitzin, Agatha Signorin, Gera Trunkhin, Margareta Wätteritsch und Luzia, des Andrasch Läschitsch Eheweib, der Bürger Juri Paulitsch, ferner sieben Bürgersfrauen von Wernsee, eine Frau aus Wantschendorf und die Marina Wukhonig aus Schlüsseldorf. Von diesen gehen nicht weniger als sieben, nämlich die Agatha Mayerin, die alte Fundtin, das Weib aus Lukavzen, die Helena Zmassekhin, die Margareta von Schlüsseldorf, die Ursula Weinitzin und die Marina Wukhonig aus Schlüsseldorf, an der Folter zugrunde und werden am Hochgericht „vertilgt". Die Agatha Signorin und die Gera Trunkhin hat man am 9. Dezember 1690 erdrosselt und verbrannt. Außerdem aber waren noch sechs Tuttenberger Bürgersfrauen in Haft, nämlich die Maria Winkler, Eva Fischer, Elisabet Khosse, Helena Roik, Magdalena Purgauer und Agatha Obrain. Diese wurden allerdings später freigesprochen, mußten aber nach neun Jahren noch die Prozeßkosten im Beträge von 268 R. 43 kr. bezahlen.

Der Prozeß ist dadurch charakteristisch, daß sich die Luttenberger Bürger kräftig um ihre Frauen gegen die Gerichtsherrschaft wehren. Es gelingt ihnen, an Stelle des befangenen Landgerichtsverwalters Löhrer einen Regierungskommissär in der Person des Dr. Johann Tülbrich zu erhalten. Als man aber nach Graz fährt, um ihn abzuholen, äußert sich dieser, alle Tuttenberger Bürgerfrauen, nicht eine ausgenommen, seien Hexen und müßten samt ihren

"Menschern" aufs Landgericht. Allerdings hat er dann mit sich reden lassen und nur zwei — die Signorin und die Trunkin — zum Tode verurteilt. Allein vor seiner Abreise aus Luttenberg ließ er den Bürgern noch sagen, sie sollten bei Strafe ihre Frauen in Disziplin halten und sie vor überflüssigem Trinken, Tanzen, Schwesterschaftszusammenkünften, Vagieren von Haus zu Haus bewahren; dadurch kämen sie in schlechte Gesellschaft und schließlich zur Zauberei! Das fröhliche Leben in dem Weinort war, wie man sieht, im Hexenzeitalter nicht ungefährlich.

1691 wird beim Landgericht Althofen in Kärnten gegen den Bettler Andreas Rainer wegen Wettermachen verfahren. Sein Schicksal ist unbekannt[681].

Kurze Erwähnung möge — obwohl außerhalb unseres Beobachtungsgebietes liegend — der große Hexenprozeß finden, der 1691 im niederösterreichisch-westungarischen Grenzland, in der ehemaligen königlich ungarischen Freistadt Sommerein (Somorja, Samoris)[682] vor dem Stadtgerichte mit der ganzen Breitspurigkeit des ungarischen Kriminalverfahrens durchgeführt worden ist. Einundzwanzig Frauen sind in diesen Prozeß verwickelt; fünf von ihnen werden lebendig verbrannt, eine stirbt durch Enthauptung. Die übrigen werden mit hohen Geldstrafen belegt und aus dem Komitat verbannt. Teufelsbund, Hexentanz auf dem Hamburgerberg, Gewitter- und Krankheitszauber sind der Inhalt der Beschuldigungen.

XXXVI. 1693 steht vor dem Schloßhauptmann der freisingischen Stiftsherrschaft Rotenfels[683] (bei Oberwölz) der Bettelbub Mathias Winding wegen Zauberei und Schauermachen. Trotzdem er unter der Folter den Hagelzauber und den Tanz auf der Hinteregger Alm gesteht, wird er doch vom Bannrichter losgesprochen, weil er einfältig scheint. Auch ein um den Hals getragenes Amulett, der Benediktuspfennig[684], scheint zu seiner Rettung beigetragen zu haben.

---

[681] Hauser Car. I 1881 S. 181 ff.
[682] Akten im Stadtarchiv Preßburg (Bratislava) Handschr. R. Nr. 399. Ich verdanke die Kenntnis der Akten der Güte des Herrn Univ.-Prof. Dr. Richard Horna in Preßburg.
[683] SLA. Sond. Arch. Rotenfels Schub. 97. Über ihn Geramb Oberwölzer Zaub.-Proz.
[684] Andree-Eysn S. 100, 126. Ein auch heute in den Alpenländern sehr verbreitetes Glücksamulett!

Im selben Jahre erteilt die Regierung dem Grafen Ferdinand Thurn als Landgerichtsinhaber von Ebenfeld (im Pettauer Feld zwischen Pettau und Kranichsfeld) den Auftrag[685], zwei Weiber, die Pendelekhin und die Schneiderin Drävellin, einzuziehen und ihnen durch den Cillier Bannrichter den Prozeß wegen Zauberei machen zu lassen. Offenbar hat dieser, um sich die Prozeßkosten nicht entgehen zu lassen, die Anzeige bei der Regierung erstattet. Es handelt sich hier wiederum um einen angeblichen Tatzeugen beim Sabbat, den Mathias Petschar aus Pobresch. Der traf, als er im April 1692 von Marburg in sein Heimatdorf wanderte, am Kreuz beim Lindenbaum in der Nähe von Fraustauden an der Stelle einer alten Springerkirche eine Gesellschaft von etwa hundert Leuten. Als er ihnen freundlich „von Gott einen guten Tag" bot, war alles verschwunden; aufsteigender Dunst aber warf ihn dreimal zu Boden. Man muß wissen, daß Petschar sechsundsiebzig Jahre alt war, daß er getrunken hatte und daß er überdies mit den beiden Frauen, die er sicher erkannt haben wollte, in Feindschaft

stand. Zudem hatte er in einer früheren Vernehmung erklärt, mit gutem Gewissen niemand beschuldigen zu können. Trotzdem erscheint diese Aussage als hinreichend, um damit die Einleitung des Prozesses zu rechtfertigen. Der Ausgang ist unbekannt.

Auch sonst zeigt sich eine starke Aktivität der innerösterreichischen Regierung in Zaubereisachen gegenüber den Landgerichtsherrschaften, die wegen der großen Kosten, vielleicht auch wegen der beginnenden besseren Einsicht, zu zögern anfangen. So fragt die Regierung im selben Jahre bei „denen von Marburg"[686] an, ob es wahr sei, daß dort ein altes Weib aus der Luft in den Kapuzinergarten gefallen sei, und erhält eine vollständig verneinende Antwort. Ein hübscher Beitrag zur Legendenbildung!

Am 4. Dezember 1694 werden in der gräflich Purgstallschen Herrschaft Freithurn[687] an der Kulpa in Krain vier Frauen, die Gera Gregorischka, die Anna Sittiherin, die Katra Valetkha und die Nescha Schuschitzin wegen Zauberei und Giftmord hingerichtet. Sie hatten nicht nur Teufelsbund und Hexentanz aus dem Klek im benachbarten Kroatien, dem Blocksberg dieses Landes, zugegeben

---

[685] SLRA. Graz Kop. 1693 XI 8.
[686] SLRA. Graz Kop. 1693 VI 101.
[687] Hammer-Purgstall III 281 ff.

sondern auch, was der Wahrheit nahegekommen sein dürfte, die Vergiftung der Gräfin Purgstall aus Veranlassung einer eifersüchtigen Nebenbuhlerin, der Gräfin von Wagenberg[688] auf Schloß Möttling, mit einem „weißen Pulverl", das wohl Arsenik gewesen ist. Was der Gräfin geschah, wissen wir nicht.

Aus dem im Vordernberger Archiv[689] liegenden Entwurf eines Rechtsgutachtens eines unbekannten Juristen an den Verwalter der Herrschaft Weinberg bei Kefermarkt in Oberösterreich ergibt sich, daß dort 1694 der Landstreicher und Opferstockdieb Abraham Endtschlöger, bei dem Alraunwurzeln gefunden worden sind, in Haft lag. Der Gutachter spricht die Überzeugung aus, daß der Verhaftete mit dem Teufel in Verbindung stehe. Dem Gutachten sind zwei Segen zur Abwehr teuflischer Einflüsse beigefügt, deren einer an der Gefängnistür, der zweite in der Reckstube angebracht werden soll.

XXXVII. 1694 spielt in Leoben der merkwürdige Prozeß gegen die sogenannte Johannesbrüderschaft[690], so genannt nach dem Landstreicher und Schwindler Johannes, der der Stifter dieser Okkultistengemeinde des 17. Jahrhunderts[691] war. Er erschien als fahrender Schüler oder Kapuziner, behauptete, aus dem Venusberg, der hier an Stelle des Fegefeuers der Aufenthaltsort der abgeschiedenen Seelen ist[692], zu kommen und übernahm Grüße, Posten und auch Spenden

---

[688] Sic! Es handelt sich offenbar um eine Gräfin von Wagensperg. Vgl. Wurzbach 26. Bd. S. 74 ff.
[689] SLA. Sond. Arch. Vordernberg Strff. 26.
[690] Akt (gebunden) im SLA. Über den Prozeß Krones, Joh. Bruderschaft; Zwiedineck, Dorfleben S. 110-139; Byloff, Zaub. S. 67 ff.
[691] Es mag dahingestellt bleiben, ob der Name Johannesbrüderschaft nicht vielmehr nach dem Evangelisten gewählt wurde, der in vielen Zauberformeln vorkommt. HWB. s.v.Johann der Evangelist (Sartori)
[692] Der Venusberg ist nach deutschem Glauben der Totenberg. Die Venus dürfte die latinisierte Holda sein, die ebenfalls im Berg wohnt und das Seelenheer führt. Waschnitius S.174; HWB s.v.Berg (3. Totenberge) (Weiser). Der Venusberg wird schon früh mit dem Hexenglauben in Zusammenhang gebracht und zum Sammelort der Hexen gemacht. Vgl. die Stelle aus „Emeis" Geilers von Kaisersberg bei Hansen, Quellen S. 284. Über die zahlreichen Venusberge Grimm II 780, 882 sowie Kluge-Baist. Der Anteil der fahrenden Schüler an der Ausgestaltung und örtlichen verbreitung der Venusbergsage ist sehr groß; sie behaupteten mit Vorliebe, daß sie im Venusberg die schwarze Kunst gelernt hätten. Der Loebner Fall ist ein später Beleg für die Fortdauer alter Fahrendensitte.

der Hinterbliebenen[693]. Die Mitglieder der Brüderschaft veranstalteten nächtliche Seelen- und Schatzbeschwörungen und waren vollkommen harmlos.

Hingerichtet wurde nur am 21. Dezember 1694 ein halb verrückter Taglöhner, Oswald Riedler, der unter der Tortur den Teufelsbund zugestand und mehrere Sabbatgenossen angab. Diese wurden schwer gefoltert, blieben jedoch fest und wurden entlassen; die Ursula Haydoltin allerdings, die überdies noch von ihrem Sohne der Hostienschändung beschuldigt wurde, war durch das lange Sitzen am Hexenstuhl irrsinnig geworden und wurde rasch weggeschafft, damit sie nicht in das Spital gebracht werden müsse. Johannes war gleich dem Zauberjackel rechtzeitig geflüchtet und konnte nicht in den Prozeß einbezogen werden. Das ganze Verfahren zeigt bereits sehr deutlich die zunehmende Abneigung der Ortsbehörden gegen große Zaubereiverfolgungen mit zahlreichen Todesurteilen.

Nach dem Ratsprotokoll von Leoben 1695 hat im Juli dieses Jahres der Handelsmann Ägidius Sturmb auf Anraten einer alten Tischlersfrau den Versuch unternommen, seinen entlaufenen Ladenjungen durch „Höfflersieden", d. h. durch Sieden eines Schuhflecks mit „Sprungkräutel" und „rotem Hühnerdarm", in seinen Dienst zurückzuzwingen. Eine sachverständige Zimmermannsfrau erklärt, das Mittel werde häufig angewendet, um einen verlorenen Liebhaber zurückzugewinnen. Die Strafen sind geringfügig: Geldbuße und Verweis[694].

XXXVIII. 1695 ereignet sich in Admontbichel bei Obdach ein Wolfbannereiprozeß[695]. Das Ehepaar Mathias und Eva Hacker wird hauptsächlich wegen dieser Form der Schadenzauberei geköpft und verbrannt. Die Wolfbannerei[696] wird nunmehr im oberen Murboden zu einem häufigen Verfolgungsgrund, offenbar wegen der lästigen Wolfsplage.

Im selben Jahre finden wir Hinweisungen auf einen Hexenprozeß in Fürstenfeld[697], dem sicher die Barbara Ziglin, wahrscheinlich

---

[693] Auch die Toten im Salzburger Untersberg können von Lebenden besucht werden.
[694] Peinlich, Gerichtsverhandlung, Heimgarten V 302-304.
[695] Zahn, Gesch. Bl.
[696] Byloff, Wolfbannerei.
[697] SLRA. Graz Kop. 1695 VI 84.

auch Hans Gogger, zum Opfer gefallen ist. Ebenso ist in diesem Jahr in Radkersburg[698] ein Hexenprozeß anhängig, in dessen Mitte die ledige Katharina N. steht. Die Regierung ist mit der Art der Prozeßdurchführung nicht einverstanden und ordnet die Entsendung eines Regierungskommissärs an.

Ebenfalls 1695 erfahren wir[699] von einer angeblichen Hostienverunehrung eines beim Stadtgericht Wien verhafteten und dort wegen Sakrileg bereits zur Schwertstrafe verurteilten Vaganten. Dieser hat nämlich gestanden, in der Nähe der Murbrücke in Fernitz bei Graz im Hause eines Amtmannes ein Gebetbuch gestohlen zu haben, in dem versiegelt eine Hostie lag. Diese habe er dann „für die Festigkeit"[700] bei sich getragen. Das Wiener Gericht ersucht die innerösterreichische Regierung um Rechtshilfe, deren Ergebnis nicht vorliegt.

Bei der Landgerichtsherrschaft Reichenstein in Oberösterreich findet 1695 ein, soweit uns die Aktenbruchstücke vermuten lassen, umfangreicher Zaubereiprozeß statt[701], in dessen Mittelpunkt die berüchtigte Wettermacherin Maria Aystleuthner, insgemein die alte Schönauerin genannt, gestanden zu sein scheint. Wir wissen, daß in diesen Prozeß die Marie Ennickhl an der Sailledt einbezogen war, daß diese die Teufelsbuhlschaft zugab, aber leugnete, mit der Aystleuthnerin beim Hexensabbat an des Lindtners Kreuz gewesen zu sein. Bei stärkerer Tortur wurde sie „ganz still und stumm", so daß man das Verhör abbrechen mußte (maleficium taciturnitatis!). Wir wissen weiters, daß eine Beschuldigte die Pfarrersköchin von Schönau, die spätere Freistädter Hutmachersgattin Rosina Sturm, war, die vom Stadtgericht Freistadt unter der Beschuldigung der Teufelsbuhlschaft, des Sabbatbesuches, des Milch- und Wetterzaubers vernommen wurde. Wir wissen endlich, daß noch verschiedene andere Verdächtige im Gefängnis lagen. Das Ergebnis aber kennen wir nicht. Doch ist es zweifellos, daß es auch hier zu Todesurteilen gekommen ist.

Endlich wird am 4. Juli 1695 im Dominikanerlandgericht zu Dreifaltigkeit unter Lichtenegg bei Pettau die fünfzigjährige Marina

---

[698] Ebendort Kop. 1695 VIII 129.
[699] Ebendort Kop. 1695 II 103.
[700] Unverwundbarkeit. HWB. s.v. Hostie (Karle)
[701] Strnadt S. 236; Stadtarch. Freistadt O.-Ö. 1695.

Scheppin nach schwerster Folter mit dem Schwerte gerichtet und ihr Körper mit dem Brand vertilgt[702]. Sie hatte nur den Verkehr mit dem Teufel in Gestalt eines Krainers im schwarzen Rock zugegeben, aber keinen Sabbatbesuch und keinen Schadenzauber. Mitschuldige hatte sie nach den Feststellungen des Bannrichters Dr. von Aposteln nicht.

Eine sehr bezeichnende Episode des Strafvollzugsdienstes ist 1696 in Steiermark vorgekommen[703]. Der Grazer Freimann Andreas Painhabt hat in Straß, als er dort hinter dem Kreuz eine Kindesmörderin enthauptete, den ersten Streich verfehlt und erst durch Nachhauen seine Aufgabe erfüllt. Vom Bannrichter Dr. Pistory darob angezeigt, reicht er eine Entschuldigungsschrift ein, in der er meint, der Richtplatz müsse verhext gewesen sein ; solche verhexte Plätze kenne er in Steiermark mehrere[704]. Der ihm mißgünstige (wegen der Konkurrenz!) Pettauer Freimann werde durch seine guten Freunde, die Straßer Schergen, ihm zum Possen etwas vorgekehrt haben[705]. Also ein Richtplatzzauber! Der Fall zeigt klar, wie geläufig dem Volke die Zaubereivorstellung geworden war; man konnte sie auch als bequeme Ausrede für strafbares Tun verwenden. Genutzt hat dem Freimann seine Verantwortung allerdings nicht; er bekam drei Tage Arrest in Eisen und Banden am Rathaus und fünfzig Stockstreiche[706].

---

[702] SLA. Sond. Arch. Pettau Fasz. 37 Hft 3. Zahn Gesch. BI
[703] SLRA. Graz Ea. 1696 I 4.
[704] Der Glaube an den Galgen- oder Hochgerichtsspuk (HWB. s. v. Galgen [Müller-Bergström]) ist weit verbreitet; die Geister der Hingerichteten belästigen den Wanderer und sind bei einer neuen Hinrichtung besonders unruhig. Das Hochgericht ist auch ein häufiger Hexentanzplatz. „Was weben die dort um den Rabenstein?" (Faust I)
[705] Ein klassischer Beleg für die Volksmeinung, daß der Henker auch Zauberer sei; klassisch deshalb, weil diese Meinung von einem Henker selbst geäußert wird. Vgl. Angstmann S. 94 ff. Mißlingen der Hinrichtung kam häufig genug vor (ebendort S. 108). Um den Henker in solchen Fällen vor der Volkswut zu schützen , war die vorausgehende Ausrufung des Freimannsgeleites erforderlich. Daß das Tabu, mit dem ursprünglich der Opferbeamte belegt wird, noch im späteren Gerichtsgebrauch seinen Niederschlag in solennen Formeln zum Schutze des Henkers findet, ist eine bemerkenswerte Erscheinung. Vgl. Wundt IV S. 390 ff. und insbes. S. 426 ff.
[706] Es ist im selben Jahr wegen verschiedener Unzukömmlichkeiten entlassen worden. Popelka S. 416.

XXXIX. Aus 1696 haben wir auch Nachrichten über gewaltige Hexenverfolgungen in der Auerspergschen Herrschaft Pölland in Krain. Der Bannrichter Dr. Johann Georg Gottscher berichtet am 31.März 1696 an die Regierung[707], in Pölland sei das Laster der Zauberei derart eingerissen, daß sogar fünfjährige Kinder darin verfangen seien. Und nicht nur das! Diese Kinder treiben Unzucht mit den nächsten Verwandten, wie er sich persönlich durch „inspectio localis" zu überzeugen Gelegenheit gehabt habe. Der Hexensabbat hat wieder am Klek stattgefunden. Eine Großmutter, die auf ihre Kinder und Enkel ausgesagt hat, ist bereits gerichtet worden. Der Richter fragt an, wie er sich den Kindern gegenüber zu verhalten habe, und teilt dabei mit, vor ungefähr drei Jahren hätte bei der Herrschaft Pölland ein zwölfjähriger Knabe durch Eröffnen der Pulsadern gerichtet werden sollen; er habe jedoch trotz dreimaliger Eröffnung und trotzdem man ihm schließlich die „Fläxen" ganz abgeschnitten, nicht ausbluten können! Die Regierung verweist ihn auf die Constitutio Criminalis Carolina und die Ferdinandea sowie auf das Gutachten von Rechtsverständigen. Bezüglich der Kinder, die die „anno discretionis" noch nicht erreicht hätten, solle dafür gesorgt werden, daß sie von der Zaubergesellschaft getrennt und in einem Spital oder an andern „auferbaulichen Orten" aufgezogen werden. Also wiederum, wie früher, das Spital als Erziehungsanstalt! Der Augenschein an den Geschlechtsteilen wird dem Bannrichter verboten; dazu sei die Hebamme da.

Ebenfalls 1696 hat derselbe Bannrichter bei der Landgerichtsherrschaft des festen Schlosses Maichau[708] in den Uskoken die Nezka Jersetka aus Seisenberg nach schwerer Folter zum Geständnis gebracht, daß sie am Klek mit dem Teufel getanzt und gebuhlt, Schauer gemacht, die Hexensalbe verwendet habe usw. Sie wurde gehängt und verbrannt.

1697 ist in Wildenegg (Mondsee) ein Bettelbub in Haft, der zauberische Wetter machte[709].

XL. In Piber bei Köflach in der Weststeiermark findet sich in einem Auszug der Herrschaft über eingehobene Geldstrafen[710] die

---

[707] SLRA. Graz Kop. 1696 III 100.
[708] Dimitz, Gesch. Krains IV 145; derselbe, Blätt. aus Krain 1864 S. 110.
[709] Strnadt S. 234.
[710] SLA. Piber 5 Ger. Wesen.

Bemerkung, daß 1698 Georg Kirchleitner „wegen unrechtbezichtigter zauberery" eine Geldstrafe erhalten hat. Ein in seine eigene Grube gefallener Anzeiger!

Im selben Jahr ergeben sich Anzeichen für einen mindestens fünf Menschen umfassenden Zaubereiprozeß in Marburg a. d. Drau[711] unbekannten Ausganges. Das dort verhaftete Weib eines armen Tagwerkers hat auf vier unter fremder Gerichtsbarkeit stehende Weiber, die Nescha Ribitschin, die Spella Frankhin, die N. Sekhirnighin und die Khräpin, der wir noch später begegnen werden, als Sabbatgefährtinnen ausgesagt. Da die Auslieferung an die Marburger verweigert wird, führen sie bei der Regierung Beschwerde mit dem Erfolge, daß die Regierung dem Grafen Thurn befiehlt, die Auslieferung unweigerlich zu bewirken. Damit dürfte das Schicksal der Angegebenen besiegelt gewesen sein.

1699 ist wieder Gleichenberg der Schauplatz eines Zaubereiprozesses[712]. Wegen der fortwährenden Schauerwetter der letzten Jahre verlangt das wütend gewordene Volk die Verfolgung der Dorfhexen. Im Herbst 1699 wurde die Eva Khernin, vielleicht auch, wenn es sich nicht bloß um deren Vulgarnamen handelt, die Ganglin gerichtet. Drei von der Khernin Bezichtigte, die Eva Khöberlin, die Maria Finkhin und die Ursula Bürgerin, hat der Bannrichter Dr. Pistory gefoltert und zum Tode verurteilt mit der naiven Begründung, „da der ohne denn höchst erbitterte(n) pauersman zue schedlichen aufruehr leichtlich bewogen terste werden". Die Regierung aber hebt diese Urteile wegen zu geringer Indizien auf und befiehlt die Freilassung der drei Frauen. Der Landgerichtsinhaber Graf Siegmund Trauttmansdorff führt dagegen Beschwerde. Ihre Ausführungen sind für die Stimmung der Bauern sehr bezeichnend.

Zunächst ergibt sich aus ihnen, daß, wie wir zum Teil schon wissen, 1688, 1689 und 1690 Zaubereiprozesse in Gleichenberg stattgefunden haben. Der Beichtiger der Khernin scheint ihr zugeredet zu haben, ihre Aussagen gegen die drei Mitbeschuldigten zurückzunehmen. Die Bürgerin hat nicht nur das Ansehen einer Hexe, sondern ihr Mann, ihre Schwiegermutter und deren Freunde (= Verwandte) sind schon früher als Zauberer gerichtet worden. Wozu also der Zweifel an ihrer Schuld? Graf Trauttmansdorff fühlt sich nicht

---

[711] SLRA. Graz Kop. 1698 IX 111.
[712] SLRA. Graz Ea 1699 XI 42 ½ , 1700 I 27, II 10, IV 26.

nur persönlich am Leben durch seine Bauern bedroht, sondern auch die drei entlassenen Frauen schweben in höchster Lebensgefahr. Als kuriose Beilagen finden sich mehrere Bestätigungen adeliger Herren darüber, daß es im Volke gäre, daß man beabsichtige, den Grafen wegen der ihm zugeschriebenen Milde gegen die Hexen totzuschlagen, daß man sage, das Landgericht könne auch einem Kinde gegeben werden, wenn gegen die Hexen nichts geschehe usw. Die Regierung hat aber trotz dieser Vorstellungen die Beschwerde verworfen.

Sehr interessant wegen des hineinspielenden Rachemotives ist ferner aus 1700 der versuchte Zaubereiprozeß gegen den Schaffer Jansche Jaklitsch in Drachenburg[713] in der slowenischen Untersteiermark. dessen Herr Johann Ehrenreich Freiherr von Wintershoffen hat auf seinem Totenbett im Fieberwahn ausgerufen, eine ganze Rotte böser Geister unter Führung des Jansche umdränge sein Bett, um ihn zu einer Unterschrift zu zwingen; auf seine Weigerung hätten sie ihm seine Mannheit (= Geschlechtsteile) genommen. Nach des Freiherrn Tode verklagt dessen Neffe Graf Felix von Reissing den Jaklitsch wegen Zauberei, wobei offenbar irgendein Erbinteresse im Spiel ist. Jaklitsch flieht nach Kroatien, erhält aber freies Geleit und wird, weil er nachweisen kann, daß der Sterbende seine Mannheit gehabt hat, freigesprochen. Nachträglich wird Jaklitsch auch noch wegen Sodomie angezeigt ; doch scheint auch dieses Verfahren eingestellt worden zu sein.

In Radkersburg[714] sind 1700 fünf Menschen, der Supan Lorenz Rolla, ein weiterer Mann und drei Weiber wegen Zauberei gerichtet worden. Eine sechste Beschuldigte, die Zauberin und Schrattelbesitzerin Veronika Werbnerin ist scheinbar mit einem Freispruch davongekommen.

Bei der Herrschaft Reifnitz in Krain hat man 1700 gegen zwei Hexen, die Marina Khoschierin und die Jera Schoberin, peinlich verfahren[715]. Die erstere stirbt am 2. März 1700 an den Folgen der rücksichtslosen Stuhlfolter und an „nicht gereichter Nahrung". Man hat sie also offenbar verhungern lassen, sich aber nicht gescheut,

---

[713] SLRA. Graz Kop. 1700 VI 43.
[714] Ebendort Kop. 1700 III 56, V 47, VIII 93.
[715] SLA. Sond. Arch. Afsee (Akt offenbar irrtümlich hineingeraten). Byloff, Zaub. 241 Anm. 32.

ihren Tod auf ihre „Hinrichtung" durch ihre Komplizen zurückzuführen. Das Schicksal der zweiten ist unbekannt.

Endlich haben wir noch im selben Jahre aus Friedau die Nachricht, daß dort zu Jahresanfang die Hexe Barbara Themschök hingerichtet worden ist. Auch eine andere befindet sich dort, gegen die man „unzulässige Connivenz" bewiesen habe[716].

---

[716] SLRA. Graz Kop. 1700-II-102.

IV. Abschnitt:
Der Ausklang der Hexenverfolgungen
I. Die Übergangszeit von 1700 bis 1730

1. Um die Jahrhundertwende vollzieht sich in unserem Beobachtungsgebiet ein deutlich wahrnehmbarer Umschwung in der Richtung auf die Einschränkung des Zauberwesens überhaupt und die Herabsetzung der Zahl der Opfer im besonderen. Die Anzeichen dieses Umschwunges kommen, wie seinerzeit jene des Beginnes der Verfolgung, von oben, von den hohen Regierungs- und Gerichtsstellen, obwohl diese noch wenige Jahre vorher in der Aneiferung der Unterinstanzen zu möglichst rücksichtsloser Verfolgung nicht genug tun konnten.

Im Landvolk war der Zauber- und Teufelsglaube allerdings unverändert geblieben, der Haß gegen das hagelmachende Zauberergesindel womöglich noch vergrößert. Auch die Patrimonialgerichtsbarkeit, die Justiz der Landgerichtsverwalter und Bannrichter, hatte noch keine andere Einstellung zum Problem erreicht, schon deshalb nicht, weil sie in unmittelbarer Berührung mit dem Volke stand und sich dessen Geistesrichtung unterwarf. Zudem hatte die Zaubereiverfolgung eine solche Bedeutung als Einnahmequelle für alle Gerichtspersonen der ersten, teilweise auch der zweiten Instanz gewonnen, daß schon deshalb der vis inertiae keine Gegenwirkung entgegengesetzt wurde. Nach wie vor wird in altgewohnter Weise unter Berufung auf das in Geltung befindliche Gesetz, dessen Bestimmungen über das Verbrechen der Zauberei bis zur Nemesis Theresiana im wesentlichen unverändert geblieben sind, und die juristisch-theologische Fachliteratur die Hexerei verfolgt, die Tortur im Geiste der crimen exceptum-Theorie schonungslos gehandhabt und die Todesstrafe verhängt; Gedanken über die innere Berechtigung dieses angeblichen verbrecherischen Tatbestandes fehlen vollständig.

Es läßt sich nicht behaupten, daß etwa die innerösterreichische Regierung von jenem Geist ergriffen worden war, der in Norddeutschland unter dem literarischen Einfluß eines Christian Thomasius[717] und dem Drucke der beginnenden Aufklärung überhaupt an die Wurzeln des Hexenglaubens die Säge legte[718].

Jedoch die praktischen Mißstände des Verfahrens, insbesondere das übermäßige Sportulieren der unteren Instanzen, waren mit dem juristischen Gewissen der Oberinstanzen immerhin nicht mehr vereinbar. Sie hatten schon früher die Einrichtung getroffen, durch Entsendung eigener Kommissäre zu größeren Zaubereiprozessen die Tätigkeit der Bannrichter überwachen zu lassen, allerdings mit dem Nachteile, daß die Kosten dadurch noch größer wurden. Aber man betrachtete nun auch ―― und diesen Skeptizismus müssen wir trotz allem auch aus das Fluidum der herannahenden neuen kritischen Zeit zurückführen — die tatsächlichen Feststellungen der Erstrichter als bedenklich, als zu sehr dem Willen auf Überweisung unterliegend. Daher ganz im Gegensatz zu früher fast in jedem Zaubereiprozeß Ausstellungen über Nichteinhalt von Verfahrensvorschriften, zu strenge Folter, zu hohe Kosten; dann Nichtbestätigung bereits gefällter Urteile und Einordnung neuer Untersuchung! Diese Anwendung des juristischen Apparates der Aufsicht wird von Jahr zu Jahr peinlicher; immer mehr drängen die Oberbehörden auf genaueste Einhaltung der vorgesehenen Ordnung, und immer mehr merkt man die Absicht, die Prozesse sich totlaufen zu lassen.

Die Landgerichtsinhaber waren darüber keineswegs erfreut; denn die Kosten wuchsen zu unerträglicher Höhe. hatten sie sich früher durch die Summarietät des Verfahrens zu schützen getrachtet, so versagte jetzt dieses Mittel. Sie mußten daher trachten, neue Prozesse nicht mehr entstehen zu lassen; die Pfleger wurden in mitunter recht drastischer Form angewiesen, sich auf Anzeigen wegen Hexerei nicht einzulassen, die Leute zu belehren, ihnen den Aberglauben auszustellen, äußersten Falles sogar eine glatte Rechtsverweigerung nicht zu scheuen. Auch die geistlichen Behörden wurden angehalten, bei der Predigt und der Christenlehre namentlich auf die Jugend

---

[717] Vgl. über ihn die ausführliche Biographie von Ernst Landsberg in der allg. deutschen Biographie 38. Bd. S. 93-102; derselbe, gesch. der deutsch. Rechtswiss. III/1 S. 71-107, namentlich S. 91 ff.

[718] Diese Literatur fand schon deshalb keinen Eingang in Österreich, weil sie von protestantischer Seite ausging. Umgekehrt ist in der früheren Zeit die große evangelische Hexenliteratur der Pastoren und Juristen für Österreich aus demselben Grunde einflußlos geblieben.

zu wirken, daß der Aberglaube und damit auch das scheußliche „Laster der Zauberei" vermindert werde[719].

Endlich finden sich auch juristische Theoretiker, die einzugestehen wagen, daß der bisherige Zustand der Schonungslosigkeit der Verfolgung unhaltbar sei. Sogar der bornierte Innsbrucker Jurist Frölich von Frölichsburg, der Verfasser eines sehr angesehenen Kommentars zur C. C. C., der aber z. B. das Mäuse- und Ferkelmachen deshalb für bare Wirklichkeit hält, weil die Opfer des Salzburger Zauberjackelprozesses dies zugestanden hatten, muß zugeben, daß man früher viele Unschuldige hingerichtet habe[720], und rät zur Zurückhaltung und Vorsicht.

Erwägt man noch, daß die österreichischen Alpenländer durch die großen Kriege, die Österreichs Herrscher in den ersten zwanzig Jahren des 18. Jahrhunderts zu führen hatten, stark hergenommen wurden, so mag dieselbe Erklärung für das Nachlassen der Zaubereiprozesse in dieser Zeit gelten, die in Deutschland für die gleichartige Erscheinung im Dreißigjährigen Kriege herangezogen worden ist: man hatte sich mit wichtigeren Dingen zu befassen.

II. Aus der Zeit um 1700 stammt nach dem Schriftbefund eine Personenbeschreibung[721] von siebenundzwanzig Bettelbuben der Oststeiermark, die Kirchen und Opferstöcke ausrauben und (wegen der begangenen Hostiendiebstähle- und Verunehrungen) der Zauberei verdächtig sind. Darunter ist der „grindige Hansl", der sich in Knittelfeld aufhält und beim jüngsten Schauerwetter mit „dem schilheten[722] Hauser" (Balthasar) und „dem rissigen[723] Bartl" auf den Schöckel geflogen ist. Die schädlichen Bettler und Landstreicher waren noch immer und mehr denn je die mit besonderem Haß verfolgten Schmarotzer der bäuerlichen Bevölkerung und daher auch ganz besonders der Verfolgungsgefahr wegen Zauberei ausgesetzt.

Dies zeigt sich bei dem in Dreifaltigkeit bei Lichtenegg in der Kollos (bei Pettau, Edelweingebiet) 1701 durchgeführten Prozeß

---

[719] Vgl. die Erlässe der Regierung an den Abt Benedikt von Victring von 1700, 1702 und 1710 bei Wutte S. 38.
[720] A.a.O. II 3. Tit. In princ.
[721] SLRA. Graz Sond. Arch. Aufsee Fasz. 195 Hft. 289.
[722] = schielenden
[723] = zerrissenen

gegen Helena Glanitschnik und Genossen[724]. diese, eine Landstreicherin und Wahrsagerin, war schon vor vier Jahren beim Landgericht Ankenstein wegen Zauberei in Haft, hat damals Schwangerschaft vorgeschützt, um nicht gefoltert zu werden, und ist schließlich flüchtig geworden. Dasselbe Manöver versucht sie nun wiederum, aber vergeblich. Wie viele Unheilsgenossinnen stammt sie aus einer Familie, die schon durch Zaubereiprozesse mitgenommen worden ist; ihr Vater und ihr Bruder sind vor dreieinhalb Jahren in Klenonek in Kroatien verbrannt worden. Der Cillier Bannrichter Dr. von Aposteln verurteilt sie zur Schwertstrafe. Das Urteil wird aber von der innerösterreichischen Regierung nicht bestätigt; es werden vielmehr die verordneten Kommissarien Johann Christoph Graf von Wildenstein und der in Hexensachen noch aus seiner Bannrichterzeit her vielerfahrene Gottfried Jeremias Pistory entsendet, die diesen Prozeß und den damit zusammenhängenden gleichzeitigen in Ankenstein gegen Arne Drewenschekh und seine Schwester Katharina Tschednekhin überprüfen sollen.

Die beiden letzteren sollen beobachtet worden sein, wie sie am 28. Juli 1701 bei einem großen Schauerwetter aus den Wolken fielen. Auch sind sie von der 1699 zu Ankenstein gerichteten Hexe Luzia Fleischmannin des Sabbatbesuches bezichtigt worden. Diese Indizien genügen den Kommissären nicht mehr. Auch bezüglich des angeblich gefundenen Teufelszeichens sind sie skeptisch. Der Freimann muß in ihrer Gegenwart den Nadelversuch wiederholen: da zeigt es sich, daß er früher nicht ordentlich gestochen hat. Bei einem kräftigen Stich blutet die Wunde und schmerzt. Sie brechen daher das Verfahren gegen Arne Drevenschekh vorläufig ab. Die Schwester Katharina ist belastet durch die Aussage der vor Jahren zu Ankenstein hingerichteten Katharina Christophlitschin und jene des Jury Forstneriz, der (offenbar in Ankenstein) torquiert worden, aber einige Stunden danach an den Folgen der Tortur gestorben ist. (Eine Urscha Forstner liegt als Hexe in Dreifaltigkeit gleichzeitig in Haft.) Auch die in Kroatien hingerichteten Zauberinnen haben sie beschuldigt. Die Arme begeht die Ungeschicklichkeit, vor den Kommissären ihr durch die Folter erpreßtes Geständnis nicht zu widerrufen; sie lassen daher der Gerechtigkeit freien Lauf. Das vom Bannrichter gefällte Urteil wird vollzogen. Ein Entsetzen erregender, aber im-

---

[724] SLA. Sond. Arch. Pettau 37. Fasz. Hft. 3. Zahn Gesch. Bl.

merhin die juristische Einstellung der Zeit bezeichnender Formalismus! Keiner der beiden Regimentsräte hat das Herz gehabt, der Beschuldigten zu helfen und sie über die Wirkung eines Widerrufes zu belehren.

Bemerkt sei noch, daß die Tschednekhin das Teufelszeichen angeblich über der Scham hatte; der Freimann hatte es beim Abscheren der Haare gefunden! Die Abgeordneten bezeichnen diesen Vorgang als unerhörten Skandal[725].

Im Prozesse der Glanitschnikhin in Dreifaltigkeit finden die Kommissarien keine Anstände. Die Beschuldigte hat gütlich ohne Tortur gestanden, daher kann das schon gefällte Urteil vollzogen werden. Sie stirbt mit der Beschuldigung gegen Arne Drevenschekh, dessen Verfahren nun neuerdings aufgenommen wird. Da er nun wiederum Teufelsbund, Teufelsbuhlschaft mit einem Succubus und Besuch des Sabbats am Donatiberg gesteht, wird er enthauptet und verbrannt.

Die zahlreichen übrigen Beschuldigten lassen die Kommissäre wegen zu schwacher Indizien frei; der Hexenprozeß ist „für diesmal" erloschen.

Der Bericht an die Regierung wimmelt von Beanstandungen des Verfahrens; besonders bemerkenswert ist die Vorschrift, daß die Tortur auf der Marterbank höchstens zwölf bis vierzehn Stunden dauern dürfe und daß der Gebrauch des sogenannten „spanischen Polsters"[726] verboten sei. Diese Bekrittelungen erregten den Unmut des getadelten Bannrichters Dr. von Apostelen, der darauf die Erklärung abgab, er werde überhaupt keinen Hexenprozeß mehr abführen. Die Regierung läßt es dabei — ein bemerkenswertes Zeichen der

---

[725] Früher hatte die Grazer Regierung diesen schandbaren Vorgang wiederholt ohne Entüstungskundgebung geduldet.

[726] Ein mit Holzstiftetn besztes Brett, das bei der Streckung dem Gemarterten unter den bloßen Leib gelegt wurde. Vgl. Helbing I 241. Es ist auffällig, wie viele Folterwerkzeuge als Spanisch bezeichnet sind: der spanische Stiefel (Beinschrauben), der spanische Hosenträger usw. Die spanische Kerkerinquisition ist jedenfalls daran unschuldig; ihre Foltermethoden sind milder gewesen als die der weltlichen Gerichte, denen sie nur einieg Folterarten entnahm. Vgl. Lea, gesch. der span. Inquis. S. 169. Die Vermutung Grimms (Deutsches Wörterbuch s.v. Spanisch), daß es sich um eine Erinnerung an den Versuch handle, spansiche Inquisition in Deutschland heimisch zu machen, ist demnach nicht haltbar. Eher könnten die Foltergewohnheiten Spanischer Truppenkörper in betracht kommen.

Zeit! — bewenden.

III. 1701 finden wir weiters einen Hexenprozeß bei der Herrschaft Reifnitz in Krain, dem die Maria Schuscharkin zum Opfer fällt[727].

Nach Angabe der Akten ist das Verfahren aus einem früheren Prozeß entstanden, das mit zwei Todesurteilen gegen Bäuerinnen aus Niederdorf, die Anka Schibatschnikin und die Nescha Russin geendet hatte; die Hingerichteten waren mit der Beschuldigung des Sabbatsbesuches am Klek gestorben. Vergebens versucht die Arme durch Leugnen und durch die Behauptung, sie sei schwanger und könne daher nicht prozessiert werden, der Tortur zu entgehen: sachverständige Frauen aus Weikersdorf widerlegen diese Behauptung. Nach dreistündiger Marter am „ordinären Zauberstuhl" ist ihr Widerstand gebrochen; sie gesteht alles, was der krainische Bannrichter Dr. Johann Georg Gottscher in sie hineinfrägt. Diesem Bannrichter begegnen wir öfters; er ist ein über die Maßen grausamer Hexenverfolger gewesen, bei dem wiederholt Todesfälle unter der Folter vorkamen. So auch hier! Die des Sabbatsbesuches bezichtigte Luzia Kertschnitschauka aus Teutschdorf, die starr leugnete und daher durch zweiundzwanzig Stunden auf dem Zauberstuhl sitzen mußte, wird in der zweiten Nacht danach tot im Kerker gefunden, angeblich mit vom Teufel umgedrehtem Hals. Der Bannrichter läßt zu Protokoll nehmen, daß in dieser Nacht in Schloß und Markt ein unheimlicher Tumult herrschte, daß man die Wölfe heulen hörte und daß es im Kerker rumorte und krachte, alles Anzeichen für den höllischen Besuch. Der Hexensabbat am Klek ist zahlreich besucht; böse Geister von wilder und rauher Gestalt und eiskalten Berührungen, Frauen aus dem ganzen Uskokengebiet, auch der Priester und Benefiziat Michael Larnuth aus Maria-Neustift sind anwesend. Die Hostie wird mit Rütlein geschlagen, worauf sie sich in ein Knäblein verwandelt, das jammernd die Hände erhebt! Die Kertschnitschauka muß auf dem Kopfe stehend mit einer in den Leib gesteckten Kerze leuchten, während das üppige Hexenmahl vor sich geht. Zur Hinrichtung der Schuscharkin am 11. Mai 1701 wird die schon bestattete Leiche der Kertschnitschauka aus dem Grabe geholt und mitverbrannt.

---

[727] Klun D. F. von Dimitz besorgte Abschrift des Prozesses aus dem Luschinschen Nachlasse im Besitz des Verf. Der Prozeß ist offenbar im Zusammenhange mit den Verfolgungen von 1700.

In Marburg a. d. Drau ist im selben Jahre der später wahrscheinlich hingerichtete Michael Schrimpf wegen Zauberei in Haft, dessen Angaben zehn Jahre später zu einem neuen Prozeß führen[728].

1701 wird in Obdach bei Judenburg der Zimmermannssohn Paul Perwolf aus Wolfsberg wegen Wolfbannerei enthauptet und verbrannt[729]. Der Unglückliche — ein geistesschwacher Almhirt — hatte sich zum Teil wegen seines Namens eingebildet, Wölfe schicken zu können, und wurde auf allgemeinen Wunsch der Almbauern wegen der massenhaften Wolfrisse im Stubalpen- und Zirbitzkogelgebiet verhaftet.

Daß die Teufelsaustreibungen nicht aufhörten, sondern in alter Weise fortgingen, erweist die Handschrift des steirischen Landesarchivs 1241. Es sind Bestätigungen, daß im Sprengel des Domstiftes Seckau 1702 der Jungfrau Ursula Longauerin 7000 Teufel einschließlich ihres Fürsten Pestel ausgetrieben worden sind. Man hat ihr diese Bestätigungen aus dem Grunde gegeben, damit ihre geistlichen Berater immer ihren Lebenswandel überwachen und einen Rückfall verhindern sollen.

1704 wird nach einem Protokollauszug im Reuner Archiv beim stiftischen Landgericht in Gratwein Hans Moser wegen Zauberei mit unbekanntem Ausgange verfolgt[730].

1705 und 1706 sind in Wolfsberg in Kärnten[731] sechs Personen wegen Zauberei gerichtet worden, nach den Namen zu schließen, offenbar Landstreicher: der Pfeifer Hansel, der Herzog Anderl, Lippe, der Kreß Mörtl und seine Schwester sowie die Magdalena Pommerin; drei andere scheinen mit dem Leben davongekommen zu sein. Wahrscheinlich handelte es sich bei diesem Prozeß um Wolfbannerei; denn er steht mit dem Verfahren gegen den „krummen Vastl"[732], einen in Murau[733] mit unbekanntem Ausgange prozessierten Wolfbanner, im Zusammenhange. Sicher ist der Mörtl[734] Kreß wegen Wolfbannerei verurteilt

---

[728] SLRA. Graz Kop. 1712 I 101.
[729] Ebendort Exp. 1701 XI 4. Byloff, Oberdeutsch. Zschr. F. VK. 1927 Hft. 2.
[730] Byloff, Zaub. S. 422.
[731] Wutte S. 66.
[732] = Sebastian
[733] SLA. Sond. Arch. Stadt Murau Schub. 14 Hft. 24.
[734] =Martin

worden.

1706 erhält in Wien[735] Maria Paulin von Kettenhof wegen Gebrauch abergläubischer Sachen und „kuplerey"[736] einen Schilling, Stockstreiche und Landesverweisung, dasselbe 1708 Jakob Gotscher wegen Erkaufen von „Allraundl".

1706/1707 spielen in Göß und in Freyenstein bei Leoben[737] sehr merkwürdige Wolfbannerprozesse gegen mehrere Bauern und Viehhirten. Die Brüder Christian und Peter Pürgger und der Halter Georg, insgemein Ochsenbauer, „die zu jedermanns und der ganzen gemein ärgernis und forcht herumbgehen und täglichen schrockhen verursachen, galten weit und breit als gefährliche Wolfbanner, aus die zahlreiche Wolfrisse im großen Gößgraben zurückzuführen seien. Peter ist deshalb vom Bauer Paul Arthner mit seinem eigenen Ringstock[738] erschlagen worden, wofür dieser nur eine Strafe von 25 Pfund Wachs zu erlegen hat; die beiden andern sind prozessiert und wahrscheinlich hingerichtet worden.

1707 sind mehrere Wolfbanner in Freuenstein in Haft; einer von den ältesten ist gefährlich erkrankt und der Verwalter fragt für den erwarteten Todesfall an, was er mit dem Leichnam anfangen soll. Interessant sind die Euphemismen, mit denen die Akten nach altem Aberglauben den gefürchteten Wolfnamen umgehen zu müssen glauben: „Hunde, die Schädlichen, das Ungeziefer"[739]. Der Ausgang ist unbekannt; doch haben zahlreiche Zeugen die Wolfbannerei bestätigt, so z. B. zahlreiche Wolfrisse, das Treiben des Viehs der Wolfbanner durch scheinbar zahme Wölfe mit Feueraugen usw. Es ist sonderbar, daß die ausgefallene Vorstellung des Wolfbannens und der Werwolfglaube gerade im Ablaufen der Zaubereiprozesse im Dreiländergebiet Steiermark, Kärnten und Salzburg besonders stark auftreten[740]; sie geben den Zaubereiprozessen dieser Gegenden

---

[735] Schlager S. 114.
[736] Nicht im Sinne von lenocinium, sondern von maleficium!
[737] SLRA. Graz Exp. 1706–V-5, 36, Cop. 1707-I-91.
[738] = Hirtenstock mit zahlreichen klappernden Ringen (Klingelstock). Vgl. O. Schell.
[739] Lebenswaldt, 8. Tract. S. 25 u. 26, bestätigt diesen Brauch mit der Begründung , wenn man das Raubwild mit seinem richtigen Namen nenne (Wort- oder Rufzauber!), so komme es und tue Schaden. Man vgl. das gegnwärtige Sprichwort: „Wenn man den Wolf nennt, so kommt er gerennt."
[740] Vermutlich eine der Wirkungen des Zauberjackelprozesses.

eine besondere, von den gewöhnlichen Wettermachereiprozessen scharf abgehobene Stellung.

1708 prozessiert die bischöflich Gurker Hauptmannschaft in Straßburg in Kärnten[741] gegen einen armen, halbgelähmten und geistesschwachen Krüppel namens Simon Punz mit dem Landstreichernamen „dicker Groschen" oder „Spottjakele", der sich des Luftfluges gerühmt hatte. Er kam wegen seiner Einfalt davon. Derselbe wurde 1719 vom Landgericht Althofen nochmals in Untersuchung gezogen, aber wieder freigelassen.

IV. Sehr große Hexenverfolgungen finden nach der Chronik der Kapuziner zu Gurkfeld[742] in Krain in dieser Stadt zu Anfang des 18. Jahrhunderts bis 1717 statt, von welcher Zeit an „man sich in Gurkfeld keiner Hexe mehr erinnert". Die Chronik spricht von zwanzig oder dreißig, ja nach andern Berichten sogar über vierzig Menschen, die als der Zauberei überwiesen in dieser Zeit ins Feuer geworfen wurden. Unter ihnen befanden sich Frauen und Töchter von Bürgern, darunter — 1709 hingerichtet — die Gemahlin des Mathias Jurischa, die mater spiritualis der Kapuziner, und ihre Tochter Maria Zolnergitschin, die 1714 verbrannt wurde, als ihr eigener Vater Stadtrichter war. Die Anführerin der Gurkfelder Hexen war die schon verstorbene reiche Frau Sidonie Musseggerin aus Tüffer in Untersteiermark, die mehrere geistliche Stiftungen errichtet hatte. Man erwog, als dann später ihre Missetaten aufkamen, die Öffnung des Grabes und die Entfernung der Leiche aus der geweihten Erde, stand aber schließlich doch davon ab. Durch die ungeheuren Prozeßkosten verarmte die Stadt Gurkfeld derart, daß sie ab 1711 die Verfolgungen wesentlich einschränken mußte.

1711 haben Richter und Rat von Marburg a. d. Drau[743] gegen vier Menschen wegen Zauberei verfahren. Es waren Auswirkungen früherer Prozesse. Gerichtet wurden am 4. September 1711 die Gertraud Cräpin, die schon 1698 wegen Zauberei verfolgt worden war, und Johann Schrimpf, der Sohn jenes Michael Schrimpf, der 1701 in Verfolgung gestanden war, und am 11. September 1711 die Margareta Koroschezin mit dem Schwerte und Verbrennung der Leiche.

---

[741] Hauser Car. I 1881 S. 186.
[742] Schumi AfHK. II 110ff. Dortselbst der lat. Urtext ins Deutsche übersetzt.
[743] SLRA. Graz Cop.1712-I-101. Byloff, Ausklang S. 77, 94.

Lukas Dörisch, der vierte Beschuldigte, wurde ausgepeitscht und aus dem Landgericht verwiesen. 1712 sind in weiterer Auswirkung des Prozesses zwei Personen unbekannten Namens in Marburg gerichtet worden.

Der Prozeß steht einerseits im Zusammenhang mit einem Verfahren in Gutenhag, in welchem die Hexe Rosenkranza hingerichtet worden ist[744]; andrerseits hat man bei der Herrschaft Wurmberg gegen ein „steinaltes Weib", die Bettlerin Gertraud Pach, einen Hexenprozeß durchgeführt. diese war schon einige Jahre vorher nach einem großen Schauerwetter von den Bauern in der Herrschaftskanzlei der Zauberei bezichtigt worden; allein die Herrschaftsbesitzerin Christine Kreszentia Gräfin von Herberstein wollte von einem Prozeß nichts wissen, weil er voraussichtlich uneinbringliche Kosten verursacht hätte. Als nun die Marburger Verurteilten mit dem Bekenntnis gegen die Pachin auf den Lippen gestorben waren, verlangte das Marburger Gericht ihre Verfolgung durch die zuständige Landgerichtsherrschaft und die Übernahme der im Marburger Turm Sitzenden. Länger als eineinhalb Jahre hat der Streit gedauert, der durch die Weigerung der Herrschaft Wurmberg entstand. Endlich mußte sie doch nachgeben; die Pachin vertauschte das Marburger Gefängnis mit dem Wurmberger Verlies.

Dort ist sie buchstäblich verhungert, weil man ihr aus Sparsamkeit zu wenig zu essen gab. Auch hier suchte der Verwalter nach alter Überlieferung zu behaupten, daß ihr der Teufel den Hals umgedreht habe. Das glaubte aber der Bannrichter, der den Fall zu untersuchen hatte, nicht mehr, sondern gab der Wahrheit die Ehre, daß die Alte schlimmer als das Vieh gehalten worden sei. Was schließlich die Regierung getan hat, um diese schauderhafte Tat zu sühnen, wissen wir nicht.

1714 wird im Landgericht Maria-Saal[745] in Kärnten (bei Klagenfurt) Klement Kucher zu Froschendorf wegen Zauberei hingerichtet und vertilgt[746]. Das Jahr darauf trifft dasselbe Schicksal die Anna Zechnerin in Saal. Ebenso ist 1715 beim Landgericht Waisenberg (Trixen) in Mittelkärnten gegen Peter Enzi wegen Wettermachen

---

[744] SLRA. Graz Gut. 1712-IV-1, Cop. 1713-I-85, II-60, VII-104.
[745] AKGD. Abt. Graz, Fasz. XXII Nr. 537. Wutte S. 49.
[746] Im selben Jahre 1714 kauft der Tischler Schwenzlberger im Lambach von einem Schuster einen spiritus familiaris. Strnadt S. 234.

und Teilnahme am Sabbat auf der Saualm mit schwerer Folteranwendung prozessiert worden. Er starb an den Folgen der Marter im Kerker[747].

V. 1715 finden wir in Fürstenfeld[748] einen originellen Schatzschwindelprozeß gegen die Landstreicherin Anna Rosina Lienhardin, die es verstanden hatte, im Dorfe St. Kind im Ritscheintal eine Gemeinde von Schatzbetern um sich zu sammeln und mit dem bekannten nächtlichen Koronagebet in unglaublich frecher Weise erfolgreich zu schwindeln. Der Rat von Fürstenfeld, Zaubereiprozessen nicht mehr geneigt, verurteilte sie zu einem Schilling Stockschläge und Landesverweisung.

Der von Riezler[749] angeführte Mühldorfer Bubenprozeß von 1716 geht auf Rechnung der österreichischen Alpenländer, weil Mühldorf salzburgisch war und der Prozeß vom Salzburger Hofrat Dr. Franz Josef Herz geleitet wurde.

Die im LRA. Salzburg erliegenden Akten sind unvollständig, enthalten insbesondere fast keine Verhörsprotokolle. Verhaftet ist eine größere Anzahl von Mühldorfer Buben unter dem Verdachte des Mäusemachens, Vergrabens einer Hostie und des Wetterzaubers. Letzteren soll auch der Stadtschreiber begangen haben und zwar mit einer vergrabenen, allerdings nicht gefundenen „Wetterhaspel". Teilgeständnisse liegen vor. Als Strafe scheint nur körperliche Züchtigung durch den Schulmeister verhängt worden zu sein, keine Todesstrafe! Daneben

laufen umfangreiche allgemeine Verhütungsmaßregeln moral- und religionspolizeilicher Art. Bemerkenswert ist, daß die Bürgerschaft wegen des Prozesses murrt; sogar zwei Kanoniker haben sich öffentlich gegen den Unsinn des Prozesses geäußert; der Hofrat bedroht sie mit Verfolgung.

1716 und 1717 werden bei Rovereto (Brentonico) im Bistum Trient[750] zwei Frauen, die Maria Bertoletti, verehelichte Toldini, von Pilcanto (14. März 1716) und Domenica Pedrotti als Hexen wegen Verkehr mit dem Teufel Martinello enthauptet und verbrannt; mehrere andere starben im Kerker. Der ruhmreiche Bekämpfer des He-

---

[747] Max Frh. v. Aichelburg Car. I. 1891 S. 76-80.
[748] SLA. Sond. Arch. Fürstenfeld. Byloff, Grazer Tagespost 1927 S. 20.
[749] Vgl. Rietzler S. 292 ff.
[750] Kapp S. 90; Tartarotti, Congresso, S. 139 ff.; Zotti vol. 2 pp. 280 ff.

xenglaubens Don Girolamo Tartarotti, ein gebürtiger Roveretaner, hat diese Prozesse in seiner Jugend mitgemacht und daraus einen der Anlässe für sein Buch: „Del congresso notturno delle Lammie" (Venedig 1749) geschöpft.

1717 verurteilt das Salzburger Hofgericht auf Grund der Berichte des Pflegers von Moosham im Lungau den siebzehnjährigen Bettelbuben Philipp Ehmer insgemein Bäckenlippl und den Ruepp Geil insgemein Perger als Werwölfe zum Tode[751]. Sie werden zu den Galeeren begnadigt und der Republik Venedig zum Strafvollzug eingeliefert[752]. Nach ihrem Geständnisse hatten sie sich mit einer schwarzen Salbe, die vom Teufel stammte, in Wölfe verwandelt und zahlreiches Vieh niedergerissen.

1718 ist wieder ein Wolfbanner, namens Jakob Kranawitter, in Rotenfels bei Oberwölz[753] in Haft. Ein geistesschwacher Landstreicher, der herumredet, er könne Wölfe schicken, und daher vom Gerichtsdiener verhaftet wird! Über ein Jahr sitzt er in Eisen und Banden, bis er mit zwanzig Stockschlägen entlassen wird.

1719 stellt der Richter in Aflenz dem Knecht Peter Grabisch eine Empfehlung[754] aus, weil dieser einen „entsetzlichen, ja wie schier glaublich, von teifel geführten oder besessenen Wolf" erschlagen hat. Offenbar ein von der Tollwut[755] befallener Wolf, der viel Schaden angerichtet hat! Auch einen Fall von Kreuzwegzauber können wir für dieses Jahr belegen; ein gewesener Heiduck des Grafen von Strassoldo sucht bei der steirischen Landschaft um eine Unterstützung an[756], weil ihm auf einer Reise nach Görz „im wehrunden anhalten auf einem kreuzweg sein rechter fuß erkhrumpt" sei![757]

---

[751] Akten im Münchner Reichsarchiv. Vgl. Riezler S. 293.
[752] Ein damals sehr gebräuchlicher Vorgang. Vgl. Cod. Aust. P. III S. 816.
[753] SLA. Sond. Arch. Rotenfels Schub. 97 Hft. 371. Byloff, Volkskundl., S. 51.
[754] Zahn, Steir. Misz., S. 439.
[755] Es ist zu vermuten, daß eine der tatsächlichen Grundlagen des Wer- oder Bannwolfglaubens die Tollwut gebildet hat, die dem davon befallenen Tiere das Ansehen dämonischer Besessenheit gibt.
[756] SLA. Landsch. Akten, Städte du Märkte Graz, Herrschaftsdiener
[757]. Eine uralte heidnische Darstellung, die mit dem Kreuzeszeichen gar nichts zu tun hat! Eher dürfte ein Zusammenhang mit dem Totenglauben gegeben sein. Vgl. Wuttke S. 89 ff.; Klein A., BlfHK. V 93 ff.

1720 führt der Rat von Murau[758] eine im Sande verlaufende Untersuchung gegen den Stadtzimmermeister Hans Puechebner, weil er sich angeblich eine Hostie in die Hand hat einheilen lassen[759].

Im selben Jahre ereignet sich in Moosham[760] im Lungau der Werwolfprozeß gegen Simon Windt oder Schenmayer, wiederum einen Landstreicher, der schließlich geständig ist, eine Menge Vieh und Wild als Werwolf gerissen zu haben. Er wird am 19. Juli 1720 zu Tamsweg geköpft und verbrannt, „obwohl er verdient hätte, lebendig verbrannt zu werde". Für das gnädigst gemilderte Urteil hat er sich beim Erzbischof vor seinem Ende in aller Untertänigkeit gehorsamst bedanken lassen! Schenmayer dürfte der letzte wirklich hingerichtete Werwolf des Dreiländergebietes gewesen sein; die Akten über Werwolflaufen und Wolfbannen hören auf.

1719/20 wird zunächst in Althofen, dann in Klagenfurt[761] der schon erwähnte Bettler Simon Punz, der „dicke Groschen" oder „Spottjakele", wegen Zauberei prozessiert. Er wird schließlich trotz seines Geständnisses entlassen, weil der Kärntner Bannrichter Dr. Wolfgang von Tschabuschnigg den Unsinn nicht mehr glaubte.

VI. Die Zaubereiprozesse in Radkersburg und Umgebung — dem alten steirischen Hexenboden — dauern trotz vordringender Aufklärung unentwegt weiter. In Halbenrain sind 1720 der alte Franz Gauckler und seine beiden Söhne Franz und Anton, in Ober-Radkersburg Jury Kölbl ob crimen laesae rnaiestatis divinae in Haft[762]. Anzeiger war der junge Franz Gauckler, der seinen Vater beschuldigte, eine Hostie aus dem Munde genommen und dem Kölbl verkauft zu haben, der sie zur Heilung von Viehkrankheiten verwendete. Kölbl soll auch die alte Hexenkunst verstanden haben, im Zimmer Wetterzauber zu üben und Übel zu erzeugen. Franz Gauckler jun. starb im Gefängnis und zwar einerseits an den Folgen der Tortur (der Bannrichter Dr. Wolfgang Talin hatte ihn mit Spießruten schlagen lassen, wobei sich der Junge als ganz gefühllos erwies; daher glaubt der Richter, Franz trage eine Hostie eingeheilt,

---

[758] SLA Sond. Arch. Stadt Murau Schub. 14 Hft. 24.
[759] Als Glückszauber oder zum Festmachen.
[760] Akten im Reichsarch. München. Riezler S. 293. Mehrfach veröffentlicht und besprochen! Der Prozeß lebt, weil er wahrscheinlich der letzte Werwolfprozeß des Lungau war, in dessen Sagen fort.
[761] Hauser Car. 1881 S. 186 ff.
[762] SLA. Akten der Finanzlandesdir. Graz Nr. 164

und läßt ihn durch den Freimann untersuchen !), anderseits zufolge der Verwahrlosung, der er durch das empörende Benehmen des Landgerichtsverwalters gegen ihn ausgesetzt war; er bekam mitten im Winter keine Decke, war voll von Ungeziefer[763] usw. Schließlich werden alle drei überlebenden Beschuldigten wegen unvollständigen Beweises entlassen.

Vll. Aus 1721 haben wir Belege für einen Zaubereiprozeß unbekannten Ausganges in Klagenfurt[764] gegen Bartlmä droscheter und Gregor Ausche wegen Luftfahrt und Besuch des Hexensabbats auf einer Alm bei Wolfsberg.

1725 wird in St. Leonhard[765] im Lavanttal in Kärnten noch ein Wolfbanner namens Paul Schäffer vernommen, der gütlich sowohl das Wolfschicken wie den Blutbund mit dem Teufel Luzifer gesteht; das Wolfbannen habe er vor vierzehn Jahren vom Buben Veit Grabner gelernt. Im nächsten Jahr findet sich noch ein Verhör Schäffers. Er scheint dann nicht weiter verfolgt worden zu sein.

Nach der Eingabe Rapps starb 1728 in einem Gefängnisse bei Rovereto die Maddalena Todeschi, die wegen Hexerei zu lebenslänglichem Kerker verurteilt worden war.

Die Zaubereiprozesse in Steiermark lassen nach. Nach dem Berichte des Banngerichtschreibers Franz Anton Knieberger über die Tätigkeit des Bannrichters in Steyer für die Zeit vom 2. September 1721 bis 27. März 1726[766] ist in ganz Steiermark mit Ausnahme des Viertels Cilli südlich der Drau in dieser Zeit kein Zaubereiprozeß mehr vorgekommen. Es scheint damals die Kriminalität überhaupt stark zurückgegangen zu sein; es sei ganze Viertel- und halbe Jahre nichts zu tun, die Sporteln hören ganz auf, klagt der Berichterstatter.

Allerdings steht der Schöckel als Hexenberg noch immer in guter Erinnerung. Ernst Graf von Wildenstein, der 1729 die Schönheiten Steiermarks im schweren Barockstil mehr treuherzig als künstlerisch

---

[763] Daß man gebundenen Beschuldigten zu Folterzwecken Ungeziefer absichtlich ins Bett streute, ist in Steiermark nicht vereinzelt. 1714 folterte der Aufseer Gerichtsdiener einen Salzdieb auf die scheußliche Art. Selbst der Freimann hielt sich darüber auf.
[764] Akten im AKGD. Samm.Arch. Fasz. Hexen. Hauser SA. S. 19.
[765] Ebendort. Wutte S. 48.
[766] SLRA. Graz Abt. VIII Msz., Banngerichtsakten.

besingt, läßt am Schöckel die Druiden tanzen, mit der Hekate Schauerwetter machen und mit Böcken auf den Berg fliegen[767].

1728 haben zwei junge Burschen, der fünfzehnjährige Schneiderlehrling N. Jakobez und der zwanzigjährige Glasergeselle Franz Pepeunäckh, in Doberna bei Gonobitz in Untersteiermark eine Teufelsbeschwörung durchgeführt, um Geld zu erhalten[768]. Das Urteil ist sehr milde: dreiwöchiger Arrest, dreimalige Ausstellung an der Kirchentüre und Unterweisung durch einen Geistlichen. Der Bannrichter operiert zwar in seinem Gutachten noch reichlich mit der Hexenliteratur und betont die Größe und Abscheulichkeit des Verbrechens; die früher unvermeidlichen Folgerungen werden aber nicht mehr gezogen.

Dasselbe sehen wir drei Jahre später (1731) beim Landgerichte Lechen (bei Windischgraz[769]). Dort wird vom Burgfriedsherrn der Herrschaft Widerdriest, dem Freiherrn Johann von Gablkhoven, die Agnes Tettäunickhin wegen Zauberei eingeliefert, weil sie von ihrem Nachbar, dem Martin Dornig, während eines Gewitters durch die Lust fliegend gesehen worden ist. dreieinhalb Monate ist sie gesessen, bis sie endlich freigesprochen wird —- nach einem umständlichen Verfahren, in welchem mit großen Kosten zahlreiche Zeugen vernommen worden sind.

VIII. Die letzten großen Zaubereiprozesse in den österreichischen Alpenländern mit mehreren Opfern finden sich 1729 bis 1731 in Oberösterreich[770], und zwar der Hauptprozeß gegen die Bäuerin Magdalena Grillenberger und sechs ihrer Kinder beim Landgericht Prandegg, die Nebenprozesse gegen den Sohn Hans Grillenberger in Schwertberg und gegen ihre Enkelin Sibylla Wenigwiserin in Ru-

---

[767] SLA. Hofschr. 315 „Poema oder poetisches gedicht die vollkommenheiten Steyermarks vorstellend". Schon frührer fand der Schöckel als Hexenberg poetische Würdigung. Unter den Epigrammen in der Promotionsehrenschrift: „Apiarium e panthera" (herausg. von den Grazer Studenten der Poesie 1691) findet sich nachstehendes Sinngedicht: „Miror in hoc sagas tam multas monte morari, Tam vicina illis cum taman hic pyra sit." Verständlich wird diese Anspielung auf die Schöckelhexen dadurch, daß sich auf der Bergeshöhe eine Signalstation mit einem Scheiterhaufen 8pyra) befand. Vgl. Peinlich, Mittl. Hist.. Der. F. Steierm. 28. 28. Hft. S. 42 ff.
[768] SLRA. Graz Cop. 1728-VI-80. Byloff, Ausklang S. 94 ff.
[769] Ebendort Cop. 1731-II-1. Byloff ebendort.
[770] Strnadt S. 159 ff.; Spaun Ant. v., Linzer Museablatt 1841 S. 93. Umfangreicher vollständiger Akt im Archiv des Schlosses Greinburg.

tenstein. Von diesen neun Angehörigen derselben Familie sind acht gerichtet worden, darunter die alte Grillenbergerin durch Erdrosseln am Scheiterhaufen nach zweimaligem Griff mit glühenden Zangen und Abhauen der rechten Hand am 10. Oktober 1731 zu Zellhof; Mathias Grillenberger starb im Gefängnis; der Teufel hatte ihm nach Ansicht des Landgerichtsdieners das Genick gebrochen. Das Haupt-Substrat sind Hexentanz bei „des Ofner Kreuz", Hostienschändung und Teufelsbuhlschaft; die Männer vermischen sich mit des Teufels Weib. Die Enkelin Sibylla (Billerl), das sogenannte „Ahnlmensch", die unter Brandlegungsverdacht eingezogen worden war, hatte durch dummen Tratsch den Verdacht auf ihre Großmutter gelenkt und dadurch die ganze Familie zugrundegerichtet[771].

---

[771] Wie nicht selten ist diese Veranlasserin des Unterganges ihrer Familie ein verdorbenes oder psychopathologisches Kind gewesen. Schon im Alter von sechzehn Jahren steckte sie aus Bosheit und Rachebedürfnis den Hof ihrer Dienstgeberin in Brand. Wegen Behelligung ihrer Großmutter war sie bereits einmal im Arrest gewesen; die Akten stellen fest, daß sie ihre Großmutter durch Steinewerfen bei Tag und Nacht zur Verzweiflung brachte; ihr Großvater erklärte, daß dies auf „Geistern" zurückgehe und bezeichnete als Ursache die „Limplerei" seiner Frau. Einer der zahlreichen Fälle der sogenannten Spukhäuser!
Überhaupt ist in diesen letzten großen Hexenprozeß der österreichischen Länder der ganze Unsinn vergangener Jahrhunderte nochmals in seltener Vollständigkeit einbezogen! Die Maria Grillenberger gesteht, vom Teufel Michael schwanger geworden zu sein; die vorzeitig abgegangene Frucht habe sie vergraben. Das Gericht läßt an zwei Orten nachgraben; man findet an einer Stelle ein Ding, das aussieht, wie ein geselchter Häring, an der anderen Stelle eine lebende, verdächtig aussehende Kröte. Daß diese wirklich teuflischen Ursprunges ist, ergibt sich für das Gericht daraus, daß der „Brötsch" trotz Aufspießens nach einem Holzstab nach drei Tagen wieder auflebt und erst nach weiteren sieben Tagen endgültig stirbt. Das Gericht läßt bei Magdalena Grillenberger eine verdächtige Narbe ausschneiden, um die dort angeblich eingeheilte Hostie zu finden; dieser Operation wird auch der Pfarrer von Zell beigezogen, der das herausfließende schön rosenfarbene Blut mit einem reinen Tuch auffängt. Mäuse-, Ratten- und Eichkatzelmachen wird allen Beteiligten angerechnet. Wetterzauber findet sich merkwürdigerweise nicht, wohl aber Fern- und Totmelken aus einem Grastuchzipfel, sowie Butterzauber. Die beteiligten Juristen, an der Spitze der Landgerichtsverwalter Johann Ignaz Prininger, die gutachtenden Linzer Advokaten Ignaz Stadler und Peter Stögersperger handhaben die crimen exceptum-Theorie im weiten Umfange; die Gutachten strotzen von Zitaten der finstersten Hexenliteratur. Alles dies ein Vierteljahrhundert nach dem Auftreten von Christian Thomasius und im Geburtsjahre Lessings!

1729 ist in Freistadt in Oberösterreich ein Verfahren gegen den zugrunde gegangenen Bürger Peter Ferdinand Käselister anhängig gewesen[772], der eine Schatzbetergemeinde mit dem Christophorusgebet[773] um sich gesammelt und angeblich dem Teufel eine Blutverschreibung gegeben hatte. Es stellt sich aber heraus, daß seine renommistischen Reden nur schwindelhafte Flunkereien gewesen sind; er bekommt sechs Monate Zwangsarbeit in Band und Eisen wegen Lügenhaftigkeit.

1749/50 ist vor dem Salzburger Hofgericht[774] der letzte uns dermalen bekannte tödlich verlaufene Hexenprozeß unseres Beobachtungsgebietes durchgeführt worden, in seinem Beginne, Verlauf und Ende ein abscheulicher, kaum mehr verständlicher Anachronismus, ein Beweis für die alte Erfahrung, daß nichts lebenszäher ist als längst verjährter Unsinn. In der jetzt bayrischen, damals aber hochstiftischen Stadt Mühldorf am Inn erregte es im Jänner 1749 beträchtliches Aufsehen, als in der sogenannten Höllschmiede in der Vorstadt eines Nachmittags die Schmiedehämmer von unsichtbarer Gewalt getrieben in der Luft herumwirbelten, Steine zu fliegen begannen, Türen auf- und zugeschlagen wurden, Klopflaute ertönten usw. Diese wohlbekannten Spukhauserscheinungen, die auch noch mit dem typischen Nebenumstand auftraten, daß von den herumfliegenden Sachen getroffene Menschen die Berührung kaum spürten (mehrere später vernommene Zeugen haben unter Eid bestätigt, daß der Anprall von Kieselsteinen gleich jenem weicher Lederbälle empfunden wurde[775], standen offenbar im Zusammenhange mit dem sechszehnjährigen Kindsmädel Maria Pauerin; denn als sie der Höllschmied aus dem Hause wies, zeigten sich ähnliche Erscheinungen auch in ihrer neuen Herberge. Das Mädel steckte, wie im Verfahren festgestellt wurde, voll Possen, hatte verschiedene mutwillige Streiche gemacht; sie fürchtete sich auch nicht vor dem Polterwesen, sondern rief lachend, daß ihr nichts geschehe! Doch haben zahlreiche Personen eidlich erhärtet, daß das hervorbringen der Spukerscheinungen durch sie absolut unmöglich gewesen sei. Dieser Vor-

---

[772] Freistädter Stadtarchiv. Byloff in der Linzer Tagespost.
[773] HWB. s. v. Christopherusbuch (Jacoby).
[774] Dieser Prozeß ist bis jetzt unbekannt gewesen (kommt bei Riezler nicht vor). Die Akten erliegen im LRA. Salzburg (Hofrat Mühldorf 691/2).
[775] Deutet darauf hin, daß diese Bewegung keine Wurf-, sondern eine Transportbewegung ist.

fall, den wir wohl unter Hinweis auf zahllose ähnliche, vom Altertum bis in die jüngste Gegenwart herabreichende Fälle als einen natürlichen, jedoch auf einer bis jetzt nicht erklärten Kraftwirkung gleich der Wünschelrute beruhenden ansehen dürfen, führte zur Einkerkerung der Pauerin unter dem Verdachte der Zauberei. Die Untersuchung, die anfänglich vom Stadtgerichte Mühldorf, dann nach Einlieferung nach Salzburg vom Salzburger Hofgericht geführt worden ist, brachte nach unzähligen Verhören ohne Folter den ganzen widerlichen Tatbestand der Zauberei im Geiste des Hexenhammers heraus: Gabelfahrt, Hexensabbat, Teufelsverschreibung, Hexenstigma, Geschlechtsverkehr mit einem gelbrockigen satanischen Dämon, Hostienschändung und ganz schwache Andeutungen von Butterzauber. Der Glaubensstärke der Richter werden die schwersten Proben auferlegt, so z. B. wenn die Beschuldigte erzählt, vor ihrem Kerkerfenster raufe der gelbrockige Geist mit ihrem Schutzengel, der als Folge des Kampfes Nasenbluten bekommen habe, am Hexensabbat habe man zur Verschimpfierung der mitgebrachten Hostie ein förmlich sportliches Weitwerfen derselben veranstaltet usw. Der Wahnwitz geht offenbar auf Geistesschwäche der Beschuldigten zurück, die ihre Aussagen jeden Augenblick ändert und den systematisch aufgebauten, mit ermüdender Häufigkeit wiederholten Suggestivfragen ihrer Richter keinen Widerstand zu leisten vermag. Die Richter glauben alles ohne Kritik. Aber auch der beigezogene Chirurgus findet das Hexenmal an der angegebenen Stelle und der Amtsverteidiger Dr. Steger führt in einem umfangreichen, mit Hexenliteratur gespielten Gutachten — den Interessen seiner Schutzbefohlenen diametral zuwider! — aus, an der Schuld könne kein Zweifel sein; der zugestandene Besuch des Sabbats und der Verkehr mit dem Teufel sei keine Einbildung, sondern bare Wirklichkeit; er beschränkt sich auf die Geltendmachung von Milderungsgründen zur Vermeidung der Todesstrafe. Es hat nichts genützt; das Hofgericht verurteilt sie zum Tode durch das Schwert und Verbrennung der Leiche; der Erzbischof Andreas Jakob Graf von Dietrichstein lehnt die Begnadigung ab; am 6. Oktober 1750 wird sie an der Salzburger Richtstätte zum Tode gebracht.

Die Pauerin hatte u. a. behauptet, von der im bayrischen Neumarkt wohnenden, schwerkranken[776] Näherin Elisabeth Goglerin, insgemein Gusterer Lisl durch Einflößen einer verhexten Suppe verführt worden zu sein. Darüber erhebt sich vor dem kurbayrischen Pfleggericht Neumarkt, später nach Landshut abgetreten, ein Hexenprozeß gegen die Lisl, die Maria Anna Zötlin und ein zehnjähriges Mädel unbekannten Namens. Von diesen ist am 29. August 1749 die Erstgenannte in Landshut enthauptet und verbrannt worden. Die Verfolgungen in Landshut dauern aber weiter; so wissen wir aus 1751 von der Prozessierung der sogenannten Geistnandl (Marie Ammann) und 1755 wird ein Prozeßverfahren gegen eine Anna Köglin geschlossen. Es scheinen demnach in Landshut noch zwischen 1750 und 1760 Hexenhinrichtungen stattgefunden zu haben[777].

Damit können wir die Übergangszeit, in der die Hexenverfolgungen abbröckeln, als beendet ansehen. Es hat in dieser Epoche noch vereinzelte größere Prozesse gegeben, als traurigste Erscheinung den Grillenbergerprozeß. Aber sie werden schrittweise seltener; man sieht das Bemühen, praeter, ja sogar contra legem Todesurteile zu vermeiden. Dabei bestehen aber noch die theoretischen Grundlagen des Hexenwesens ebenso weiter, wie die Gesetze gegen die Zauberei. Es entstanden sogar noch später neue, so z. B. die Kriegsartikel Karls VI., die das Verbrechen der Zauberei unter Strafe stellen[778], und die Theresiana, die wenigstens theoretisch das Verbrechen der Zauberei noch aufrecht erhält, wenngleich es praktisch durch die Vorschrift, daß alle Zaubereiprozesse vor Urteilsfällung der Hofkanzlei vorzulegen seien, beseitigt worden ist. Erst das josefinische Gesetzbuch hat damit vollständig gebrochen.

Alles dies ist aber nicht mehr von Bedeutung. Denn in Wirklichkeit glaubte das vom Aufklärungsgeist erfaßte hohe Beamtentum nicht mehr an die Wirklichkeit der Zauberei! Wo also noch verein-

---

[776] Sie litt an Blutflüssen ähnlich einer Stigmatisierten und an schweren (epileptischen?) Krämpfen.
[777] Die vermutung Reizlers S. 297, die aus den nicht quellenmäßig belegten Angaben Buchners, Gesch. v. Bayern IX 261, über Hexenhinrichtungen in Landshut in den Jahren 1754 und 1756 deren Unwahrscheinlichkeit ableitet, erscheint dadurch widerlegt.
[778] Svátek Jos. S. 1-40.

zelt das Zaubereidelikt praktisch vorkommt, wird es als Anachronismus empfunden und soweit als möglich unterdrückt.

II. Das Ende

I. Der Zauberglaube hatte beim Landvolk von jeher zum unerschütterlichen Bestande seiner geistigen Wesenheit gehört; durch das Eindringen der orientalischen Dämonenlehre waren nur allerdings sehr folgenschwere Veränderungen eingetreten. Als nun die Aufklärung zu wirken begann, ließ sie die bäuerliche Vulgusschicht zunächst ganz unberührt; das Volk begriff nicht, warum die Zaubereiverfolgungen, die so lange eine bequeme Ableitung der Volkswut bei Unglücksfällen jeder Art gebildet hatten, nun auf einmal nicht mehr stattfinden sollten, und auch abergläubisches Tun dauerte fort. Wenn wir z. B. sehen, daß nach dem Ingedenkprotokoll des Landgerichtes Kremsmünster 1732[779] der Achleitner Inwohner Bartlmä Riezlmayr wegen Ertränken seiner vier Kinder, aber auch wegen Zurückbehalten von Hostien bei der Kommunion gerädert worden ist, so werden wir darin das Fortwirken der Vorstellung von der Zauberkraft der Hostie und damit der Hostienschändung erblicken, abergläubische Meinungen, deren Fortwirken noch in der modernen Kriminalistik bekannt ist. 1733 aber wird in Wartenburg[780] in Oberösterreich die verwitwete Auszüglerin Salome Eselböck von Rackering wegen Wahrsagerei und Zauberei verhaftet, erhält jedoch nur mehr drei Monate Zwangsarbeit. Oder: Im Mai 1732 beobachtet ein Schwanberger Kaufmann im Nachbargarten einen fremden Mann, der dort etwas vergräbt. Niemand traut sich, die Sachen anzurühren, weil man sie für zauberisch hält. Der Marktrichter aber erkennt in der vermeintlichen Hexensalbe Vogelleim und verhaftet den Fremden als Opferstockdieb[781].

Auch die Landstreicher werden noch mißtrauisch als Zauberer betrachtet, so 1734 der geistesgestörte Mühljunge Mathias Samb in Freistadt[782] in Oberösterreich, hinter dem der Stadtrichter einen Teufelsbündler erblickt. Schließlich wird er aber nach seiner Heimat Bayern abgeschoben. Ähnlich geht es dem sogenannten Messer-

---

[779] Strnadt S. 213.
[780] Ebendort S. 233 Anm.
[781] SLA. Sond. Arch. Saurau Schub. 219 C XI Gericht.
[782] Freistädter Stadtarch.

mandl in Sonnenburg (Oberinntal) 1738[783], dem Wanderbettler und Messerhändler Christian Hofer, der auf den hintersten Almen herumsteigt, flucht, nicht in die Kirche geht und daher der Zauberei verdächtig wird. Er war lange in Haft; doch wurde das Verfahren endlich eingestellt. 1740 findet beim Stadtgericht Pettau[784] gegen den Bürger und Hutmacher Johann Georg Stikhl ein Magieprozeß statt, bei dem hervorkommt, daß dieser vom Agramer Freimann Mathias Puntzer ein versiegeltes Zauberpäckchen eingetauscht hat, um auf den Marktreisen vor Raub sicher zu sein. Das Päckchen enthält u. a. verschiedene Leichentalismane vom Hochgericht. herausgekommen ist jedenfalls nur eine geringfügige Strafe.

Nur im Vorübergehen — weil aus unserem Beobachtungsgebiet herausfallend — sei angeführt, daß 1740 in der Festung Kreuz in Kroatien (alte Militärgrenze), in einer Gegend, wo Hexenprozesse schon früher vorgekommen sind[785], noch Hexenhinrichtungen — wie es scheint, durch die Militärgerichtsbarkeit — stattgefunden haben. Ein gewisser Ignaz Blatner berichtet unterm 27. Feber und 5. März 1740[786] an den steirischen Landeshauptmann, von den verhafteten Zauberinnen sei vergangenen Mittwoch (im ersten Bericht) eine durch Köpfen und Verbrennen gerichtet worden; Augen und Zunge des abgeschlagenen Kopfes hätten sich noch durch eine starke Viertelstunde bewegt. Ihrem fünfjährigen (!) Mädel, das schon etwas von der Kunst kann, sollen die Adern gelassen werden. Es seien noch fünf Zauberinnen auf der Festung, die auf dreißig andere ausgesagt hätten. Im späteren Berichte meldet er die Verhaftung einer weiteren Hexe samt ihrem Kinde, die in die Kirche gekommen sei. Wie man sieht, ein großer Prozeß mit Kinderhinrichtungen!

Von diesem Prozeß erfahren wir durch Blatner noch einmal (Bericht vom 4. Feber 1741 im SLA. Graz). Danach sind am 1. Jänner 1741 in der oberen Vorstadt von Kreuz zwei Hexen enthauptet und am Scheiterhaufen vertilgt worden; die eine dieser zwei „Meisterinnen" sei acht, die andere gar siebzehn Jahre bei der (Hexen-)-Kompagnie gewesen. Zwei Mitgespanninnen seien noch fest im Arrest; es werde ihnen wohl nicht besser gehen. Der Briefschrei-

---

[783] Innsbrucker Stadtarch.. Msz. Nr. 212.
[784] SLRA. Graz Cop. 1741-I-36. Byloff, Volkskundl.
[785] Laszowsky Em., Progon vjestica u Turopolju.
[786] SLA. Schub. 492, Zaub. Proz. Hft. 61.

ber nimmt zu diesen Vorgängen nicht Stellung, hält also offenbar das Ganze für durchaus ordnungsmäßig!

II. Ein regelrechter Zaubereiprozeß alten Stiles —— nur nicht mit demselben Ausgange — hat sich noch 1744 bis 1746 auf dem blutgetränkten klassischen Hexenboden der Steiermark in Ober-Radkersburg gegen Apollonia Heriz und Simon Kuckel— beide aus dem Hexennest Wernsee — ereignet[787]. Ankläger war die Ortsbehörde von Wernsee, die die Bürgersfrau Heriz mit einem Indizienverzeichnis dem Gerichtsverwalter von Ober-Radkersburg Franz Josef Kuketz einlieferte. Diese Indizien sind ganz im alten Sinne gehalten: Die Heriz hat immer Geld und Schmalz, trotzdem sie nur zwei Kühe hält; sie heilt das Vieh durch Eingraben von verschiedenen Sachen; drei Personen sind nachts von ihr gequält worden usw. Kuketz wollte sie anfänglich überhaupt nicht annehmen und entließ sie dann nach einigen Erhebungen, weil er den ganzen Unsinn nicht glaubte. Er sagt in einem Bericht, die Zeugenaussagen seien „ex phantasia, delirio et calumnia levis sortis, die bei dergleichen Umständen herzustauben pflegen", entstanden. Das Unglück wollte, daß nach der Entlassung ein schweres Gewitter über Wernsee niederging, das man natürlich der Heriz zuschrieb. Nicht nur die Wernseer Gemeinde, sondern auch die verwitwete Fürstin Maria Charlotte von Eggenberg beschwerte sich gegen die Entlassung, so daß der Regierung nichts übrig blieb, als den Bannrichter Dr. Hans Menhart mit der Untersuchung zu betrauen. Dieser ist die traurigste Figur des Prozesses; durchaus zaubergläubig, redet er beständig vom Hexengeschmeiß, zitiert Delrio und die übrigen Hexentheologen- und Juristen, und sucht den Fall zum Sportulieren auszunutzen. Im Laufe des Prozesses richtet sich der Verdacht auch gegen den Simon Kuckel; er wird des Viehverderbens und der Absicht bezichtigt, den Markt abzubrennen. Auch er hat immer Geld, ohne zu arbeiten. Man veranstaltet bei ihm eine Hausdurchsuchung, bei der eine Totenhand gefunden wird, die er vom Hochgericht genommen und zum „Anrauchen" von krankem Vieh verwendet hat[788]. Auch die Tochter Agnes der Heriz wird verhaftet. Kuckel stirbt nach hundertundachttägiger Haft im Kerker. Dr. Menhart beantragt bei der Regierung die Folterung der Heriz mit dem ganzen Bande, weil sie genügend ver-

---

[787] SLRA. Graz Cop. 1745-V-18, Xi-14, 21, 1746-VII-22. Beckh-Widmannstetter, Grazer Tagespost Jahrg. 1884, Nr. 23-36.
[788] Häufig vorkommend! Vgl. Byloff, Volkskundl., S. 33.

dächtig sei. Die Regierung aber verfügt am 1. Juli 1746 ihre Freisprechung ab instantia.

Der Ausklang des Prozesses war ein übler Kostenstreit. Dr. Menhart verlangte für sechsundneunzig (!) Arbeitstage, vier Reisetage und achtzehn Tage zur Ausarbeitung der „voluminösen, mühsamsten Resolution" 944 Gulden. Landgerichtsobrigkeit und Grundherrschaft streiten sich ohne sichtbaren Ausgang darüber, wer diese Summe bezahlen soll.

III. Für das Fortdauern des Zauberglaubens zeugt der Blasphemie- und Wahrsagereiprozeß, der nach dem Kremsmünsterer Ingedenkprotokoll 1751[789] gegen die Handwerker Johann Paul Waltberger, Andre Pöschinger und sein Weib Theresia, Lorenz Grinzenberger und Paul Schenkl durchgeführt worden ist und zu deren Verurteilung zur Eisenstrafe geführt hat. Es scheint sich wieder um eine Schatzbetergemeinde gedreht zu haben, wie denn die Vorstellung märchenhafter, in der Erde schlummernder, von Geistern bewachter Schätze und ihrer Hebung bei Ausgang der Zaubereiprozesse immer üppiger zu werden beginnt, weil die Furcht vor der Zaubereistrafe ihre abhaltende Wirkung einbüßt.

Kurze Erwähnung verdient die Tatsache, daß die mit Unrecht lange Zeit so genannte „letzte deutsche hexe", die neunundsechzigjährige Subpriorin der Norbertinerinnen zu Unterzell, Maria Renata Sängerin, die am 21. Juni 1749 in Würzburg verbrannt worden ist, unter anderem auch beschuldigt wurde, schon als sechs- bis siebenjähriges Kind (also 1686/87) zu Linz in Oberösterreich vom Teufel in der Zauberkunst unterrichtet worden zu sein, so daß sie schon als zwölfjähriges Mädchen dem Hexensabbat vorsitzen konnte[790].

Für 1750 haben wir aus Spittal[791] in Kärnten wenigstens die Andeutungen eines Prozesses wegen Krankheitszauber durch das uralte Unterstreuen. Der Spitalsverwalter Anton Ehgartner und eines seiner zwölf Kinder waren erkrankt. Seine Frau ließ den ländlichen hellkundigen Bichler kommen, der mit der Wünschelrute feststellte, daß sich in den Betten der Kranken bezauberte Sachen befinden, die

---

[789] Strnadt S. 218.
[790] Aus der Rede des Beichtvaters der Hingerichteten, des Jesuiten P. georg Gaar, die er angesichts des brennenden Scheiterhaufens hielt und die eine Apotheose des Hexenglaubens darstellt. Rapp S. 91.
[791] Akten im AKGD. Abt. Ortenburg Nr. 45. Wutte S. 56.

auch gefunden wurden. Was weiter geschah, entzieht sich unserer Kenntnis.

Nach den Angaben Maasburgs wurde 1759 bei der Herrschaft Erlach im Hausruckviertel Oberösterreichs die Elisabet Pointner der Anhexung eines Augenleidens beschuldigt, aber nach dem von der Kaiserin Maria Theresia bestätigten Urteil freigesprochen und lediglich so lange Zeit im Gefängnis festgehalten, bis der gleichzeitig angeordnete Religionsunterricht gewirkt haben werde.

IV. Damit schließt die lange Reihe der Gerichtsverfahren, die den Zauber als Wirklichkeit behandeln und bestrafen; wenn in der nun folgenden Zeit die Strafgerichte noch mit dem Zauber befaßt sind, so geschieht dies, um entweder den Glauben an derartiges Zeug zu unterdrücken oder den mit seiner Hilfe geübten Schwindel zu ahnden.

Die Schlußbilanz ergibt eine Gesamtsumme von rund 1700 Menschen, die in Zaubereiprozessen der österreichischen Alpenländer als Beschuldigte befangen waren. Da sie nur auf aktenmäßig errechneten Zahlen aufgebaut ist, ohne irgendwelche Schätzung des Umfanges sicher größerer, in der zahlenmäßigen Auswirkung aber nicht genau bekannter Verfolgungen zu enthalten, so ist sie absolut viel zu niedrig und kann ruhig mit dem Doppelten, also etwa rund mit dreitausend, angeschlagen werden. Berücksichtigt man noch überdies die durch Aktenverlust unbekannt gebliebenen Fälle, so ergibt sich eine weitere Erhöhung, die die Zahl fünftausend erreichen dürfte. Höher hinauf möchte ich mit einer Schätzung nicht gehen. Die Zahl ist ohnedies erschreckend hoch, wenn man bedenkt, daß es sich hierbei zum allergrößten Teil um Todesopfer handelt.

Die Verteilung der Prozesse auf die in Betracht kommende Zeit ist aus dem beigegebenen Diagramm zu ersehen. Die Kurve dürfte, wenigstens in ihren relativen Angaben, zutreffend sein, weil auch die Verluste unseres Materials notwendigerweise eine gewisse Gleichmäßigkeit aufweisen müssen. Die Zeit vor 1600 ist dabei unberücksichtigt geblieben, weil die Zahlen zu klein sind, um irgendwie im statistischen Bilde hervorzutreten. zu bemerken ist nur, daß vor 1600 die Tiroler und Vorarlberger Prozesse die der östlichen Alpenländer um ein Vielfaches an Zahl übertreffen, ein weiterer Beweis für das Wandern des neuen Hexenglaubens von Westen nach Osten. Sehr deutlich ist an der Kurve einerseits der Einfluß des

Dreißigjährigen Krieges, der keine Zeit zu Hexenprozessen ließ, andererseits das ungeheure Anschwellen der Verfolgung in der Zeit von 1670 bis 1690 zu sehen, das in der Richtung der Prozesse gegen die fahrenden Leute zu deren Austilgung seine hauptsächliche Erklärung findet. Auch der plötzliche Abfall unter dem Einfluß der Aufklärung beeinflußt das Bild stark.

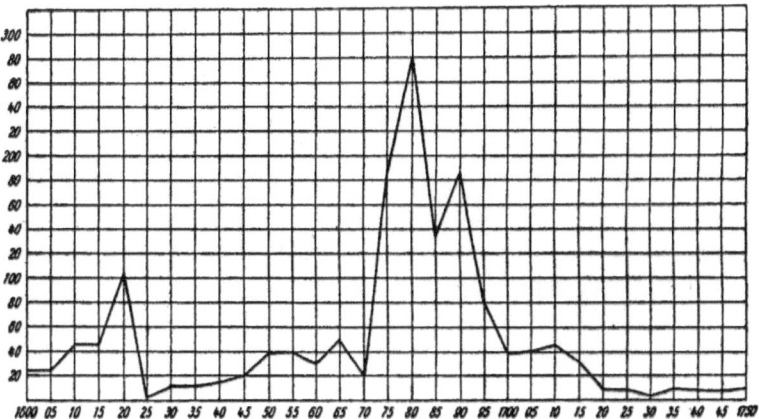

V. Der Zauberglaube hat bis in die Gegenwart herein nicht aufgehört, die Gerichte zu beschäftigen. Sei es, daß der Aberglaube einem der Volksaufklärung zugekehrten Zeitalter an sich als strafwürdig erscheint, sei es, daß man die mannigfachen Gefahren für reale Lebensgüter fürchtet, die Übung abergläubischer Gebräuche verursacht, immer wieder kamen und kommen die Gerichte in die Lage, das Fortdauern des Zauberglaubens in wenig von der früheren Zeit abweichender Erscheinung festzustellen.

Der rationalisierende Polizeistaat Maria Theresias und Josefs II. ging mit Strenge gegen „törichten Aberglauben, Possen und Superstition" vor. Als 1755 in Mähren Leichenschändungen zufolge des Vampyrglaubens[792] vorkamen, wobei mit Unterstützung der Geistlichen Leichen auf dem Friedhof ausgegraben und verbrannt wurden[793], erfloß wegen dieser sogenannten magin posthuma eine Reso-

---

[792] Vgl. Hock; Vampyrfragen usw., S. 40, 53 ff. Das Buch enthält reiches volkskundliches Material und umfassende Literaturangaben.
[793] Über ähnliche Fälle Wuttke S. 479.

lution der Kaiserin Maria Theresia vom 1. März 1755[794], die generalisierend jede Art von Zauberei für Betrug erklärt: „Also ist unser gnädigster Befehl: das künftig in allen derley Sachen von der Geistlichkeit ohne Concurrenz des publici nichtes vorgenommen: sondern allemahl, wann ein solcher casus eines Gespenstes, Hexerey, Schazgraberey oder eines angeblichen vom Teufel besessenen vorkommen sollte, derselbe der politischen Instanz sofort angezeiget, mithin von dieser mit beyziehung eines Vernünftigen Physici die Sach untersuchet und angesehen werden solle, ob und was für Betrug darunter verborgen und wie sodann die Betrüger zu bestraffen seyn werden." Und aus Anlaß des ihr vorgelegten Zaubereiprozesses des Viehhirten Johan Polak von der Herrschaft Jistebnitz, Kreis Tabor in Böhmen, von 1756[795] erklärt die Kaiserin es für „eine abergläubische Idee", daß man beim Beschuldigten nach dem Teufelszeichen gesucht habe, „indem keine Hexen existieren", und resolviert (S0. Juli 1756): „Das ist sicher, daß allein Hexen sich finden, wo die Ignoranz ist, mithin selbe zu verbessern, so wird keine mehr gefunden werden. Dieser (scil. Polak) ist sowenig einer (scil. Hexenmeister) als ich ..."

Allerdings hat die Theresiana das Verbrechen der Zauberei wenigstens theoretisch aufrecht erhalten. Jedoch die Regelung der Streitfrage in dem der Gesetzgebung voraneilenden, später dann wörtlich in die Theresiana ausgenommenen kaiserlichen Patente vom 5. November 1766 stellte nichts anderes als einen der der österreichischen Regierungskunst seit altersher geläufigen wohlgedeckten Rückzüge dar, wobei der Zweck, das Ärgernis der Zauberprozesse zu beseitigen, in Wirklichkeit erreicht, die prinzipiellen Grundlagen des Zauberglaubens aber, der Teufel und der Teufelsbund, unberührt gelassen wurden. Immerhin fand man den Mut, ausdrücklich zu erklären (§ 3): „Wie weit aber der Wahn von Zauber- und Hexen-Weesen bey vorigen Zeiten bis zur Ungebühr angewachsen seye, ist nunmehro eine allbekannte Sach. Die Neigung des einfältiggemeinen Pöbels zu abergläubischen Dingen hat hierzu den Grund geleget, die Dumm- und Unwissenheit, als eine Mutter der Verwunderung, und des Aberglaubens, hat solchen befördert, woraus dann, ohne das Wahre von dem Falschen zu unterscheiden, bey

---

[794] SLRA. Graz HPTB. 1753 Mai 58.
[795] Maasburg.

dem gemeinen Volk die Leichtgläubigkeit entsprungen, allsolche Begebenheiten, die selbes nicht leicht begreifen kann, und doch nur aus natürlichem Zufall, Kunst, oder Geschwindigkeit herrühren, ja sogar solche Zufälle, so ganz natürlich seynd, als Ungewitter, Vieh-Umfall, Leibs-Krankheiten, etc. dem Teufel und seinen Werkzeugen, nemlich den Zauberern und Hexen etc. zuzuschreiben. Diese Begriffe von zahlreichen Zauber- und Hexen-Geschmeiß wurden von Alter zu Alter fortgepflanzt, ja den Kindern fast in der Wiegen mit förchterlichen Geschichten, und Mährlein eingepräget, und andurch solcher Wahn allgemein verbreitet, und immer mehr bestärket, auch selbst in Abführung dergleichen Prozessen ist von denen ächten Rechts-Reguln großen Theils abgewichen worden."

Die Einteilung der Fälle ist ebenfalls sehr charakteristisch: Vorschützen zauberischen Könnens zu betrügerischen Zwecken, Einbildung der Zauberei wegen einer Geisteskrankheit, erfolglose Anrufung des Teufels, endlich „wahrhaft anscheinende Zauberei", bei der die vom Beschuldigten begangenen Taten ganz unbegreiflich und ohne natürliche Ursache sind. Aber auch in diesem letzten und äußersten Falle hat im Zweifel immer die Vermutung Raum, daß keine echte Zauberei vorliegt. Ist „aus einigen unbegreiflich-übernatürlichen Umständen, und Begebnissen ein wahrhaft teuflisches Zauber- und Hexenweesen" zu vermuten, so ist der ganze Prozeß dem Hofe zur Entscheidung vorzulegen.

Man merkt aus diesen Ausführungen und Bestimmungen den in Wirklichkeit bestehenden Unglauben der Regierungsstellen und den Wunsch, dem Unwesen ein Ende zu bereiten. Vergleicht man hierzu die wenig frühere Gesetzgebung Kurbayerns (Codex iuris bavarici criminalis de ann. 1751), die zum Teil der Theresiana als Quelle gedient hat[796]), so gewinnt man den entgegengesetzten Eindruck; man glaubt dort noch an Teufelsbund und Teufelsbuhlschaft, die nach wie vor mit dem Scheiterhaufen bedroht werden, und wünscht, daß die Gerichte dem Laster der Hexerei und Zauberei besondere Aufmerksamkeit widmen[797]. Daß in Bauern noch 1769 eine Anleitung zum Malefizien-Inquisitionsprozeß möglich war, in der bezüglich des Zaubereiprozesses der Standpunkt des Hexenhammers fast unverändert und uneingeschränkt vertreten wird — allerdings, wie

---

[796] Maasburg, S. 17 ff.
[797] Riezler S. 273 ff.

zu vermuten ist, eine offiziellen Charakters entbehrende Privatarbeit eines richterlichen Reaktionärs —, ist ebenfalls bezeichnend für die Verschiedenheit der geistigen Einstellung zum Problem in zwei so vielfache Beziehungen zueinander aufweisenden Nachbarstaaten[798].

VI. Es ist schon erwähnt worden, daß zwei der Hauptbekämpfer des Hexenunsinnes im deutschen Süden, der gelehrte Abbate Girolamo Tartarotti aus Rovereto und der Theatinermönch Don Ferdinand Sterzinger aus dem Unterinntal, der durch seine am 13. Oktober 1766 gehaltene Münchner Akademierede: „Von dem gemeinen Vorurteil der wirkenden und tätigen Hexerei" den sogenannten bayrischen Hexenkrieg eröffnete, den österreichischen Alpenländern entstammten. Auch unter den Praktikern des Strafrechtes in den österreichischen Alpen gab es vereinzelte Freigeister, die sich Verdienste um die Bekämpfung des Hexenglaubens erworben. Ein solcher war der salzburgische Vizedomamtsverweser in Friesach, Philipp von Fichtl (1735 bis 1781), der sich sogar selbst mit der Hexensalbe beschmieren ließ, um damit dem Volke die Unsinnigkeit der Flug- und Sabbatvorstellung zu beweisen[799]. Nur Träume vom Hexenflug waren nach seiner Angabe die Folge dieses Versuches[800].

VII. Die sich mit dem Aberglauben beschäftigenden Strafprozesse der Zeit nach 1750 richten sich ausschließlich gegen Betrüger oder Betrogene.

1758 hat man in Stadt Steyr den Landstreicher Johann Georg Schlißlberger wegen Schatzbeterei (Christophorusgebet !) prozessiert, 1767 ebendort den Johann Wiser wegen des Koronagebetes[801].

In der Christnacht 1772 erschien in der Pfarrkirche in Leoben[802] bei der Mitternachtsmette ein weißgekleideter Beter, der Sensenschmiedssohn Jakob Kirchmüller aus Göß, der sich hatte einreden lassen, man könne so gewandet den Teufel sehen, der ebenfalls zur Kirche komme und bei der Wandlung seine Kappe neben sich lege, die man dann stibitzen könne. Er erhielt wegen dummen Leicht- und Aberglaubens drei Tage Arrest bei Wasser und Brot.

---

[798] Ebendort S. 312 ff.
[799] Car. 1862 S. 10. AKGD. Abt. Graz-Friesach Nr. 242. Wutte S. 40.
[800] Über neue Versuche mit ähnlicher Wirkung Kiesewetter Gehimwiss., S. 597; Snell S. 81.
[801] Stadtarch. Steyr.
[802] SLA. Sond. Arch. Göß. Gerichtsprot.

1780 ist in Fürstenfeld[803] ein Schrattelprozeß gegen den Wagner Josef Meister und Genossen, der den alten Glauben an den glückbringenden Geist noch in vollem Bestand erblicken läßt.

1787 behauptet in Donnersbach[804] in Obersteiermark der Landstreicher Lorenz Läuacker, daß ihn die Gerichtsdiener bezaubert hätten, so daß er irregehen müsse; der Kaplan von St. Kathrein a. d. Laming hat ihm geraten, dem Zauber dadurch zu entgehen, daß er durch eine „hohle" Baumwurzel krieche.

1789 führt die Landstreicherin Anna Maria Walter aus Leoben in der Nähe von Freistadt in Oberösterreich einen großartigen Schatzschwindel mit Seelenbeschwörungen und Hebegebeten aus, wobei arme Handwerksleute einen Schaden von über 2000 R. erlitten[805].

In Donnersbach kann 1790[806] der Weniger noch Diebe mit Zaubermitteln[807] erkennen, und der alte Berghold Jakob Schlaipfner am Wenigergut kann noch mit der Springwurz[808] umgehen, heilt bezaubertes Vieh mit Magen-(Mohn-)samen, Eisenkraut und Brennesseln und gibt ihm auch gelegentlich Lukaszettel ein.

1792 wird bei der Propstei Zeiring bei Judenburg ein Prozeß um ein Gertrudenbüchel[809] geführt; der Käufer, der hierfür 24 fl. 48 kr. bezahlt hat, verlangt sein Geld zurück.

1795 noch behauptet in Donnersbach[810] ein Wilderer, dem Tode durch den Schuß des Jägers nur dadurch entgangen zu sein, daß er sich mit dem Kalmani (Koloman)-Segen festgemacht habe[811].

VIII. Das sind vereinzelte, wahllos herausgegriffene Beispiele aus den Archiven für das Fortdauern der Zaubereivorstellung im Volke trotz Aufhörens der Zaubereiprozesse. Sie ließen sich in den Gerichtsregistraturen bis in die Gegenwart fortführen. Es geschehen in ununterbrochener Reihenfolge Verbrechen — darunter solche

---

[803] SLA. Sond. Archf Fürstenfeld
[804] SLA. Sond. Arch. Donnersbach Schub 66. Vgl. Wuttke S. 97 ff.
[805] Freistädter Stadtarchiv. Byloff, Grazer Tagespost 1930 Nr. 309.
[806] SLA. Sond. Arch. Donnersbach.
[807] Vgl. Wuttke S. 99, 122.
[808] Verbena officinalis L., ein uraltes Zauber- und heilkraut. HWB s.v. Eisenkraut (Marzell).
[809] SLA. Ger. Prot. der Ortsger. Hersch. Probstei Zeiring. HWB. s. v. Gertrudensegen, Gertrudenminne.
[810] SLA: Sond. Arch. Donnersbach Schub 67. Byloff, Volkskundl., S. 55 ff.
[811] Vgl. Wuttke S. 191, 319; Brenner-Schäfer a.a.O.

allerschwerster Art — aus Aberglauben[812], unter ihnen auch Fälle von Lynchjustiz gegen vermeintliche Hexen, wobei die alte Furcht vor dem Gewitter- und Krankheitszauber sich noch ebenso verhängnisvoll auswirkt wie früher; die Landstreicherzunft und die mit ihr nahe verwandte Gaunerorganisation stecken noch immer, wie zahlreiche ihrer Zunftgewohnheiten beweisen, voll wüstesten Aberglaubens; bei der Ausbildung des modernen Richters muß die Anforderung gestellt werden, daß sich diese auch auf die Kenntnis der Elemente des volkskundlichen Zauberglaubens erstrecke, damit irrige Tatbestandsauffassung und Fehlurteile vermieden werden. Es sei an die in Steiermark alljährlich wiederkehrenden Verurteilungen junger Burschen, die zur Maienzeit ihrer Angebeteten einen Maibaum setzen, diesen aber aus dem Walde stehlen, erinnert, weil nach der Lebensbaumvorstellung, auf die der Maibaum ebenso zurückgeht wie der Christbaum, die sogenannten Palmzweige zu Ostern usw. der zauberwirksame, mit der Pflanzenseele versehene Baum aus der unberührten Natur genommen werden muß[813]. Vor Jahren wurde in der Gegend von Leibnitz an der deutsch-slovenischen Sprachgrenze ein Bauer wegen öffentlicher Unsittlichkeit empfindlich bestraft, weil er im Frühling morgens ein nacktes Mädchen über seinen Acker gewälzt hatte, ein vom Richter gänzlich mißverstandener uraltslavischer Fruchtbarkeitsritus[814]. Obwohl also die Gesetzgebung den Glauben an die Möglichkeit der Hervorbringung von Wirkungen mit übernatürlichen Mitteln verloren hat, ist die Zaubereivorstellung doch kein ganz seltener Gast in den Gerichtssälen geblieben[815].

IX. Wir wollen an der neuerdings stark in den Vordergrund tretenden Geistesströmung des sogenannten Okkultismus vorübergehen, obwohl auch dieser bereits öfters Einfluß auf das gerichtliche Verfahren genommen hat, sei es zur versuchten Aufklärung juri-

---

[812] Zahlreiche Belege über modernen Hexenglauben bei Soldau-Heppe II 335 ff., im HWB s.v. Hexen, bei Wuttke usw. Vgl. auch das reiche Material bei Wulffen II S. 219 bis 229 und insb. für Osteuropa Löwenstimm S. 35-78.
[813] Mannhardt an vielen Stellen!
[814] Knuchel S. 77 ff.; Sartori II 5h.
[815] Zahlreiche Fälle von Diebstählen aus Aberglauben erwähnt Hanns Groß in den späteren Auflagen seines Handbuches für Untresuchungsrichter. Vgl. auch die bei Löwenstimm S. 59 ff. angeführten Fälle aus der Stiermark der sechziger Jahre des 19. Jahrhunderts (Leobner Gegend). Die Quelle öwenstimms vermochte ich nach seinem Zitate nicht zu finden.

stisch erheblicher Tatbestände, sei es zur Entschuldigung kriminellen Tuns, sei es zu sonstigen Zwecken[816].

Gelingt es, die Wirklichkeit und naturwissenschaftliche Erklärungslosigkeit solcher angeblich okkulter Vorgänge ohne einen Rest von Zweifel darzutun, so ist nicht nur die ganze Naturwissenschaft in ihren Fundamenten erschüttert; es wird dann auch ein Zusammenbruch der Rechtsordnung erfolgen müssen. Denn genau so wie bei der Zaubereivorstellung tritt in dem Augenblicke, wo wir bei jedem Ereignis nicht mehr die natürliche Bedingtheit, sondern auch die Möglichkeit des Hereinwirkens unbekannter, jenseits des menschlichen Erkenntnisbereiches liegender Intelligenzen oder Kräfte anzunehmen genötigt sind, eine vollständige Gedankenanarchie ein; das Recht verliert seine feste Tatsachengrundlage und damit seine Anwendungsmöglichkeit.

Bei aller Anerkennung der reinen Methoden und der stark skeptischen Einstellung des wissenschaftlichen Okkultismus ist eine gewisse grundsätzliche Wesensähnlichkeit mit dem Zauberglauben nicht zu verkennen, und diese Parallele macht mißtrauisch: vestigia terrent! Hier wie dort das Bestreben, das Kausalitätsgesetz zu leugnen und seine Fessel zu sprengen[817], hier wie dort ein starkes Hineinspielen der Phantasie und des Sensationsbedürfnisses hier wie dort Beobachtungsfehler und Selbsttäuschungen mit suggestiver Wurzel; hier wie dort endlich eine immer mehr anschwellende gelehrte und halbgelehrte Literatur, die Autorität beansprucht und genießt und aus unkritische Köpfe von schlechtestem Einfluß ist. Bis jetzt ist es — das kann als das vorläufige Ergebnis festgehalten werden — nicht gelungen, auch nur eine gesicherte Tatsache zweifelsfrei festzustellen, zu deren Erklärung wir okkultistische Gedankengänge heranzuziehen genötigt wären. Der Okkultismus wird daher den praktischen Juristen nur soweit zu beschäftigen brauchen, als es bis jetzt der fortwirkende Zauberglaube getan hat.

Auf die Vergangenheit bezogen heißt das: Wer den Versuch macht, das Hexenwesen mit okkultistischen Erwägungen als zum

---

[816] Vgl. über das Einwirken des Okkultismus auf die Rechtspflege Pilcz, Okkultismus und Rechtspflege; Hellwig, Der gegenwärtige Stand der Kriminaltelepathie; Stooß, Okkulte Telepathie.

[817] Vgl. etwa Kiesewetter, geheimwiss. S. 570 ff, der u.a. den Hexensabbat durch die Aussendung des Astralkörpers erklärt.

Teil aus wirklichen, uns anders nicht verständlichen Tatsachen beruhend hinzustellen, der kennt die Zaubereiprozesse nicht. Wir haben gesehen, daß der Zauberglaube aus natürlicher Wurzel entstanden ist, daß die Zaubereiprozesse mit Naturereignissen einerseits, mit dem Tiefstand naturwissenschaftlicher Kenntnisse anderseits in innigster Verbindung stehen. Was würde, um nur eines hervorzuheben, aus den vielen Zaubereiprozessen, die wir an uns vorüberziehen gesehen haben, geworden sein, wenn es keinen die Weinberge zerstörenden Hagel, keine plötzlichen Todesfälle und unerklärlichen Krankheiten, keine reißenden Wölfe gegeben hätte? Es kann nicht bestritten werden, daß die Kriminalgeschichte dann um eine der furchtbarsten Verirrungen des menschlichen Geistes ärmer wäre. Der Teufelsbund mit allen seinen Auswirkungen als theoretische Grundlage jeglichen menschlichen Unheils hätte ohne diese eine Erklärung heischenden Ereignissen niemals den erforderlichen Nährboden zur Entwicklung gewonnen. Die Gestaltungsformen des Zauberglaubens und die treibenden Kräfte der Formgebung gehören der Geschichte an; auch hier begegnen wir nicht einer Spur irgendwelchen übernatürlichen Wesens; alles ist folgerichtige historische Bedingtheit.

Der Glaube aber an das übernatürliche — die psychologische Grundlage alles dessen, was wir schaudernd gesehen haben —— ist unvergängliches Wunschland der Menschheit, das erst mit dem letzten Menschen versinken wird!

Verzeichnis der hauptsächlich benützten Literatur

Abele von Lilienberg, Mathias: Continuatio metarmorphosis telae oder Ander Teil Selzamer Gerichtshändel usw., 8.Aufl., Nürnberg 1712.

Abraham a Sancta Clara (Megerle Ulrich): Judas der Ertz-Schelm. II. Teil, Bonn 1687.

Aichelburg, Max Freih. Von: Der Prozeß des Peter Enzi. Carinthia I 1891, S. 76-80.

Allgäuer, Emil: Zeugnisse zum Hexenwahn des 17. Jahrhunderts. Archiv für Geschichte und Landeskunde Vorarlbergs. XII. Bd., 4. Heft, S. 61 ff.

Ambrosi, Francesco: Sommario della storia Trentina. Borgo 1881.

Amira, Karl v.: Der Stab in der germanischen Rechtssymbolik. Bayr. Akademieschriften, philosophisch-philolog.-hist. Kl. Bd. XXV, 1. Abh., 1909.

Amira, Karl v.: Die germanischen Todesstrafen, Untersuchungen zur Rechts- und Religionsgeschichte. Ebendort Bd. XXXI, Abt. 3.

Ammann Hartmann, P.:Die Hexenprozesse im Fürstentum Brixen. Forschungen und Mitteilungen zur Geschichte Tirols und Vorarlbergs. Bd. XX.

Ammann Hartmann, P.: Der Innsbrucker Hexenprozeß von 1485. Zeitschr. Des Ferdinandeums für Tirol und Vorarlberg. III. Heft, S. 34.

Ammann Hartmann, P.: Der Zaubereiprozeß gegen Ludwig Perkhofer in Klausen. Forschungen und Mitteilungen zur Geschichte Tirols und Vorarlbergs. XIV. Bd. (1917), S. 66-77.

Andree-Eysn, Marie: Volkskundliches aus dem bayrisch-österreichischen Alpengebiet, Braunschweig 1910.

Angstmann, Else: Der Henker in der Volksmeinung, Theutonista, Zeitschr. für deutsche Dialektforschung und Sprachgeschichte, Beiheft 1, Bonn 1928.

Annales Fuldenses. MGH. SS. I 414. (S. Stephani Frisingensis. MGH. SS. XIII 52.

Aust, Ant. J.: Feuilleton in der Grazer TAgespost 1869, Nr. 266.

Avé-Lallement, F. Chr. B.: Das deutsche Gaunertum, Brockhaus 1853. Neubearbeitung von Bauer 1916.

Bachofen-Echt, Reinhart / Hoffer, Wilhelm: Geschichte des Jagdrechtes und der Jagdausübung. 4. Band der Jagdgeschichte Steiermarks, Graz 1931.

Bartsch, Karl: Gedicht auf den Zauberer Virgilius, Germania, Vierteljahrsschr. für deutsche Altertumskunde, 4. Jahrg. (1859), S. 237 bis 240.

Beck: Anzeiger für Kunde deutscher Vorzeit Nr. 12 S. 345.

Beck-Widmannsstetter, L.v.: Die Hexe von Wernsee. Grazer Tagespost Jahrg. 1884, Nr 23, 24, 28, 31 und 36.

Beck-Widmannsstetter, L.v.: Studien zu den Grabstätten der Steiermark und Kärntens. Berlin 1877-1878, S. 96 ff. (Neumann zu Wasserleonburg).

Beckmann, Nikolaus v.: Idea iuris statutarii et consuetudinarii Stiriaci et Austriaci cum iure Romano collate, Graz 1698.

Beth, Karl: Religion und Magie bei den Naturvölkern, Berlin (Teubner 1914).

Binsfeld, Peter: De confessionibus maleficorum et sagarum, 1589.

Bischoff, Ferdinand: Über steirische Rechtspflege im 17. Jahrhundert. Zeitschr. des hist. Vereines für Steiermark XII. Band Heft 1 und 2.

Bolte, Johann / Polivka, Georg: Anmerkungen zu den Kinder- und Hausmärchen der Gebrüder Grimm, Leipzig (Dieterich) von 1912 an.

Brenner-Schäfer: Darstellung der sanitätlichen Volkssitten usw. in der Oberpfalz. 1861.

Buchardi Wormaciensis Corrector (XIX. Band der decreta), Migne, Patrologia 140.

Buschan, Georg: Die Sitten der Völker. 3 Bände. Union deutsche Verlagsgesellschaft.

Byloff, Fritz: Die Arsenmorde in Steiermark. Zeitschrift für Kriminalpsychologie und Strafrechtsreform, 21. Jahrg. (1930), S. 1-14.

Byloff, Fritz: Der Ausklang der Zaubereiprozesse in Steiermark, Blätter für Heimatskunde, 4. Jahrg., 1926, S. 77, 94.

Byloff, Fritz: Die Blutgenossenschaft des Zauberjackl. Zeitschr. für Kriminalpsychologie und Strafrechtsreform, 18. Jahrg., 1927, 8. Heft.

Byloff, Fritz: Friedauer Hexenprozesse. Zeitschr. des hist. Vereins für Steiermark, VI. Jahrg., Heft 1 und 2.

Byloff, Fritz: Nestelknüpfen und Lösen. Archiv für Geschichte der Medizin Bd. XIX, 1927, Heft 2.

Byloff, Fritz: Der Teufelsbündler, Graz 1927.

Byloff, Fritz: Das Verbrechen der Zauberei, Graz 1902.

Byloff, Fritz: Volkskundliches aus Strafprozessen der österreichischen Alpenländer usw., Quellen zur deutschen Volkskunde, 3. Heft, Berlin 1929.

Byloff, Fritz: Johannes Wendtseisen, ein steirischer Hexenschriftsteller und Hexenverfolger. Zeitschr. des histor. Vereins für Steiermark. XXVII. Jahrg. (Luschinfestschr.).

Byloff, Fritz: Wolfbanner und Wolfbannereiprozesse in den österreichischen Alpenländern. Österreichs Weidwerk, 1928, Heft 14.

Byloff, Fritz: Die Zaubereibeschuldigung gegen Anna Neumann von Wasserleonburg. Blätter für Heimatskunde, 6. Jahrg., 1928.

Du Cange Carol Dufresne, Glossarium mediae et infimae latinitatis. Paris 1840 ff.

Codex Austriacus, Wien 1704.

Dalham, Florian: Consilia Salisburgensia. Augsburg 1788.

Dandolo, C. T.: La signora die Monza e le streghe del Tirolo (Milano 1855).

Delrio, Martin: Disquisitiones magicae lib. 6 (Mainz 1603).

Delvaj, Giorgio: Notizie storico-statistiche sulla Valle die Fiemme (Trient 1891).

Dengg, Michael: Lungauer Volkssagen (Tamsweg 1922).

Dessoir, Max: Vom Jenseits der Seele. Die Geheimwissenschaften in kritischer Betrachtung. 3. Aufl. Stuttgart 1919.

Dimitz, August: Kulturhistorisches aus den Landgerichts- und Malefizprotokollen der Herrschaft Lack 1625-1689. Mitt. des hist. Vereins für Krain. 1862, S. 73 ff.

Dimitz, August: Geschichte Krains, Laibach 1876.

Dimitz, August: Über die Springersecte, ebendort, 1863, S. 67 ff.

Dipauli, Andreas Alois v.:Nonsberger Hexenprozesse in den Jahren 1614 und 1615, Sammler für Geschichte und Statistik von Tirol, Bd. III, S. 272 – 288.

Dreves, Guido Maria: Biographie Friedrichs von Spee. Allg. deutsche Biographie, 35. Bd., S. 92 ff.

Duhr, Bernhard: Geschichte der Jesuiten in den Ländern deutscher Zunge, Freiburg 1907/08.

Duhr, Bernhard: Die Stellung der Jesuiten in den deutschen Hexenprozessen. Köln (J. P. Bachem) 1900.

Dürlinger, S.: Vom Pinzgau, Salzburg 1866.

Fehr, Hans: Kunst und Recht. I.Bd: Das Recht im Bilde (Eugen-Rentsch-Verlag), II. Bd.: Das recht in der Dichtung (A. Francke AG.)

Fehrle, Eugen: Zauber und Segen, Jena (Eugen Diederichs) 1926.

Felicetti, Lorenzo: Memorie ecclesiastiche della Parrochia di Predazzo (Cavalese 1904).

Fidler, Joh. Bapt.: Judicium generale de poenis maleficarum, magorum et sortilegorum utriusque sexus. Ungedruckte Handschr. der Univ.-Bibl. München.

Foffel, Victor: Dr. Adam von Lebenswaldt, ein steirischer Arzt des 17. Jahrhunderts. S.A. Leipzig 1928.

Frazer, Sir James George: Der goldene Zweig. Übers. von Dr. Helen v. Bauer. Leipzig 1928.

Frazer, Sir James George: Mensch und Unsterblichkeit. C. J. Hirschfeld Verlag, Leipzig 1932.

Freud, Sigmund: Eine Teufelsneurose im siebzehnten Jahrhundert, 1924. Intern. Psycho-analyt. Verlag.

Freytag, Gustav: Bilder deutscher Vergangenheit. Der deutsche Teufel im 16. Jahrhundert, S. 346 ff., Ges. Werke, II. Ser., Bd. II/2. S. Hirzel, Leipzig.

Frieß, Edmund: Monatsblatt für Landeskunde von Niederösterreich.

Frölich, Christoph von Frölichsburg: Commentarius zur Peinlichen Gerichtsordnung (Frankfurt und Leipzig 1720).

Geramb, Victor von: Der „glühende Schab", Blätter für Heimatkunde, 2. Jahrg., Nr. 214.

Görres, Joseph von: Die christliche Mystik. Neu Auflage in 5 Bänden, Regensburg, J. G. Manz.

Gräff, Christian: Versuch einer Geschichte der Criminalgesetzgebung usw. in der Steyermark. Grätz 1817.

Grimm, Jakob: Deutsche Rechtsaltertümer, 4. Aufl., Leipzig 1899.

Grimm, Jakob: Deutsche Mythologie, 4. Ausg. bes. von Elard Hugo Meyer, Gütersloh 1877.

Gubo, Andreas: Aus Steiermarks Vergangenheit, Graz 1913.

Haefer, Heinrich: Lehrbuch der Geschichte der Medizin und der epidemischen Krankheiten, 3. Aufl., Jena 1881.

Hammer-Purgstall, Josef Freih. Von: Die Gallerin auf der Riggersburg (sic!), 3 Bde., Wien 1849.

Handwörterbuch des deutschen Aberglaubens, herausg. von Hanns Bächtold-Stäubli, Berlin-Leipzig, Walter de Gruyter & Comp. 1930 ff.

Hansen, Joseph: Zauberwahn, Inquisition und Hexenprozeß im Mittelalter und die Entstehung der großen Hexenverfolgung, München und Leipzig 1900.

Hansen, Joseph: Quellen und Untersuchungen zur Geschichte des Hexenwahns und der Hexenverfolgung im Mittelalter, Bonn, Karl Georgi 1901.

Haupt, Hermann: Waldensertum und Inquisition im südöstlichen Deutschland. Deutsche Zeitschr. für Geschichstwissenschaft, I. und III. Bd., Freibur i. Br. 1889/90.

Hauser, Leopold Freih. von: Carinthia 1881, S. 121 – 124.

Haymen, Thom D.: Allegemeines Teutsches Juristisches Lexikon (Leipzig 1738).

Helbing, Franz: Die Tortur, 2 Bände, Berlin, J. Gnadenfeld & Comp.

Hellwig, Albert: Der gegenwärtige Stand der Criminaltelepathie, Zeitschr. für Crim. Psych. und Strafrechtsreform, 20. Bd., S. 17 ff.

Herman, Heinrich: Handbuch der Geschichte des Herzogtums Kärnten, Klagenfurt 1855.

Heyl, Joh. Adolf: Volkssagen, Bräuche und Meinungen aus Tirol, Brixen 1897.

His, Rudolf: Geschichte des deutschen Strafrechts bis zur Karolina. Handbuch der mittelalterlichen und neueren Geschichte (von Below und Meinecke). München und Berlin 1928.

Hock, Dr. Stefan: Die Vampyrsagen und ihre Verwertung in der deutschen Literatur. Forschungen zur neueren Literaturgeschichte, XVII. Berlin 1900.

Hoegel, Hugo: Die Straffälligkeit wegen Arbeitsscheu in Österreich, Grünhuts Zeitschrift 25. Bd., S. 623 ff.

Hovorka-Kronfeld: Vergleichende Volksmedizin, 2 Bände, Stuttgart 1908.

Ilwof, Franz: Hexenwesen und Aberglauben in der Steiermark. Zeitschr. des Vereins für Volkskunde, 7. Jahrg., 1897, S. 184 und 244 ff.

Jaksch, August von: Hexen und Zauberer. Carinthia I. (1894), S. 7 ff.

Janssen, Joh. / Pastor, Ludw.: Geschichte des deutschen Volkes, 8 Bände (Freiburg i. Br. 1894).

Jöcher, Christ. Gottlieb: Allgemeines Gelehrtenlexikon, Leipzig 1750.

Keller, Otto: Tiere des classischen Altertums in kulturgeschichtlicher Beziehung, Innsbruck 1887.

Khull, Ferdinand: Die Reimchronik von Klagenfurt, Arch. für vaterländ. Geschichte und Topographie, 18. Jahrg. (Klagenfurt 1897), S. 73 – 11.

Kiesewetter, Karl: Geschichte des neueren Okkultismus, Leipzig 1891.

Kiesewetter, Karl: Die Geheimwissenschaften, Leipzig 1895.

Kirchlechner, Karl: Aus den Tagen Herzogs Sigmund des Münzreichen (Linz 1884).

Klaar, Karl: Ein vom Teufel besessener Knabe in Frastanz. Forschungen und Mitteilungen zur Geschichte Tirols und Vorarlbergs, Jahrg. II (1905).

Klebel: Kritik von Popelkas Geschichte von Graz. Carinthia I., 119. Jahrg., S. 82.

Klein, A.: Der Kreuzweg im deutschen Volksglauben. Blätter für Heimatkunde, V. Jahrg (1927), S. 93 ff.

Kluge, Friedrich: Etymologisches Wörterbuch der deutschen Sprache, Straßburg 1915, 8. Aufl.

Kluge, Fr. / Baist, G.: Der Venusberg. S.-A., Beil. zur „All. Zeitung" Nr. 66 und 67 vom 23. und 24. März 1898.

Klun, V. F.: Arch. für die Landesgeschichte des Herzogtums Krain, 852 ff.

Kniely, Konrad: Katzelmacher, Grazer Tagespost 1925, Nr. 2025.

Knuchel, Ed. Fritz: Die Umwandlung in Kult, Magie und Rechtsbrauch, Schriften der Schweizer Gesellschaft für Volkskunde 15.

Kohler, Josef: Das Strafrecht der italienischen Statuten vom 12. bis 16. Jahrhundert, Heft 2 und 6 der Studien aus dem Strafrecht, Mannheim 1897.

Kohler, Josef / Peiser, S. E.: Hammurabis Gesetz, 1.Bd. (Leipzig 1904).

Krones von Marschland, Franz: Die Leobner Johannesbruderschaft, Wochenblatt: Hoch vom Dachstein, 1862, Nr. 16 ff.

Krones von Marschland, Franz: Die Freien von Saneck, Graz 1883.

Kürsinger, Ignaz: Der Lungau (Salzburg 1853).

Landsberg, Ernst: Geschichte der deutschen Rechtswissenschaft, 1. Halbbd., Text. München und Leipzig 1898 (R. Oldenbourg).

Lange, Hans: Chronik der Stadt Fürstenfeld (Fürstenfeld 1883).

Lanzkranna, Stephan von: Himmelstraß, im Latein genannt Scala celi, Ausgabe von 1510.

Laszowski, Emil: Progon vještica u Turopolju (Zagreb 1914).

Laymann, Paul P.: Theologia moralis (München 1625).

Lea, Henry Charles: Geschichte der spanischen Inquisition, deutsch bearbeitet von Prosper Müllendorff. 3 Bände (Leipzig 1911).

Lea, Henry Charles: Geschichte der Inqusition im Mittelalter. Übersetzt und herausgegeben von Joseph Hansen, Bonn 1909.

Lebenwald, Adam von: Miscellanea curiosa, sive Ephemeridum medico-physicarum Germ. Academicae imp. Leopold. Naturae curiosum Dec. II, Annus X (Nürnberg 1692) obs. 154. Achtes Tractätl von des Teuffels List und Betrug in Verführung der Menschen zur Zauberey, Salzburg 1682.

Lexer, Mathias: Kärntisches Wörterbuch, Leipzig 1862.

Liebe, Georg: Monographien zur deutschen Kulturgeschichte, herausgegeben von Georg Steinhausen, XI. Das Judentum.

Liebrecht, Felix: Zur Virgiliusfrage, Germania, Vierteljahreszeitschrift für deutsche Altertumskunde, 10. Jahrg., 1859, S. 406 -416.

Lippert, Julius: Christentum, Volksglaube und Volksbrauch, Berlin 1882.

Löwenstimm, August: Aberglaube und Strafrecht, Berlin (Johann Räde) 1897.

Lorenzi, C.: Biographie G. Tartarottis (lat.), Rovereto 1805.

Loserth, Joh.: Akten und Korrespondenzen zur Geschichte der Gegenreformation in Innerösterreich unter Ferdinand II. Fontes rerum Austriacarum, 58. Bd. Der Huldigungsstreit nach dem Tode Erzherzog Karls II 1590 – 1592. Forschungen zur Verfassungs- und Verwaltungsgeschichte der Steiermark II, 39, 58, 90.

Luschin-Ebengreuth, Arnold von: Geschichte des älteren Gerichtswesens in Österreich ob und unter der Enns, Weimar 1879.

Luschin-Ebengreuth, Arnold von: Österreichische Rechtsgeschichte (2. Aufl. 1914).

Maasburg, Friedrich von: Zur Entstehungsgeschichte der Theresianischen Halsgerichtsordnung, Wien 1880.

Maffei, Jacop Antonio: Periodi istorici e topografia delle valli di Non e sole nel Tirolo Meridionale, Rovereto 1805.

Mannhardt, Wilhelm: Wald- und Feldkulte, 2. Auflage besorgt von Dr. W. Heuschel (Berlin 1904).

Manzoni, Alessandro: Opere (Firenze 1878).

Mariani, Michelangelio: Trento con il sacro concilio, 1675.

Marzell, Dr. Heinrich: Alte Heilkräuter, Jena 1926.

Marzell, Dr. Heinrich: Neues illustriertes Kräuterbuch, 2. Aufl., Reutlingen 1923.

Mayer, F. M.: Leopold Ulrichs Schiedlbergers Aufzeichnungen zur Geschichte von Eisenerz. Beiträge zur Kunde steiermärkscher Geschichtsquellen, 17. Jahrg., S. 3.

Mayer, Josef: Geschichte von Wiener-Neustadt, Vier Bände 1924 – 28.

Meichelbeck, Karl: Historia Frisingensis, Augsburg und Graz 1724.

Meyer, Elard Hugo: Mythologie der Germanen, Straßburg 1903.

Molitoris, Ulrich: De laniis et pithonicis mulieribus teutonice unholden vel hexen, 1489.

Mozel, Dr. Volpert: Instruction und Conclusiones, mit was Umbstenden die Hexen-Persohnen constituirt warden khinden, Handschrift im LRA. Innsbruck.

Müller, Georg: Das Recht in Goethes Faust, Berlin 1912.

Obrist, J. G.: Der Kitzbühler Hexenbrand vom Jahre 1594. Tiroler Bote 1892, Nr. 220 ff. (S. 1860, 1866, 1867).

Pachmann, Ernst von: Aus dem Pinzgau, 1925.

Panizza, Augusto: Archivio Trentino VII 1 ff., 199 ff., VIII 131 ff., XI 49 ff.

Pantz, Anton von: Die Gewerken im Bannkreise des steirischen Erzbergs, Wien 1918.

Paulus, Nikolaus: Hexenwahn und Hexenprozeß vornehmlich im 16. Jahrhundert, Freiburg im Breisgau 1910.

Peinlich, Richard: Gerichtsverhandlung über ein abergläubisches Kunststück absonderlicher Art. Zeitschrift „Heimgarten" Bd. V, S. 302 – 304.

Peinlich, Richard: Dr. Adam von Lebenwaldt, ein steirischer Arzt und Schriftsteller des 17. Jahrhunderts. S.-A. XXVIII. Heft der Mitteilungen des historischen Vereins für Steiermark.

Pfaundler, Ignaz: Über die Hexenprozesse des Mittelalters mit besonderer Beziehung auf Tirol, Innsbruck 1843.

Pilcz, Alex.: Okkultismus und Rechtspflege, Abhandl. Aus dem jur.-med. Grenzgebiet Heft 7 (Wien 1927).

Pirchegger, Hans: Der steirische Erzberg und seine Umgebung, 1.Bd., S. 54. Herausgegeben von Dr. Eduard Stepan.

Pirchegger, Hans: Geschichte der Steiermark, Graz 1931.

Pleteršnik, M.: Slovensko-nemški slovar, Laibach 1894.

Popelka, Fritz: Geschichte der Stadt Graz, 1. Bd. (Graz 1928).

Du Prel, Karl: Die Hexen und die Medien, Studien aus dem Gebiete der Geheimwissenschaften.

Puff, Dr. Rudolf Gustav: Marburg in Steiermark, seine Umgebung, Bewohner und Geschichte, II, Bd, Graz 1849.

Puschmann, Th.: Handbuch der Geschichte der Medizin, herausgeben von Max Neuburger und Julius Pagel, 2 Bände, Jena 1901/05.

Radics, Peter von: Johann Weikhard Freiherr von Valvasor, Laibach 1910.

Rapp, Ludwig: Die Hexenprozesse und ihre Gegener in Tirol, Brixen 1891.

Raupach, Bernhard: Erläutertes Evangelisches Österreich usw., Hamburg 1740.

Reallexikon der Vorgeschichte. Herausgegeben von Max Ebert, Berlin, Walter de Gruyter & Comp. 1924 – 1929.

Regner, Karl Albert: Von Zauberapparaten und Hexenakten im Reichsarchiv zu München. Arch. Zeitschr. VI. Bd., S. 244 ff.

Reichel, Rudolf: Ein Marburger Hexenprozeß vom Jahre 1546, Mitteil. des hist. Vereins für Steiermark, XXVIII. Heft (Graz 1879).

Reiterer, Karl: Hexen- und Wildererglauben in Steiermark. Zeitschr. des Vereins für Volkskunde, 5. Jahrg. (Berlin 1895), S. 404 – 413.

Riezler, Sigmund: Geschichte der Hexenprozesse in Bayern, Stuttgart 1896.

Roth, K. L.: Über den Zauberer Virgilius. Germania, Vierteljahrsschr. für deutsche Altertumskunde, 10. Jahrg., 1859, S. 257 – 298.

Sartori, Paul: Sitte und Brauch. Handbücher zur Volkskunde, Bd. V, Leipzig 1910.

Schalk, Karl: S.-A. Mitt. Nr. 22 des Vereins der Naturfreunde in Mödling.

Schell, O.: Der Klingelstock der Hirten, Zeitschr. des Vereins für Volkskunde, 20. Bd., S. 317 ff (Berlin 1910).

Schlager, J.E.: Wiener Skizzen aus dem Mittelalter, Neue Folge, 2.Bd., 1842.

Schmeller, J. Andreas: Bayrisches Wörterbuch, Stuttgart und Tübingen 1827 – 1837.

Schönach, L.: Zur Geschichte des ältesten Hexenwesens in Tirol, Forschungen und Mitteilungen zur Geschichte Tirols und Vorarlbergs, I. Jahrg., 1904, S. 62.

Schönherr, Dr. D.: Der Zauberer Mathäus Niederjocher vulgo Hoisl von Schwaz, Tiroler Bote 1873, Nr. 181 – 190.

Schöpf, J.B.: Tiroler Idiotikon, vollendet von Anton J. Hofer, Innsbruck 1866.

Schrader, Otto: Reallexikon der indogermanischen Altertumskunde, 2. Aufl., herausgegeben von A. Nehring, Berlin (Walter de Gruyter) 1899.

Schumi, Franz: Bericht über die Hexen, durch welche der Bürgerschaft von Gurkfeld Schande gebracht worden. Archiv für Heimatkunde II., 110 ff.

Schuster, Leopold: Fürstbischof Martin Brenner, Graz 1898.

Schwerin, Clemens Freiherr von: Volkskunde und Recht. Die Volkskunde und ihre Beziehungen zu Recht, Medizin, Vorgeschichte. Berlin (Herbert Stubenrauch) 1928.

Schwind, Ernst Freiherr von: Lex Baiuvriorum. MGH. Leg. sect. I, tom V, p. II.

Seligmann, S.: Die magischen Heil- und Schutzmittel aus der unbelebten Natur. Stuttgart 1927.

Simmler, Johann: Geschichte der Stadt Hartberg, 1914.

Sinnacher, Franz: Beyträge zur Geschichte der bischöflichen Kirche von Säben und Brixen. 6. Bd., S. 634.

Snell, Otto: Hexenprozesse und Geistesstörung, München 1891.

Soldan-Heppe-Bauer: Geschichte der Hexenprozesse, 2 Bände, München 1911.

Spaun, Anton von: Rococo-Justiz. Linzer Musealblatt 1841, S. 93.

Spee, Friedrich von: Cautio criminalis, Rinteln 1631.

Spielmann, Karl Heinz: Hexenprozesse in Kurhessen. N. G. Elwer-Marburg 1932.

Stern, William: Die Analogie im volkstümlichen Denken, 1893.

Stieve, Felix: Wittelsbacher Briefe aus den Jahren 1590 – 1610. Abt. VII, Abhandl. der hist. Classe der kön. Bayr. Akademie der Wissenschaften, 20. Bd.

Stooß, C.: Okkulte Graphologie, Zeitschr. für Criminalpsych. und Strafrechtsreform, 21. Bd.. S. 111.

Strnadt, Julius: Materialien zur Geschichte der Entwicklung der Gerichtsverfassung und des Verfahrens in den alten Vierteln des Landes ob der Enns bis zum Untergange der Patrimonialgerichtsbarkeit, Wien 1909, Archiv für österr. Geschichte Bd. 97.

Suttinger, Joh. B.: Consuetudines Austriacae (Lipsiae 1716).

Svátek, Jos.: Culturhistorische Bilder aus Böhmen.

Tartarotti, Girolamo: Del congresso notturno delle Lammie, Rovereto 1749.

Torggler, K.: Über den Verfasser der Klagenfurter Reichschronik, Archiv für vaterländische Geschichte und Topographie, 22. Jahrg. (Klagenfurt 1927).

Uhlirz, Mathilde: Schloß Plankenwarth und seine Besitzer, Graz 1916.

Unger-Khull: Steirischer Wortschatz, Graz 1903.

Valvasor, Johann Weichard Freiherr von: Topographia archiducatus Carinthiae, Nürnberg (Moritz Endter) 1688.
Valvasor, Johann Weichard Freiherr von: Die Ehre des Herzogtums Krain, Laybach 1689 ff.
Vintler, Hans: Pluemen der Tuegent (herausgegeben von Ignaz von Zingerle, Innsbruck 1874, Ältere Tirolische Dichter I.).
Vogl, Joh. Nep.: Balladen und andere erzählende Gedichte. Herausgegeben von Hermann Sander, Innsbruck 1889.
Vonbun, F. J.: Die Sagen Vorarlbergs. Herausgegeben von Hermann Sander, Innsbruck 1889.
Vonbun, F. J.: Beiträge zur deutschen Mythologie (Chur 1862).

Waschnitius, Dr. Victor: Perht, Holda und verwandte Gestalten. Sitz.-Ber. der kais. Akad. D. Wiss. in Wien, phil-hist. Classe Bd. 174, 2. Abh.
Weier (Wierus), Joh.: De praestigiis daemonum, 1563.
Wichner, P.J.: Zwei Burgen und drei Edelsitze in der oberen Steiermark. Zeitschr. des hist. Vereins f. Steiermark, 42. Heft (1894), S. 156 – 220.
Wilhelm: Hexenprozesse aus dem Archiv des hannoverschen Amtsgerichtes Diepholz, Hannover 1862.
Winterthur, Johannes von: Ausg. von Wyß im Arch. für Schweizer Gesch. 11 (1856).
Wulffen, Erich: Psychologie des Verbrechens, 2 Bände. Aus Encyklopädie der modernen Kriminalistik, herausgegeben von Dr. Paul Langenscheidt, Bd. I/II., Groß-Lichterfelde 1908.
Wundt, Wilhelm: Völkerpsychologie, 4. Bd.: Mythos und Religion, 2. Aufl. Leipzig 1910.
Wurzbach, Dr. Constant von: Biographisches Lexikon des Kaisertums Österreich, Wien 1856 – 1890.
Wutte, Martin: Hexenprozesse in Kärnten, Carinthia I (Mitt. des Geschichtsvereins für Kärnten), 117. Jahrg., 1927, S. 27 – 67.

Wuttke, Dr. Ad.: Der deutsche Volksaberglaube der Gegenwart, 3. Aufl., besorgt von E. H. Meyer.

Zahn, Jos. von: Von Zauberern, Hexen und Wolfsbannern, Steierm. Geschichtsblätter, III. Jahrg. (Graz 1883), 3. und 4. Heft.

Zahn, Jos. von: Styriaca II. Graz 1896.

Zahn, Jos. von: Ortsnamenbuch der Steiermark im Mittelalter, Wien 1893.

Zahn, Jos. von: Steirische Miszellen, Graz 1899.

Zetl, Jakob: Die Chronik der Stadt Steyr 1602 – 1635. Herausgegeben von Ludwig Edlbacher. Beiträge zur Landskunde von Österreich ob der Enns. 28. Lief. S. 78.

Zingerle, Ignaz: Barbara Pachlerin, die Sarntaler Hexe, und Mathias Perger, der Lautertreffer, Innsbruck 1858.

Zingerle, Ignaz: Johannissegen und Gertrudenminne. Sitzungsber. der kais. Akadd der Wiss. in Wien, phil.-hist. Klasse Bd. 40.

Zingerle, Ignaz: Ein Beitrag zu den Hexenprozessen in Tirol im 17. Jahrhundert, Zeitschrift des Ferdinandeums für Tirol und Vorarlberg, III. Folge, 26. Heft (1882), S. 181 – 192.

Zotti, Rafaele: Storia della valle Lagarina, Trento 1863.

Zwiedineck-Südenhorst, Hans von: Dorfleben im 18. Jahrhundert, Wien (Gerold) 1877.

Editorische Notiz:

Der Text der vorliegenden Edition folgt der Ausgabe:
Fritz Byloff: Hexenglaube und Hexenverfolgung in den österreichischen Alpenländern, Berlin und Leipzig 1917.

Der Text wurde aus Fraktur übertragen. Die Orthographie wurde behutsam modernisiert, grammatikalische Eigenheiten bleiben gewahrt. Die Interpunktion folgt der Druckvorlage.
Im Original im Anhang genannte „Nachträge während des Druckes" wurden bei der Übertragung aus Fraktur an den genannten Stellen eingearbeitet.

www.ingramcontent.com/pod-product-compliance
Lightning Source LLC
Chambersburg PA
CBHW050901300426
44111CB00010B/1338